构建金融消费者保护的
市场行为监管机制

Establishing A Market Conduct Supervision Mechanism for
Financial Consumer Protection

亚洲开发银行技术援助项目（TA-9377）专家组　著

中国金融出版社

责任编辑：吕　楠
责任校对：孙　蕊
责任印制：丁淮宾

图书在版编目（CIP）数据

构建金融消费者保护的市场行为监管机制／亚洲开发银行技术援助项目
（TA-9377）专家组著．—北京：中国金融出版社，2021.3
　ISBN 978-7-5220-1090-8

　Ⅰ.①构…　Ⅱ.①亚…　Ⅲ.①金融市场—消费者权益保护—研究—中国
Ⅳ.①D922.280.4②D922.294.4

中国版本图书馆 CIP 数据核字（2021）第 051803 号

构建金融消费者保护的市场行为监管机制
GOUJIAN JINRONG XIAOFEIZHE BAOHU DE SHICHANG XINGWEI JIANGUAN JIZHI
出版
发行　中国金融出版社
社址　北京市丰台区益泽路 2 号
市场开发部　（010）66024766，63805472，63439533（传真）
网上书店　www.cfph.cn
　　　　　　（010）66024766，63372837（传真）
读者服务部　（010）66070833，62568380
邮编　100071
经销　新华书店
印刷　北京市松源印刷有限公司
尺寸　169 毫米×239 毫米
印张　18.25
字数　297 千
版次　2021 年 3 月第 1 版
印次　2021 年 3 月第 1 次印刷
定价　79.00 元
ISBN 978-7-5220-1090-8
如出现印装错误本社负责调换　联系电话(010)63263947

序 言

PREFACE

中国的行为监管和金融消费者保护从开始研究探索到初具雏形,再发展到现在的"一委一行两会"格局下的"内双峰"模式,可以说取得了长足的进步,这与我国经济和社会发展、金融对外开放的深化以及金融监管改革的推进是相辅相成的。随着金融改革和发展的不断深入,党中央、国务院对行为监管和金融消费者保护工作愈发重视。2017 年 7 月,第五次全国金融工作会议明确提出要更加重视行为监管,保护金融消费者合法利益。

纵观全球金融监管体系的发展,不难发现,许多国家特别是发达经济体,已经通过制定新的法律规则建立了强有力的行为监管制度,改善了现有的金融消费者保护机制,中国也不例外。在我国加大对行为监管和金融消费者保护领域的研究力度的大背景下,亚洲开发银行为我们提供了有力的支持。行为监管和金融消费者保护作为金融法治建设和金融监管框架完善的重要组成部分,也一直是亚洲开发银行关注和支持的研究议题,本次的研究成果也得益于亚洲开发银行提供的技术援助项目平台。

本书为亚洲开发银行技术援助项目 (TA-9377) "构建金融消费者保护的市场行为监管机制" 所取得的研究成果,旨在通过加大对行为监管的核心概念、理论体系、国际经验和监管手段等的研究,通过优化行为监管手段达到更好地保护金融消费者合法权益的目的。本次技援项目,实质上是对上一个技援项目 "中国金融消费权益保护法律框架建设研究" 的进一步延伸。"中国金融消费权益保护法律框架建设研究" 的目的是研究如何在中国建立和完善一个协调统一的金融消费者保护法律框架,本项目则是在上个项目研究的基础上,进一步提出如何通过有效运用行为监管的手段,在新的金融监管框架下,更加有效地实现金融消费者权益保护的监管协调、执法合作和金融消费纠纷的妥善解决,同时更好地推动实现金融消费者教育、金融知识普及和普惠金融等一系列综合性的目标。

依托技援项目的开展,在中外方专家的共同努力下,我们得以深入地研究这一议题,跟踪了解了其他国家在这方面的良好经验和成功做法,并且结合中国的国情，积极探寻更优的解决方法和发展路径。近年来，人民银行金融消费权益保护部门坚持以习近平新时代中国特色社会主义思想为指引，增强"四个意识"，坚定"四个自信"，做到"两个维护"，积极主动贯彻党中央、国务院重大决策部署，按照人民银行工作会议统一部署，坚持稳中求进工作总基调，充分发挥主观能动性，积极探索金融消费权益保护体制机制建设，金融消费权益保护工作取得新成效。

顺应本轮金融监管改革的方向，人民银行金融消费权益保护部门将在下一步的工作中坚持问题导向，深入调研，开拓创新，勇于担当，狠抓落实，切实履行好人民银行新"三定"方案赋予金融消费权益保护工作的新职责，处理好金融发展、金融稳定和金融安全的关系，建立健全金融消费者保护基本制度，加快建立和完善有利于保护金融消费者权益的行为监管机制，积极构建具有中国特色的金融消费权益保护体制。

新时代赋予我们新的使命，新的使命又向我们提出了更高的要求。我们将秉持理论研究与监管实践相结合的原则，努力推动行为监管和金融消费权益保护工作的高质量发展，以期为中国经济金融发展营造更为良好的金融生态环境。

中国人民银行金融消费权益保护局局长

余文建

2020 年 11 月

目 录
CONTENTS

第一部分　金融消费者、金融商品与服务的界定

一、"金融消费者"的定义之争

有关金融消费者保护的议题是伴随着金融交易活动高度涉众化所产生的一个全新法律问题，其核心是解决如何在主体双方力量差距悬殊、交易地位不等的金融交易中，消除或避免金融业经营者对普通金融消费者的不当侵害，以实现交易的实质公平。从现有社会各界对于金融消费者的公众认知而言，有关金融消费者的保护可能还仅仅限于作为普通社会公众的"自然人"层面，即便非金融的中小企业在专业的金融经营者面前尽管同样处于弱势地位，但对于这些中小企业是否可以视为金融消费者目前却存在较大争议。

（一）金融消费者在现行法律框架下的含义

当前，除了传统的银行、信托公司、证券服务机构、保险公司等为消费者提供各类金融商品与服务以外，网络借贷、第三方支付、股权众筹、互联网保险、大数据征信等一些新兴金融和类金融产业经营者也纷纷涉足金融零售市场，为消费者提供各类创新产品和服务。2013年我国修订《消费者权益保护法》即在具体条款中认可了银行、信托、证券、保险等金融行业的消费者保护制度需求。对此，立法者也表示，"日常金融服务领域，大家以前接受的金融服务主要是银行的储蓄服务，现在银行、保险、证券等服务也成为日常生活当中经常涉及的领域。……这个时候修改消法非常必要。"①

---

① 参见全国人大常委会法工委民法室主任贾东明在第十二届全国人大常委会第五次会议《消费者权益保护法》专题发布会上的发言。

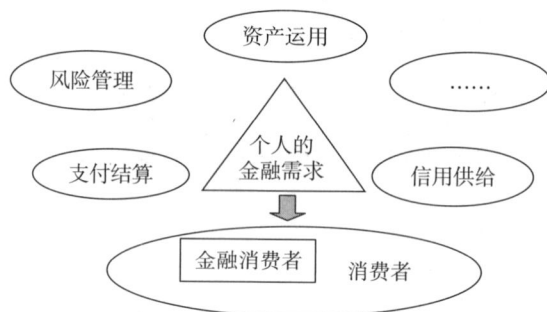

图 1-1　消费者的金融需求

　　消费者的金融需求，通常包括信用供给、支付结算、资产运用、风险管理等类型。信用供给需求是指消费者通过银行消费贷款、P2P 网贷等途径获取贷款以满足消费需求。支付结算需求是指消费者为完成资金的转移，使用现金、票据、银行卡和汇兑、托收承付、委托收款、第三方支付等结算方式进行货币给付及其资金清算的需求。资产运用需求是指消费者透过金融中介机构而以储蓄、银行理财产品、债券、基金、股票、信托、外汇、保险等投资理财工具而对个人资产进行管理和分配的需求，目的在于个人资产的保值增值。风险管理需求是指消费者由于金融市场的波动性，为应对未来收益的不确定性，对金融风险进行识别、衡量、处置等管理，其包括保险、金融衍生品等方式。

　　2013 年修订的《中华人民共和国消费者权益保护法》首次在立法层面间接认可了金融消费者的存在。在本次修订中，一是新增了若干直接针对金融服务领域的保护规范；二是新增了包括消费者个人信息与隐私保护等可能适用于金融领域消费者保护的新规范。由此，第 18 条第 2 款原则性地规定了部分金融机构的安全保障义务，第 28 条原则性地规定了部分金融机构的说明义务，第 25 条和第 29 条规定了可适用于金融消费者的一般性规定。

　　除法律层面外，首次使用"金融消费者"一词的规范性文件是中国银监会于 2006 年 12 月颁布的《商业银行金融创新指引》，其后相关金融部门又陆续发布了与金融领域消费者相关的规范性文件，比如中国银监会于 2012 年发布了《中国银监会银行业消费者权益保护工作规划纲要（2012—2015）》，2013 年又发布了《银行业消费者权益保护工作指引》；国务院办公厅于 2015 年 11 月颁布了《国务院办公厅关于加强金融消费者权益保护工作的指导意见》；2016 年出台的《中国人民银行金融消费者权益保护实施办法》第 2 条则对"金融消费者"进行了一个规章性的界定，其将金融消费者界定为"本办法所称金融消费者是指购买、使用金融机构提供的金融产品和服务的自然人";2020 年《中国人民银行金融消费者权益保护实施办法》升格为部门规章后,继续沿用了"自然人"的界定。

(二) 金融消费者的应有范围

普通社会公众组成了金融消费者的主要群体。相较于金融经营者,存款人、借款人、投资人、投保人、受益人等参与金融活动的社会公众进行金融消费时除了要面对信息不对称问题以外,在交易经验、经济实力、风险承受能力、专业水平等方面差距悬殊。同理,非金融中小企业在专业的金融经营者面前同样处于弱势地位。投资者与金融消费者的范围有所交叉,但能归属于金融消费者范畴的仅限于其中的公众投资者,合格投资者、机构投资者和投资专家等本身具有与金融经营者同等的交易能力,不宜适用消费者的倾斜保护。

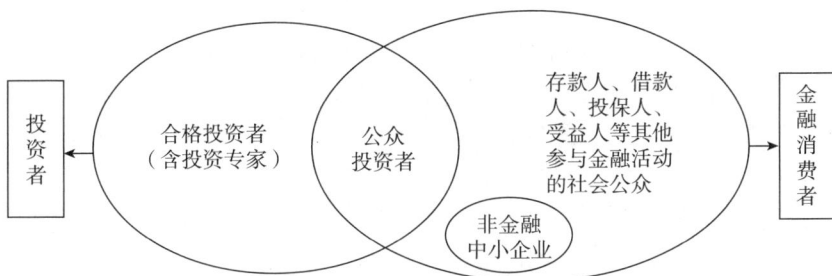

图 1-2　金融消费者的范围

1. 交易弱势的公众投资者是金融消费者群体的重要组成部分

商法理论通常认为,"营利性是法人谋求超出投资以上的利益并将其分配于成员的商法属性"。[①] 从这个角度理解,包括通过金融中介机构进行买卖股票、债券在内的各类投资活动显然是以获利为直接目的,因此得出投资活动具有营利性的判断。特别是,商法理论上将商行为分为绝对商行为与相对商行为,证券交易行为传统上属于绝对商行为,因此任何人只要实施了绝对商行为,就应当适用商法。[②] 该认识遵循的逻辑是:投资行为具有营利性,属于绝对商行为,从而区别于消费者的消费行为。消费行为不具有营利性,因此得出投资领域只有投资者,不存在消费者的判断。这也是

---

① 赵中孚. 商法总论 [M]. 北京:中国人民大学出版社,2001:5.
② 王保树. 商法总论 [M]. 北京:清华大学出版社,2007:238.

为何人们总是纠结于投资领域是否存在消费者保护问题的重要原因。然而，此"营利"不同于彼"盈利"，营利性并非所有金融投资活动的共有属性。构成"营利性"应具备两个要件：一是存在经营活动，二是从事该经营活动的目的是为谋取利润。① 仅仅从经济组织具有营利性而得出投资活动具有营利性，这在逻辑上属于偷换概念。当下，包括证券投资基金、集合资产管理、银行理财产品、信托投资计划、投资类保险产品等新型投资产品层出不穷，从内容上看这些产品的权利结构越来越复杂，而且这些产品往往多是通过中介机构向公众投资者进行出售，其中多数产品已经无法用债权、股权等传统财产权类型来界定，因而也与经济组织上的营利性特点越来越远。但可以确定的一点是，投资者在这些中介机构的推荐或者推销下购买这些投资产品的目的是在于获取收益，其付出真金白银换取的皆为一定权利义务安排的投资收益权。因此可以说，以获取利润为目的是金融投资活动的重点。②

不难发现，投资行为主体并非总是商事主体，投资者也有专业和业余之分。随着个人和家庭财富的增长和出现盈余，当前我国的个人投资者即主要金融消费者群体规模已经十分可观。2018 年 6 月数据显示，我国 A 股与 B 股市场自然人投资者数量为 14026.16 万人，占投资者总数的 99.7%。③ 近两年由于股市行情低迷，各类金融机构推出的银行理财产品、投资类保险产品等新型投资品种，以及 P2P 网贷等互联网金融产品开始成为公众投资的新宠。

在此背景下，将公众投资者等处于交易弱势的投资者纳入金融消费者群体，通过《消费者权益保护法》加以保护有其必要性。当前综合经营已然成为金融市场发展的大势所趋，金融业经营者面向个人所提供的金融商品与服务已经不再仅仅限于储蓄存款、支付结算账户服务等较为简单的传统项目，而是不断推出证券投资基金、银行个人理财产品等金融品种，以及投资类保险产品、兼具支付功能的证券投资基金（例如余额宝）等交叉型金融商品与服务。金融业经营者的专业优势地位在利用互联网、IT 技术开发出的新产品和服务领域更是表现得淋漓尽致，这些新兴的金融商品与服务在极大地丰富了金融消费者选择空间的同时，也不免呈现消费者在专

---

① 李勇军. 现代公司的本质：营利性、赢利性抑或盈利性———基于词义辨析与营利性内涵的分析［J］. 北方法学，2010（4）：31-33.

② 何颖. 金融消费者概念的法律定性及规范价值［J］. 财经法学，2016（1）.

③ 资料来源于中国证券登记结算有限公司官网。

业水平、认识能力等方面的局限性。因此，将作为非专业的公众投资者（自然人）作为金融消费者的范畴不应成为问题。

2. 中小企业等非自然人，特定条件下或可视为金融消费者

从世界范围看，各个国家和地区对待机构类购买者是否可以作为"金融消费者"的态度有所不同：英美等国明确将金融消费者限定为自然人，而日本、韩国和我国台湾地区未指明为自然人，在实践中将特殊保护扩展至法人。[①] 例如，我国台湾地区"金融消费者保护法"将其"金融消费者"定义为"接受金融服务业提供金融商品或服务者，但不包括专业投资机构和符合一定财力或专业能力之自然人或法人"。

从主体要件上看，金融消费者往往是与"社会公众"相提并论的概念，对于中小企业等非自然人是否可以纳入金融消费者范围，学界仍然存在较大争议。大部分观点主张应仅限于自然人。[②] 自然人基于生存以及自我发展产生了各类消费需求，在市场经济条件下，有偿交换使得生产经营活动与消费活动逐渐固定下来，从而形成了消费者与经营者两大市场阵营。在各种经济组织越来越强大的现代社会，只有通过强化个人的权利，才能使个人有效对抗强大的经济组织，避免人类生产、经营之终极目的的异化。购买、使用金融产品或接受金融服务的机构投资者，无论该机构是否足够专业或强大，其目的不是为了个人消费，就应当排除在外。但也有观点认为处于交易弱势的小企业等法人也应当纳入金融消费者范围之内。[③] 金融领域中的客户、存款人、投资者、股东、持有人、投保人、被保险人、受益者等，无论是个人还是符合一定标准的小企业，都是金融消费者。[④]

非金融中小企业一方面不具有雄厚的资本实力，另一方面不具有金融专业能力，其进行金融交易时对金融产品的理解能力、判断能力、谈判能力、决定能力和抵御风险能力接近或等同于普通公众。进行金融交易时，非金融中小企业和金融经营者交易双方存在着严重的信息不对称，地位和实力悬殊，因此，处于弱势地位的非金融中小企业在特定条件下或可作为

---

① 戚莹.证券投资者与金融消费者的关系——以《证券法》修改为背景 [J].时代金融，2014（5）.

② 陈洁.投资者到金融消费者的角色嬗变 [J].法学研究，2011（5）；何颖.金融消费者概念的法律定性及规范价值 [J].财经法学，2016（1）；吴弘，徐振.金融消费者保护的法理探析 [J].东方法学，2009（5）.

③ 岳彩申，刘晓东.金融监管制度发展的新趋势——消费者保护与审慎监管的分离 [J].上海财经大学学报，2011（6）.

④ 邢会强.处理金融消费纠纷的新思路 [J].现代法学，2009（5）.

金融消费者加以保护。

3. 合格投资者（含投资专家）不应纳入金融消费者范畴

根据投资者是否以投资为营业以及投资判断能力的不同，许多国家和地区把投资者划分为专业投资者和一般投资者。专业投资者或合格投资者的确定标准较多采取定性与定量相结合的方式，判定和考量的因素主要包括投资者的性质、投资者的资产状况等客观标准以及投资者的专业知识、专业能力、经验和风险承受能力等主观因素。[①]

具体而言，合格投资者的认定标准分为主观和客观两部分。主观标准包括是否具有足够的金融经验、知识、风险承担能力等，对自然人投资者而言，一般从学历、从业经历或资格以及工作岗位性质判断其是否具有相应的能力；对机构投资者而言，一般将从事金融业务的机构认定为合格投资者。客观标准主要依据财产数额确定，一般认为，合格投资者，无论是自然人还是机构投资者，其财产越多，对风险的承受能力、自我保护能力也越强；即使投资者不是投资专家，也有能力雇用专家为其服务，因此法律可以将其列为合格投资者而提供较少保护。[②]

考察英国、美国、日本以及我国台湾地区等国家和地区的金融立法可知，皆将符合一定经济实力、专业能力等条件的主体排除在"金融消费者"的定义之外，对其不适用金融消费者的倾斜保护规则。[③] 比如，按照美国《证券法》的立法精神和最高法院的判例，合格投资者是那些有足够自我保护能力，不需要注册制下提供的信息就能够做出投资决策的投资者。概括而言，美国证券法通过强制性信息披露等规则对公募市场上的公众投资者进行严格保护。而证券私募市场的合格投资者，因其与发行人等交易对手能力相当，不需要依赖法律在设定证券商事交易规则之外给予额外保护，因此实行豁免注册发行制度。私募市场的监管逻辑是完全放开对产品的管制，设立投资者门槛，实行合格投资者制度，除诈骗外，监管部门应当置身事外，让市场发挥决定性作用。[④]

---

① 陈洁. 投资者到金融消费者的角色嬗变 [J]. 法学研究，2011（5）.
② 朱小川. 发达市场金融商品合格投资者制度述评 [J]. 证券市场导报. 2010（9）.
③ 刘媛. 金融消费者保护机制的比较研究 [M]. 北京：法律出版社，2013：13-29.
④ 1933年美国《证券法》规定，公开发行证券应当在美国证监会进行注册。注册制遂成为美国公募市场的基石。同时，《证券法》也规定了发行证券豁免注册的情形，并授权美国证监会对这些情形予以补充完善。为此，美国证监会制定了条例D及其他监管规则，详细规定了豁免注册的情形。豁免注册发行证券的市场被称为D市场，但更多时称为私募市场，或称面向合格投资者的市场。

中美两国证券法等金融规范的立法精神是一致的，都是要保护公众投资者的利益，促进资本形成。如我国《证券投资基金法》第八十七条规定非公开募集基金应当向合格投资者募集，合格投资者累计不得超过二百人。这一制度的确立为保护风险承受能力较低的投资者提供了法律防火墙，严格控制合格投资者的人数，有效地防止非公开募集基金违法乱集资，也预防了在基金证券投资过程中因投资不利而导致社会矛盾激化的情形。

对于合格投资者的具体界定，我国在私募基金、信托计划、基金公司资管产品发行、证券公司资管产品发行、期货公司资管产品发行、保险公司资管产品发行、非上市公众公司股票定向发行等领域皆有相应规定。2018年《关于规范金融机构资产管理业务的指导意见》更是对合格投资者作了统一规定。据此，合格投资者是指"具备相应风险识别能力和风险承担能力，投资于单只资产管理产品不低于一定金额且符合下列条件的自然人和法人或者其他组织"：自然人具有 2 年以上投资经历，且满足以下条件之一：家庭金融净资产不低于 300 万元，家庭金融资产不低于 500 万元，或者近 3 年本人年均收入不低于 40 万元；法人单位最近 1 年末净资产不低于 1000 万元；金融管理部门视为合格投资者的其他情形。其中，合格投资者投资于单只固定收益类产品的金额不低于 30 万元，投资于单只混合类产品的金额不低于 40 万元，投资于单只权益类产品、单只商品及金融衍生品类产品的金额不低于 100 万元。

我国法律规范对合格投资者的界定主要以财力作为标准，缺乏对投资者的主观能力等的认定指标，造成实践中只要是高净值的客户"一刀切"被排除在消费者群体之外，得不到应有的保护。事实上，合格投资者的判定应当主客观相结合，只有那些既有相应财力又有相关专业能力标准的主体因为具备从金融经营者处获得信息并判别风险的能力，其可不纳入金融消费者范畴。有关对金融消费者进行倾斜保护法的理论依据在于金融消费者处于弱势地位，所以在实质正义的价值目标下，在立法政策上采取倾斜保护原则，因此排除一些在金融活动中不需要获得特殊保护的自然人，或者称"个人专家"（expert private customer）。从《金融消费者保护法》的初衷来看，对金融消费者给予特殊保护仅仅是手段，其目的"一是为了确保合同当事人的'地位对等性'，从而恢复消费者的自我决定能力，使得消费者一方当事人能够基于合理判断而缔结合同；二是为了确保市场自由竞争机制的正常运行"。因此，在遵循对金融消费者的倾斜保护原则的同时，还需要注意不能过度保护，应将那些成熟的专业人士剔除倾斜保护的对象范围。①

表 1-1　合格投资者的相关法律法规

法律规范	发文机关	合格投资者内容
《信托公司集合资金信托计划管理办法》(银监会令 2009 年第 1 号)	中国银监会	第六条　前条所称合格投资者，是指符合下列条件之一，能够识别、判断和承担信托计划相应风险的人： (一) 投资一个信托计划的最低金额不少于 100 万元人民币的自然人、法人或者依法成立的其他组织； (二) 个人或家庭金融资产总计在其认购时超过 100 万元人民币，且能提供相关财产证明的自然人； (三) 个人收入在最近三年内每年收入超过 20 万元人民币或者夫妻双方合计收入在最近三年内每年收入超过 30 万元人民币，且能提供相关收入证明的自然人
《期货公司资产管理业务试点办法》(证监会令 2012 年第 81 号)	中国证监会	第九条　资产管理业务的客户应当具有较强资金实力和风险承受能力。单一客户的起始委托资产不得低于 100 万元人民币。期货公司可以提高起始委托资产要求
《基金管理公司特定客户资产管理业务试点办法》(证监会令 2012 年第 83 号)	中国证监会	第十二条　为多个客户办理特定资产管理业务的，资产管理人应当向符合条件的特定客户销售资产管理计划。 前款所称符合条件的特定客户，是指委托投资单个资产管理计划初始金额不低于 100 万元人民币，且能够识别、判断和承担相应投资风险的自然人、法人、依法成立的组织或中国证监会认可的其他特定客户
《全国中小企业股份转让系统投资者适当性管理细则(试行)》(2013)	中国证监会	第三条　下列机构投资者可以申请参与挂牌公司股票公开转让： (一) 注册资本 500 万元人民币以上的法人机构； (二) 实缴出资总额 500 万元人民币以上的合伙企业。 第四条　集合信托计划、证券投资基金、银行理财产品、证券公司资产管理计划，以及由金融机构或者相关监管部门认可的其他机构管理的金融产品或资产，可以申请参与挂牌公司股票公开转让。 第五条　同时符合下列条件的自然人投资者可以申请参与挂牌公司股票公开转让： (一) 投资者本人名下前一交易日日终证券类资产市值 300 万元人民币以上。证券类资产包括客户交易结算资金、股票、基金、债券、券商集合理财产品等，信用证券账户资产除外。 (二) 具有两年以上证券投资经验，或具有会计、金融、投资、财经等相关专业背景或培训经历。 投资经验的起算时点为投资者本人名下账户在全国股份转让系统、上海证券交易所或深圳证券交易所发生首笔股票交易之日

---

① 何颖. 论金融消费者保护的立法原则［J］. 法学，2010（2）.

续表

法律规范	发文机关	合格投资者内容
《证券公司客户资产管理业务管理办法》（证监会令2013年第93号）	中国证监会	第二十六条　证券公司可以自行推广集合资产管理计划，也可以委托其他证券公司、商业银行或者中国证监会认可的其他机构代为推广。 集合资产管理计划应当面向合格投资者推广，合格投资者累计不得超过200人。合格投资者是指具备相应风险识别能力和承担所投资集合资产管理计划风险能力且符合下列条件之一的单位和个人： （一）个人或者家庭金融资产合计不低于100万元人民币； （二）公司、企业等机构净资产不低于1000万元人民币。 依法设立并受监管的各类集合投资产品视为单一合格投资者
《关于保险资产管理公司开展资产管理产品业务试点有关问题的通知》（保监资金〔2013〕124号）	中国保监会	第一条　向多个投资人发行的集合产品，投资人总数不得超过200人，单一投资人初始认购资金不得低于100万元
《私募投资基金监督管理暂行办法》（证监会令2014年第105号）	中国证监会	第十二条　私募基金的合格投资者是指具备相应风险识别能力和风险承担能力，投资于单只私募基金的金额不低于100万元且符合下列相关标准的单位和个人： （一）净资产不低于1000万元的单位； （二）金融资产不低于300万元或者最近三年个人年均收入不低于50万元的个人。 前款所称金融资产包括银行存款、股票、债券、基金份额、资产管理计划、银行理财产品、信托计划、保险产品、期货权益等。 第十三条　下列投资者视为合格投资者： （一）社会保障基金、企业年金等养老基金，慈善基金等社会公益基金； （二）依法设立并在基金业协会备案的投资计划； （三）投资于所管理私募基金的私募基金管理人及其从业人员； （四）中国证监会规定的其他投资者

续表

法律规范	发文机关	合格投资者内容
《关于规范金融机构资产管理业务的指导意见》（银发〔2018〕106号）	中国人民银行、中国银行保险监督管理委员会、中国证券监督管理委员会、国家外汇管理局	五、资产管理产品的投资者分为不特定社会公众和合格投资者两大类。合格投资者是指具备相应风险识别能力和风险承担能力，投资于单只资产管理产品不低于一定金额且符合下列条件的自然人和法人或者其他组织。 （一）具有2年以上投资经历，且满足以下条件之一：家庭金融净资产不低于300万元，家庭金融资产不低于500万元，或者近3年本人年均收入不低于40万元。 （二）最近1年末净资产不低于1000万元的法人单位。 （三）金融管理部门视为合格投资者的其他情形。 合格投资者投资于单只固定收益类产品的金额不低于30万元，投资于单只混合类产品的金额不低于40万元，投资于单只权益类产品、单只商品及金融衍生品类产品的金额不低于100万元。 投资者不得使用贷款、发行债券等筹集的非自有资金投资资产管理产品

（三）金融消费者的基本权利

金融消费者保护规范的内容围绕消费者权利的界定与救济展开，主要包括消费者的知情权、安全权、公平交易权、选择权、隐私权、知情权、求偿权、监督权等法定权利，规定金融行为提供方等相关主体的法定义务与责任，明确金融消费者的维权救济途径等。

金融消费者的人身安全权保障要求金融业经营者在销售金融商品、提供金融服务过程中，提供的金融商品和服务本身应当采取必要的安全保障措施，确保消费者在其营业场所和营业时间内的人身安全与财产安全，金融业经营者应当设置必要且合理的侵害救济机制。

金融消费者的知情权是消费者在购买、使用金融商品或接受金融服务的过程中，享有获知与金融商品和金融服务相关信息的权利，包括公平自由获取金融信息的权利、真实准确并且及时全面获取金融消费信息的权利。

金融消费者具有消费选择权。从交易结果的视角上看，金融消费者应具有选择交易结果的权利，包括对交易标的物、交易相对方、交易方式的选择。在交易过程中，金融消费者对于金融产品品种、购买时间、购买对象等应具有充分的选择权。

金融消费者的公平交易权保护，主要从规范格式合同承载交易规则的角度出发，要求处于优势一方的金融业经营者充分考虑弱势一方的金融消费者权利，提供定价合理、双方权利义务对等的金融服务。

金融消费者具有隐私权，金融经营者需要保障金融消费者的个人金融信息，包括金融消费者个人信息、金融消费者账户交易信息、金融业经营者因保管金融消费者的账户而获得与其相关的信息。

金融消费者的求偿权是指各类金融消费者在进行金融消费过程中受到损害所依法获得赔偿的权利，从内容上看兼有实体性权利与程序性权利，前者主要指消费者遭受侵害后有权获得民事赔偿等救济，后者是指消费者遭受侵权后求偿有法定的救济程序支持，包括诉权、纠纷解决机制的安排等。①

二、金融商品与服务的范围

金融商品是指资金融通过程中各种经济价值的载体，如现金、股票、期货等，是金融服务的基础。金融服务是各种围绕金融商品而展开的行为活动，指金融机构通过开展业务活动为客户提供包括融资投资、储蓄、信贷、结算、证券买卖、商业保险和金融信息咨询等多方面的服务。二者在理论和实践中通常不做清晰的区分。

（一）法律制度层面

综观主要金融发达国家的金融法律制度，可以发现各国对金融商品与服务的法律监管都有所涉及，但使用的具体概念有所不同。美国在 1933 年《证券法》中使用了"投资合同"（investment contract）概念，并在 1999 年《金融服务现代化法》中规定通过"灵活判断"的方式来定义新型金融商品。② 英国 2000 年出台《金融服务与市场法》，通过对在从事业务经营过程中个人和机构的"特定行为"（specified investment）和"特定投资"（specified activities）进行定义，从而将有关金融产品的规范囊括其中。③ 澳大利亚于 2001 年修改《公司法》，增加了对"金融商品"的定义。根据该法规定，除特殊情况外，金融商品是指人们进行金融投资、管理金融风险或进行非现金支付的一种工具。按照此定义，金融商品包括证券、票据、股票

---

① 张斌. 金融消费者保护理论与判例研究 [M]. 北京：法律出版社，2015：39-61.

② 马国泉. 论金融商品的规制与监管 [J]. 东岳论丛，2010 (8).

③ 《金融服务与市场法》 [EB/OL]. [2018-7-20]. https://wenku.baidu.com/view/e8dcbc53f01dc 281e53af00d. html? from=search.

或政府债券、部分衍生品、利率和货币互换、保险商品（包括具有投资功能的人寿保险商品）、年金利益、退休存款账户、外汇、存款机构的商品，不动产或其他财产的抵押等。① 欧盟 2004 年 4 月通过的《金融商品市场指令》中采用了"金融工具"（financial instruments）这一概念，其包括可转让证券、短期金融市场商品、集团投资计划以及金融衍生品交易。② 德国 2004 年修改了《证券交易法》，采用了"金融市场工具"（money market instruments）概念，将其定义为有价证券、金融市场商品及金融衍生品交易等，而且引入了投资份额的概念。③ 日本 2006 年出台的《金融商品交易法》则是统一了狭义金融商品的法律规范。该法取代了日本证券交易法，并吸收了《金融期货交易法》等 4 部法律，把除了存款和保险以外的所有投资类商品都归入其调整范畴，不仅股票、债券等有价证券，而且所有种类的信托受益权、金融衍生产品和集团投资计划等已有和将来可能出现的投资类金融商品都被涵盖了进去，最大限度地将具有投资性的金融商品、投资服务作为《金融商品交易法》的规制对象，构建了从金融商品的销售、劝诱到资产管理、投资顾问的横向的、全方位的行业规制和行为规制的基本框架。④

（二）理论研究层面

对于金融商品的界定，金融学理论界有以下几个主要观点。一是工具说，认为金融商品是一种资金融通的工具，有时也被称为金融资产，只是在金融市场上作为交易的对象时被叫作金融商品。这种商品的价值和一般实物资产不同，其价值的大小不是由现实的利益决定，而是将来可能的收益决定。从目的角度看，此类商品可以实现资金的转移，优化资源配置，实现资金利用效益的最大化。⑤ 二是目的说，认为理解金融商品，应当从购买者目的角度入手。已有的资产，如果处于静止状态，随着经济环境的变化，通常会不断贬值，而通过购买、投资金融商品，可以实现已有财产价值的保值增值。换言之，金融商品即人们为了实现上述目的而创造的一种

---

① 朱小川. 试析金融理财产品的法律要点 [J]. 上海金融, 2010 (2).

② 英国行为监管局官网 [EB/OL]. [2018-7-20]. https://www.fca.org.uk/markets/mifid-ii.

③ 德国联邦金融监管局官网 [EB/OL]. [2018-7-20]. https://www.bafin.de/SharedDocs/Veroeffentlichungen/EN/Aufsichtsrecht/Gesetz/WpHG_en.html.

④ 何颖. 金融消费者保护制度论 [M]. 北京：北京大学出版社, 2011：22.

⑤ 黄达. 金融学 [M]. 北京：中国人民大学出版社, 2003：182-183.

现实中本不存在的产品。① 三是资金融通形式说，认为金融商品本身固然是一种工具，但仅仅将其描述为一种工具不能揭示金融商品的本来面目。因为，金融商品本身并不是工具，只是人们利用这一融资工具的形式或载体，载体本身才是人们在金融市场上交易的真正对象。因此，金融商品被称为资金融通的形式或载体。② 四是合同说，认为从产品的内在逻辑结构来看，双方当事人之间约定的权利和义务才是其本质。任何一项金融商品都只是一个合同而已。不同金融商品差别，只是合同中双方当事人对于权利和义务分配的差异。新金融商品的出现，也只不过是合同权利义务的重新组合，未来收益和风险大小的重新配置。这种组合有着无穷的可能性，因此，新商品就会层出不穷。③

按照国际财务报告准则第 39 号的定义，各种金融商品的主要差别在于其合约的具体条款与性质归类，以及利息的支付期、保本、可换股票、现金流等方面不同。在法学研究领域，学者们从权利义务的配置视角定义金融商品，指出金融商品（尤其是场外交易的金融商品）是由金融机构提供的、以实现资金融通为目的、一系列旨在发生法律拘束力的权利义务组合。纷繁复杂的金融商品只不过是股权关系、信托关系等各种法律关系的载体，金融商品无论形式如何，实质上都可以视作一份法律合同。因此，从理论上讲，金融商品也可以称为法律概念。④ 还有学者总结归纳了金融商品具有无形性、专业性、收益性和风险性的特点。⑤

金融商品概念还可作广义金融商品与狭义金融商品之分。在货币银行学领域，金融商品、金融工具、金融资产这几个概念表达的含义相同，往往交替使用。广义的金融商品（financial instruments，financial products）是指所有具有金钱价值或记载金钱交易的工具，包括货币、存款、人身保险、财产损害保险、信托、投资信托、基金、股票、金融债、公司债、集合投资计划以及各种金融衍生商品等。人们可以在金融市场上交易这些商品，利用它们的资金中介、风险管理等功能获取金钱利益。狭义的金融商品则

① 张宁.试论金融产品的质量 [J].中国质量，1999 (6).
② 谭建国.金融产品虚拟度的模糊综合评判研究 [J].商业研究，2004 (8).
③ 王宗润.金融产品创新的路径分析 [M].长沙：湖南人民出版社，2008：24-34.
④ 叶林.金融消费者的独特内涵——法律和政策的多重选择 [J].河南大学学报（社会科学版），2012 (5)；韩祥波.界定金融产品概念的新视角——兼谈金融消费者概念的局限性 [J].湖南社会科学，2014 (2)；何颖.金融消费者概念的法律定性及规范价值 [J].财经法学，2016 (1).
⑤ 何颖.金融消费者权益保护制度论 [M].北京：北京大学出版社，2011：22.

仅限于投资类金融工具。如果从金融需求角度来看，狭义的金融商品对应的就是消费者对资金运用的需求。①

金融商品既是金融市场上的交易对象，也是交易工具，还是金融机构所持有的金融资产，金融资产是区别金融企业与实体经济企业的根本标志。金融商品即金融工具，其意义不在于对其自身的消灭，进行价值的转移，而在于通过将其作为交易对象而进行频繁交易进而获利，这就是我们称其为工具的原因所在。同时金融资产是一种货币计价的信用工具，可以简化为某种单位符号，金融资产的运用更接近一种类似数学规则的电子运动状态下的活动，基本上不存在实体经济商品所受到的物理条件下的限制。

此外，还有一些研究成果强调要重视金融消费者在购买金融衍生商品时的权益保护。金融商品可分为基础的金融商品和衍生的金融商品。虽然对于股票、公司债券和证券投资基金等基础金融商品而言，投资者与发行人或服务商之间也存在信息不对称问题，但金融衍生商品存在的不对称更为明显。这些金融衍生商品普遍具有非标准化的特点，必须依赖金融服务商与消费者逐一谈判才能确定，而消费者普遍缺乏议价能力，难以争取合理的交易条件。在此过程中，部分金融衍生商品本身就是金融服务商创设的风险转移工具，即将自己无法承受或不欲承受的风险转移给金融消费者（这类金融商品有时被称为"有毒金融"产品），这些金融衍生商品可能给金融消费者带来高收益，但也往往带来更高风险。基于金融衍生商品具有较大杀伤力，金融消费者面临的风险巨大，服务商却可能收益颇丰，因此也应当在关注基础金融商品销售的金融消费者保护的同时，将倾斜保护的重点放在金融衍生商品上。这无疑是立法者不得不做出的重要政策选择。②

三、金融消费者权益保护的界定范围

（一）金融消费者保护的主体原则上仅限于自然人，但要排除个人专家型消费者

所谓金融消费者保护制度，是消费者保护理论在金融领域的运用，其实质即是对于参与金融活动的普通社会公众的统括性的法律特别保护。因

---

① 何颖. 金融消费者权益保护制度论［M］. 北京：北京大学出版社，2011：19.
② 叶林. 金融消费者的独特内涵——法律和政策的多重选择［J］. 河南大学学报（社会科学版），2012（5）.

为金融领域也存在消费者群体及其消费需求，因此金融消费随着消费需求结构升级而出现。消费者的金融需求，通常包括信用供给、支付结算、资产运用、风险管理等类型。普通社会公众组成了金融消费者的主要群体。相较于金融经营者，这些存款人、借款人、投资人、投保人、受益人等参与金融活动的社会公众进行金融消费时除了要面对信息不对称问题以外，在交易经验、经济实力、风险承受能力、专业水平等方面差距悬殊，为了矫正金融业者与社会公众实质上的交易不公平现象，从而产生了金融消费者保护规则。从逻辑上看，金融消费者作为消费者的子概念，二者在主体类别上还是保持一致比较合适。国际标准化组织消费者政策委员会在1978年召开的第一届年会上，就将"消费者"定义为"为个人目的购买或使用商品和服务的个体成员"，这也是我国《消费者权益保护法》第二条的规则源头。英美等国在金融立法中使用"消费者"概念时，并未改变传统消费者立法中有关"消费者"的界定范围。英国1994年《不公平消费者合同条款规范》规定，"消费者指任何签订本规范范围内合同的自然人，其动机不是出于商业（交易、生意或职业）目的"。美国1976年《消费者租赁法》也将租赁者限定在"订立或被提供消费者租赁服务的自然人"之上。

在此基础上，如果消费者已经具备了与金融机构相当的交易能力，而法律仍然给予其倾斜保护，此时这种保护不仅对于此类消费者而言显得画蛇添足，也是对法律资源的不必要浪费。由于金融活动注重效率、关注成本与收益的合理关系，对那些在经济实力、专业水平、交易经验等各方面皆势均力敌的个人专家给予倾斜保护显然是一项加重成本却无甚收益的工作。有鉴于此，法律不仅应当区分普通消费者与机构类金融顾客，从而给予前者倾斜保护，而且还有必要对个人消费群体做进一步区分，将那些成熟的消费者剔除倾斜保护的对象范围。比如，日本2006年《金融商品交易法》也将"根据《商法》第535条的规定，缔结匿名组合契约的个人，或者在知识、经验以及财产状况等与内阁府令规定的特定投资者认定要件相当的其他个人（净资产在3亿日元以上等要件）"归入"特定投资者"的范畴（《金融商品交易法》第34条之4），不予适用上述保护性规则。① 而且，该法为普通消费者转向特定投资者提供了通道，使那些"（1）拥有10亿日元以上有价证券，（2）在金融机构开设专门的有价证券交易账户超过1年以上"的个人还可以申请转化为"特定投资者"，从而可以参与到更为复

---

① 日本《金融商品交易法》第六十二条。

杂和高风险的投资活动中去。

（二）金融商品或者金融服务在范围上应包括投资类等所有类型金融商品和金融服务

投资者与金融消费者的范围有所交叉，其中能归属于金融消费者范畴的仅限于其中的公众投资者和部分中小非金融类法人等组织。合格投资者、机构投资者和投资专家等本身具有与金融经营者同等的交易能力，不宜适用消费者的倾斜保护。

在立法模式上，也有不同的做法。美国在传统上形成了证券业与银行业对于普通社会公众分别立法予以特别保护的做法。即在证券立法中，通过对投资者的类型化，对其中的"未经认可的投资者"即普通社会公众或称为零售客户给予特别保护。在非证券领域，则使用"消费者""零售客户"概念对普通社会公众设定特别保护规则。无论是"未经认可的投资者"还是"消费者"，在相关立法中都仅限于自然人或其法定代理人。英国则是以"金融消费者"统揽包括投资在内的金融活动中的所有普通社会公众。金融行为监管局（FCA）与审慎监管局（PRA）根据 2012 年《金融服务法》的授权各自制定的监管手册中也明确规定，金融消费者是指"并非出于贸易、商业或职业目的行为的任何自然人（natural person）"。①

我国是具有成文法传统的国家，概念清晰、规则明确的法律制度对于保护金融领域的社会公众合法权益至关重要。当前，公众已深入参与到各类金融投资活动当中，并且，众筹等一些新兴金融和类金融产业经营者也纷纷涉足金融零售市场，为消费者提供各类创新产品和服务。又加上诸如分红险等具备投资功能的跨界金融商品和服务日益涌现，在"金融消费者"统一概念下对公众提供应有的倾斜保护相当有必要。

（三）非金融类企业和组织在满足特定条件时，可以在购买金融产品或者金融服务时获得与金融消费者相同的保护

从主体要件上看，金融消费者往往是与"社会公众"相提并论的概念，对于中小企业等非自然人是否可以纳入金融消费者范围，学界仍然存在较

---

① FCA & PRA Handbook［EB/OL］.［2018-08-10］. http：//fshandbook. info/FS/html/handbook/Glossary/C.

大争议。大部分观点主张应仅限于自然人。① 因为自然人基于生存以及自我发展产生了各类消费需求，在市场经济条件下，有偿交换使生产经营活动与消费活动逐渐固定下来，从而形成了消费者与经营者两大市场阵营。在各种经济组织越来越强大的现代社会，只有通过强化个人的权利，才能使个人有效对抗强大的经济组织，避免人类生产、经营之终极目的的异化。购买、使用金融产品或接受金融服务的机构投资者，无论该机构是否足够专业或强大，其目的不是个人消费，就应当排除在外。但也有观点认为处于交易弱势的小企业等法人也应当纳入金融消费者范围。② 金融领域中的客户、存款人、投资者、股东、持有人、投保人、被保险人、受益者等，无论是个人还是符合一定标准的小企业，都是金融消费者。③

各个国家和地区对待参与金融活动的法人等组织的态度有所不同：英美等国明确将金融消费者限定为自然人，而日本和我国台湾地区未指明为自然人，在实践中将特殊保护扩展至法人。④ 比如，我国台湾地区"金融消费者保护法"将其"金融消费者"定义为"接受金融服务业提供金融商品或服务者，但不包括专业投资机构和符合一定财力或专业能力之自然人或法人"。其依据在于，非金融中小企业一方面不具有雄厚的资本实力，另一方面不具有金融专业能力，其进行金融交易时理解能力、判断能力、谈判能力、决定能力和抵御风险能力接近或等同于普通公众。进行金融交易时，非金融中小企业和金融经营者交易双方存在着严重的信息不对称，地位和实力悬殊，因此，处于弱势地位的非金融中小企业在特定条件下或可作为金融消费者加以保护。

---

① 陈洁. 投资者到金融消费者的角色嬗变 [J]. 法学研究, 2011 (5). 何颖. 金融消费者概念的法律定性及规范价值 [J]. 财经法学, 2016 (1). 吴弘, 徐振. 金融消费者保护的法理探析 [J]. 东方法学, 2009 (5).
② 岳彩申, 刘晓东. 金融监管制度发展的新趋势——消费者保护与审慎监管的分离 [J]. 上海财经大学学报, 2011 (6).
③ 邢会强. 处理金融消费纠纷的新思路 [J]. 现代法学, 2009 (5).
④ 戚莹. 证券投资者与金融消费者的关系——以《证券法》修改为背景 [J]. 时代金融, 2014 (5).

第二部分 金融消费者保护的基石：行为监管的理论破局与国际经验

一、行为监管：理论本源及其发展

（一）行为监管的兴起

行为监管的理念最早产生于 20 世纪 70 年代，美国国家保险协会（NAIC）在其发布的市场行为检查手册第一版中正式提到了"市场行为监管"（market conduct regulation）的概念。然而，由于自由主义理念在当时的金融理论界占据主流地位，这一提法并未引起太多关注。[1] 1995 年，英国经济学家泰勒（Taylor，1995）首次针对金融监管提出"双峰"（twin peaks）理论[2]，他认为金融监管目标应该由两个平行且相对独立的监管机构来加以贯彻，即一个负责审慎监管，以维护金融系统稳定和金融机构稳健经营，而另一个负责行为监管，以促进金融市场诚信和保护金融消费者权益，保障金融市场公平、公正和健康运行。[3] "双峰"理论的提出，开启了金融监管理论界系统讨论行为监管问题的新时代。"双峰"理论虽然起源于英国，但国际监管实践中率先引入这一理论的国家并不是英国，最早依据"双峰"理论而形成两大平行机构实施"双峰"监管的国家首先是澳大利亚，紧接着是荷兰，[4] 然后才被英国和美国监管当局所认同。总体而言，"双峰"理论在其提出早期并未得到广泛的重视，各国仍然以传统的审慎监管为主。直到 2008 年国际金融危机爆发后，强化行为监管和金融消费者保护才成为

---

① 廖岷. 对危机后银行业"行为监管"的再认识 [J]. 金融监管研究，2012（1）.

② Taylor M. W. Twin Peaks, *A Regulatory Structure for the New Century*, Center for the Study of Financial Innovation，Issue. 12，1995.

③ Taylor M. W. Twin Peaks, *A Regulatory Structure for the New Century*, Center for the Study of Financial Innovation，Issue. 12，1995.

④ Taylor M. *The Road from "TwinPeaks" and the Way Back*，Connecticut Insurance Law Journal，2009（16）：61-96.

国际金融变革的新趋势。① 因为在次贷危机爆发前，美英等发达国家奉行"最少的监管即最好的监管"的圭臬，这一自由主义监管理念对效率过分推崇，使监管机构过于依赖市场的自我修复能力，忽视了金融机构资本逐利的本性和市场失灵问题，也忽视了金融市场内在的脆弱性和潜藏的系统性风险。② 这场百年罕见的危机充分暴露了一个自由放任的市场体系的缺陷，人们开始深刻反思金融自由化的潮流，再次审视基于新古典经济学的市场竞争和行业自律，特别是市场原教旨主义信奉者的理论和政策框架，同时也迫使各国政府重新思考金融监管边界的设定。

2008 年国际金融危机让各方认识到行为监管缺失、金融消费者保护不足是次贷危机的重要根源之一，同时也警醒世人仅仅强调审慎层面的机构监管（institution regulation），监测金融机构的资本和风险状况是不够的，还必须拓宽监管范围，强化行为监管（conduct regulation），尤其是强化保障金融消费者为核心要义的行为监管成为全球银行业监管当局反思的重要内容。③ 在这一背景下，"双峰"监管理论得到更为广泛的认可，许多国家或修改旧法或颁布新法，以改革既有的金融监管体系，由此开始加强行为监管和对金融消费者的保护。其间最为典型的便是次贷危机的源头国家：美国和英国。事实上，作为次贷危机立法反思的成果，英美两国在不同程度上借鉴了"双峰"监管模式，设立了负责行为监管的专职机构，实现了行为监管（金融消费者保护）与审慎监管职能的相对分离。④ 2011 年 2 月，英国发布了《金融改革白皮书》，决定成立专门负责包括银行金融机构在内的所有金融机构行为监管的金融行为监管局（FCA）⑤，并于 2011 年 7 月明确该局行为监管主要依靠预防性的早期介入和跨机构的专项检查，这是全球首例将行为监管职责明确赋予专门机构的监管尝试；而美国则通过《多德—弗兰克华尔街改革与消费者保护法案》新设独立的消费者金融保护局（CFPA），将原先由不同监管机构共同承担的银行消费者保护的职责加以归并，统一执行保护金融消费者权益的职责，强化行为监管。紧随英美之后，

---

① 冯乾，侯合心．金融业行为监管国际模式比较与借鉴——基于"双峰"理论的实践 [J]．财经科学，2016（5）．

② 李仁真，周忆．金融消费者保护与国际金融监管法制的变革 [J]．武汉大学学报（哲学社会科学版），2013（6）．

③ 李仁真，周忆．金融消费者保护与国际金融监管法制的变革 [J]．武汉大学学报（哲学社会科学版），2013（6）．

④ 王华庆．论行为监管与审慎监管的关系 [J]．中国银行业，2014（5）．

⑤ 张庆昉．金融行为监管体系改革 [J]．中国金融，2017（11）．

诸多国际组织、部分国家和地区迅速推动和实施了一系列重要的行为监管改革举措以提高金融消费者权益保护水平，例如 2011 年 10 月，G20 财长和央行行长会议通过的"二十国集团金融消费者保护高层原则"①，成为实施行为监管的重要指导性文件。香港金融管理局则在 2011 年 4 月做了部门重组和职能调整，新设银行操守部，增强行为监管力量，强化理财业务监管，重点要求不同风险程度的业务，实行销售场所隔离、人员隔离以及全流程监控，对个体金融服务客户区分投资者和消费者。

（二）行为监管理论的内涵及要点

行为监管的概念直至目前理论界也尚未形成统一的认识，只是随着金融监管理论的深化和监管时间的发展，行为监管的内涵在不断扩充。在澳大利亚，其行为监管局（ASIC）描述自身的职责在于维护国民经济稳健运行与声誉，维护消费者信心并取得知情消费者支持，保证金融市场的透明与公平；在英国，其金融行为监管局（FCA）则以消费者保护、金融市场诚信维护与促进公平有效竞争三个目标为其监管核心职责。② 据英国金融行为监管局 2013 年 6 月发布的《监管手册》，行为监管是指"监管部门对金融机构经营行为的监督管理，主要通过制定相关规则，建立现场检查和非现场监管工作体系，来促进公平交易，维持市场秩序，增强消费者信心"。由此可见，金融消费者保护只是行为监管工作的重要组成部分，是行为监管的目标指向和工作结果，而绝不是行为监管的全部。英国金融行为监管局还特别强调，过分强调保护消费者一方的权益，有悖于市场公平性和有效竞争原则；维护市场公平有序竞争，才是保护消费者合法权益的最有效措施。同时，英国的行为监管范围也从以往仅仅关注零售市场扩展到了同时关注批发市场（多指银行间市场），因为事实证明，批发市场行为风险在很大程度上会波及零售市场，从而损害整个金融市场的竞争和秩序。③

总体来看，行为监管是金融监管部门通过制定个人信息保护、反欺诈

---

① 这十项基本原则包括：法律和监管框架、监管主体责任、公平公正对待消费者、信息披露与透明度、金融教育与金融意识、金融服务机构行为准则、保护金融消费者资产被骗的滥用，保护金融消费者信息与隐私、投诉处理与赔偿、金融服务的充分竞争等。该原则适用于所有金融行业（参见 G20 HIGH - LEVEL PRINCIPLES ON FINANCIAL CONSUMER PROTECTION, OECD, Oct, 2011）。

② 徐云松. 我国金融行为监管体系的构建与发展研究：国际经验与借鉴 [J]. 征信，2016 (8).

③ 胡雪. 欧盟行为监管与金融消费者保护法律框架分析解读 [J]. 中国银行业，2017 (7).

误导、消费者争端解决、公平交易规则、广告与合同行为规范等一系列规定，针对金融机构行为所实施的监管管理；行为监管的目的旨在保护金融消费者的财产安全权、知情权、公平交易权等各项合法权益，督促金融机构遵照执行，并通过现场、非现场等手段，定期检查、评估、披露、监督金融机构的消费者保护工作总体情况。由此，行为监管的核心目标是维护金融消费者信心，保障金融市场秩序。在此基础上，行为监管还涵盖了有关针对银行间同业拆借市场上银行定价、反洗钱等行为的监管，其外延比金融消费者权益保护更宽泛。但由于金融消费者权益保护是整个行为监管理念的价值宗旨，两者高度关联，因此，在大多数情况下行为监管与金融消费者权益保护可以等同使用。

（三）行为监管理论的研究进展及争议

1. 行为监管理论的研究进展

从研究进展来看，国内外对行为监管的研究都非常有限。国际文献中通常把行为监管作为一个体现监管手段的政策术语或者概念已知的特定词汇来对待，这一词汇较多出现在政策文本中。而现有的国内文献整体上多是从认知层面介绍国际上有关行为监管的定义和内容，相关研究主要集中在以下几个方面：一是关于行为监管的认识，如廖岷分析了行为监管的概念、政策目标、监管方法等问题，王华庆论述了行为监管与审慎监管的联系和冲突问题；[1] 二是有关行为监管的理论基础，如 Llewellyn [2] 认为信息不对称引发客户对金融市场信心丧失，孙天琦[3]认为行为经济学是行为监管的理论基础之一；三是讨论行为监管机构独立性，如 Warren[4] 主张建立独立的行为监管机构（虽然经合组织和世界银行都对此持中立态度）；四是分析行为监管的模式，如冯乾和侯合心以"理论依据"和"实践特性"这两个标准为前提，从模式机制上认识和讨论行为监管的最佳模式选择；[5] 五是分

---

① 王华庆. 论行为监管与审慎监管的关系 [J]. 中国银行业，2014 (5).

② Llewellyn D. T., *Institutional structure of financial regulation and supervision*: *the basic issues*, World Bank Seminar Aligning Supervisory Structures with Country Needs, Washington D. C., 6th and 7th June, 2006.

③ 孙天琦. 金融消费者保护：行为经济学的理论解析与政策建议 [J]. 金融监管研究，2014 (4).

④ Elizabeth Warren, *Unsafe at Any Rate*, Democracy: A Journal of Ideas, Issue 5 (2007): 8-19.

⑤ 冯乾，侯合心. 金融业行为监管国际模式比较与借鉴——基于"双峰"理论的实践 [J]. 财经科学，2016 (5).

析国际行为监管趋势对中国的启示，如刘鹏①、高田甜和陈晨②认为要积极借鉴国际成熟行为监管经验做法，推动我国金融消费者保护工作。

2. 行为监管理论的主要争议

尽管许多国家吸取了 2008 年国际金融危机的教训，在修订旧法、制定新法中改革、调整金融监管体系，试图强化金融消费者保护工作，但围绕金融消费者保护专门机构的设立、审慎监管与金融消费者保护关系的争论仍然非常激烈，各方的主要争论在于是否需要设立独立于金融监管机构的消费者保护机构。

（1）关于需要设立独立于金融监管机构的消费者保护机构的观点。这种观点认为审慎监管与金融消费者保护冲突，必须在金融监管机构之外设立独立的金融消费者保护机构，确保其获得必要的资源，充分行使职能，这也即业内通常所讲的"外双峰"模式。Nier（2009）进行的初步分析表明，相比于那些只有一家单一的综合监管机构同时负责消费者保护和审慎监管的国家，具备相互独立的消费者保护和审慎监管机构的国家普遍能更好地经受住金融危机的考验。荷兰中央银行行长 Nout Wellink（2009）认为，审慎监管和行为监管之间是有一定冲突的，审慎监管通常在幕后工作，与此相反，商业行为监管则更倾向于通过公开的方式运行，当某个管理机构身兼审慎监管和商业行为监管两种职能的时候，很可能就会出现偏向一方的情况，因此必须有一定的制度安排，确保两种监管方向都能得到必要的资源。美国财政部部长 Geithner（2009）在众议院听证会上列举了危机前金融消费者保护体系失灵的表现，并且认为这种失灵是结构性的，因此必须通过新设的消费者金融保护部门 CFPA（即 Consumer Financial Protection Authority 的简称）予以解决；Geithner 还认为 CFPA 不会加重银行的负担，因为 CFPA 只是把原来分散在各个监管机构中的金融消费者保护的职能集中起来。

（2）关于没有必要设立独立于金融监管机构的消费者保护机构的观点。这种观点主要是认为审慎监管与金融消费者保护不冲突，可以相互促进，没有必要设立独立于金融监管机构的金融消费者保护机构。用传统的监管理论解释，审慎监管机构承担金融消费者保护职能是最好的，只有稳健的

---

① 刘鹏. 金融消费权益保护：危机后行为监管的发展与加强 [J]. 上海金融，2014（4）.

② 高田甜，陈晨. 基于金融消费者保护视角的英国金融监管改革研究 [J]. 经济社会体制比较，2013（3）.

金融机构才可能向金融消费者提供值得信赖的金融产品或服务，审慎监管和金融消费者保护需要关注相同的重大问题，因此，金融消费者保护的目标与审慎监管的目标是一致的，将这两个职责交由一个机构承担是妥当的选择，美联储前主席 Ben S. Bernanke（2009）即持有这种观点；英国金融服务局（FSA）的前主席 Callum McCarthy（2004）也认为，应坚持适当的金融消费者保护，不能因为赋予金融消费者过多的权益而妨碍市场革新，桎梏市场发展；不能过分夸大审慎监管目标与金融消费者保护目标的冲突，应坚持审慎监管与保护金融消费者权益的统一；Joshua D. Wright 和 Todd J. Zywicki（2009）认为 CFPA 将产生许多意想不到的后果，未必能更好地保护金融消费者权益，例如减少竞争、缩小金融消费者的选择空间、导致信贷资金对许多金融消费者而言不可得等；David S. Evans（2010）认为，普通老百姓根本接触不到信用违约掉期（CDS）之类的复杂的金融衍生品，传统的金融消费者保护手段已经足以保护普通老百姓的权益，新设一个 CFPA 可能保护的只是有钱人的利益；Joshua D. Wright 和 Todd J. Zywicki（2009），David S. Evans（2010）等认为，没有证据证明金融消费者保护不足是次贷危机的成因之一，甚至连确切的金融消费者权益受到侵害的相关数据都很匮乏。

（3）中立观点。持中立观点的主要是一些国际组织。金融稳定理事会（FSB）对成员国监管部门进行了调研，大多数成员国的监管部门认为审慎监管和金融消费者保护不一定必然产生冲突，支持两种职能并在一个部门，很多国家目前就是这种模式，也就是维持现有模式不变。世界银行（WB）2012 年 6 月发布的《金融消费者保护的良好实践》认为，审慎监管机构和金融消费者保护机构可以作为两个独立的机构，也可以置于同一机构内，但是，无论机构如何设置，在审慎监管部门和金融消费者保护部门之间的资源分配必须能够保证有效地执行金融消费者保护规则，并指出从长期来看，审慎监管和消费者保护监管可以相辅相成、相互补充。经济合作与发展组织（OECD）2011 年发布的《二十国集团关于金融消费者保护的高水平原则》则认为：金融消费者保护机构可以独立于金融监管机构，也可以不独立于金融监管机构，不独立时应该在监管机构内部有独立的内部部门，采取哪种模式关键在于不同国家的具体国情。

虽然在金融消费者保护机构的设置是否需要独立于金融监管机构的问题上存在争议，但危机后各方在改革金融监管体制、进一步加强金融消费者保护和行为监管、协调好审慎监管与行为监管关系等方面的观点是一致的。无论金融消费者保护机构如何设立，只有确保此机构有着清晰的授权、足够的人财物、足够的专业素养，有较为完善的金融消费者保护法律法规和规章制度，才能提供真正有效的保护。现实中，各国际组织和多数国家也采取了有效措施，推动了金融消费者保护和行为监管的发展和加强。①

二、行为监管与审慎监管的互动关系

(一) 内涵厘定

1. 行为监管

行为监管是指监管机构为了保护消费者的安全权、知悉权、选择权、公平交易权、索赔权等各项合法权益，制定公平交易、反欺诈误导、个人隐私信息保护、充分信息披露、消费争端解决、反不正当竞争、弱势群体保护、广告行为、合同规范、债务催收等规定或指引，要求金融机构必须遵照执行。此外，行为监管还包括银行间同业拆借市场上银行定价等行为的监管。② 监管机构通过定期对金融机构保护消费者的总体情况组织现场检查、评估、披露和处置，以保证金融市场公开透明、维护金融消费者信心。③

2. 审慎监管

审慎监管是监管当局针对被监管机构实施的全面监管，以确保金融机构合规运营、内部风险控制良好，并保持充足的流动性，实现金融机构总体稳健经营和金融市场的可持续发展。其中，审慎监管又包括宏观审慎监管和微观审慎监管。(1) 宏观审慎监管：20 世纪 70 年代，国际清算银行 (BIS) 最早使用"宏观审慎"这一概念，但直到 2008 年国际金融危机爆发，宏观审慎监管的重要性才日益被国际社会认同。危机过后，各国均强调对系统性金融风险的防范，提出了逆周期监管理论、加强国际金融监管协调与合作、注重系统性重要金融机构的监管等。(2) 微观审慎监管。微观审慎监管是指金融监管当局为维护金融机构健康运行、实行以"风险为本"的监管，制定资本充足率、资产质量、贷款损失准备金、风险集中度、流动性、风险管理等审慎监管指标和要求，并定期组织现场检查和非现场

---

① 刘鹏. 金融消费权益保护：危机后行为监管的发展与加强 [J]. 上海金融，2014 (4).
② 叶文辉. "双峰型"金融监管模式的国际实践及对我国的启示 [J]. 西南金融，2016 (1).
③ 王华庆. 论行为监管与审慎监管的关系 [J]. 中国银行业，2014 (5).

监测、评估金融机构健康状况。① 微观审慎监管始于 1997 年巴塞尔银行监管委员会发布的《有效银行监管核心原则》。以银行业为例，微观审慎监管实施"风险为本"监管，其中以美国的骆驼评级法（Camels）最为典型，是国际上普遍公认的监管评级方法，重点监测金融机构的资本充足性（C）、资产质量（A）、管理水平（M）、盈利能力（E）、流动性（L）和对市场风险的敏感度（S）。② 次贷危机后，国际社会认识到《巴塞尔协议 Ⅱ》存在重大缺陷，在修改完善后于 2010 年又推出《巴塞尔协议 Ⅲ》，旨在提高银行及其他金融机构在市场波动时期的恢复能力，更好地抵御经济与金融风险。《巴塞尔协议 Ⅲ》主要内容包括完善原有资本监管要求（包括严格资本定义、引入逆周期资本监管框架、增加系统重要性银行附加资本等），调整杠杆率计算和建立流动性风险监管标准等。③ 下文所讨论的审慎监管与行为监管的关系，主要是指微观审慎监管与行为监管之间的关系。

（二）审慎监管与行为监管的关系

1. 审慎监管和行为监管的比较

审慎监管主要是以维护金融稳定、实现金融机构稳健经营、防范和化解系统性风险为目标；④ 而行为监管主要关注金融机构的具体业务行为问题及其市场影响，其核心目标是保障并增强所有金融消费者的信心、维护金融市场有序竞争。与审慎监管相比，行为监管更强调主动干预，强调信息透明度监管，推动风险监管关口前移。⑤ 具体来看，二者存在如下差异：（1）风险分析的主要工具不同：审慎监管主要使用传统的资本量化工具和公司财务指标，通过设定最低资本要求、核心资本充足率、流动性指标、动态拨备等最低门槛标准，来约束被监管金融机构达到审慎监管要求；行为监管则主要通过发布行为准则和产品准则，对金融机构的服务行为和产品进行规范，并通过调查取证、法律剖析、纠纷数据分析和暗访等手段开展日常工作，产品监管、业务流程监管和高管监管是行为监管日常工作的主要方面。（2）知识结构要求不同：由于审慎监管大多采取非现场方式对法人总部进行监管，且以定量数据分析的标准化处理工作为核心，所以在

---

① 王华庆，李良松. 金融监管有效性的制度安排（下）[J]. 中国金融，2017（5）.
② 叶文辉. "双峰型"金融监管模式的国际实践及对我国的启示 [J]. 西南金融，2016（1）.
③ 王华庆. 论行为监管与审慎监管的关系 [J]. 中国银行业，2014（5）.
④ 叶文辉. "双峰型"金融监管模式的国际实践及对我国的启示 [J]. 西南金融，2016（1）.
⑤ 刘鹏. 金融消费权益保护：危机后行为监管的发展与加强 [J]. 上海金融，2014（4）.

人员配备上以经济学家为主，人员相对少而精；而行为监管需对机构的行为进行监管，涉及金融机构全系统，且往往以总部的下设机构行为作为日常监管重点，以定性判断和个案处理工作为核心，所以人员配备上以法律行为监管专家为主，人员专业相对多元化。① （3）工作侧重点不同：审慎监管的工作重点在金融交易的供给方，而金融消费者保护的工作重点在金融交易的需求方。比如：资产负债期限错配、货币错配在资产价格波动、汇率变动中导致较大损失，审慎监管部门要求增加资本，这是为了确保金融机构稳健，当然也会起到保护消费者的作用，但是此类工作不直接针对消费者的具体交易事项，也不直接面对消费者。而金融消费者保护的重点则在于直接保护金融交易中的需求方，维护的是需求方的合法利益。由于其立足于特定的交易行为，所以行为监管中的金融消费者更突出个体含义，保护作为个体消费者的财产安全权、公平交易权、平等对待权、自主选择权、信息知情权、人身安全权、获得尊重权、金融隐私权等各项合法权利。这些权利是消费者的一般权利在金融交易中的具体表现。（4）工作对象有差异：审慎监管主要与金融机构打交道，主要是"监管者—金融机构"的双边关系，工作对象数量有限。行为监管除了与金融机构打交道，很多监管部门还要与消费者打交道，主要是"监管者—金融机构—消费者"三方关系，是要"给消费者办事"，工作多呈现出个体化、单独化、个性化特点，工作对象往往变动不居，数目众多。（5）两者工作难度都很高，但是难度的表现方式不一样：审慎监管指标是否达标，判断标准很明确，更需要把握好边界和具备良好的监管艺术。而行为监管中，金融机构的一些经营行为，合法合规与否很多时候判断起来很难。即使合法合规，可能又不尽合情合理，判断很难标准化。此外审慎监管可以突出重点，分类监管，可以根据重要性分类处理，而行为监管往往涉及具体的消费者个体切身利益，每一个机构、每一个人都要重视，群体性的纠纷要及时处理，个案也要及时处理；审慎监管指标对金融机构形成的约束，更多体现在中观层面、宏观层面；而行为监管的准则、要求，需要金融机构从高管到交易员乃至一线柜员的每一笔交易，甚至说每一句话时都要严格执行相关规定。

2. 审慎监管与行为监管的相生相克

一方面，审慎监管与行为监管之间并不必然冲突。无论从总体监管目

---

① 胡雪．"双峰"监管体制下的行为监管与消费者保护——以英国、荷兰为例［J］. 中国银行业，2017（4）.

标还是监管原则来看，审慎监管与行为监管之间并不是天生的"矛盾体"，只要处理得当，二者之间也能相互促进、互为补充：（1）微观审慎监管是否有效，直接影响金融消费者的权益。如果审慎监管失效，金融机构资产质量恶化，流动性陷入困境，资本充足率下降，经营失败甚至破产清算，金融消费者的利益将严重受损。所以，有效的审慎监管能确保金融机构稳健经营，避免承担过高的风险，有利于改善金融机构的资产质量，提振金融消费者对金融市场的信心，切实维护金融消费者权益。（2）行为监管是否有效最终可以体现到审慎监管的各项监管指标之中。有效的行为监管可以规范金融机构的经营行为，确保合适的金融产品卖给合适的金融消费者，降低金融消费者的违约率，确保金融机构的资产质量，不良贷款率、资本充足率、流动性资产比率、杠杆率等审慎风险监管指标也将随之优化。（3）有效的行为监管还有利于提高金融消费者的行为理性。理性的金融消费者是维护金融市场稳定和金融机构稳健经营的基石，通过有效的行为监管有利于纠正系统性行为偏差，从而提高金融消费者的金融素养和风险防范意识及能力，增强其对金融市场的信心。[①]

　　另一方面，审慎监管与行为监管之间也并不必然和谐：（1）二者的立场可能存在冲突。审慎监管以金融机构为核心，重在风险防范和确保金融机构稳定；行为监管则以消费者为核心，重在保护消费者权益。英国经济学家泰勒将审慎监管和行为监管之间的差异形象地描述为审慎监管类似于医生，其职业习惯促使他们在发现病因后努力加以医治，而不是对当事人严肃问责；而行为监管更像是警察，倾向于对违纪行为立即处罚。（2）监管的效果可能存在此消彼长的态势。严格的行为监管和对侵害金融消费者权益行为的金融机构的从重处罚在短期内可能会恶化金融机构在审慎监管方面的指标。比如：因为行为风险管理懈怠、行为监管缺位，一个次贷产品销售很好，短期内极大地改善金融机构财务指标，进而使审慎监管指标非常好看并很好地满足了监管要求，但是行为监管部门发现产品销售中有大量的误导和欺诈，也会介入调查，进行重罚，这就会影响审慎监管指标。这一点也是英国成立 FCA 过程中的一个担心。（3）监管的保密要求不同。审慎监管工作保密性要求高。审慎监管工作在监管者和金融机构之间进行，工作的封闭性较强。行为监管需要和消费者打交道，因而工作的开放性和

---

① 王华庆. 论行为监管与审慎监管的关系［J］. 中国银行业，2014（5）.

透明度更高。①

（三）审慎监管与行为监管的衔接——"双峰"监管概念的引入

实践中，需要妥善处理审慎监管与行为监管（金融消费者保护）之间的关系。一旦处理不当往往会因忽视某一方面而出现监管空白，这样不仅会产生微观上的风险问题，而且还会诱发一些系统性风险，影响金融稳定、阻碍金融发展，降低金融消费者对金融市场的信心。2007 年的次贷危机反映了监管部门容易局限在微观审慎监管，忽视宏观审慎管理和行为监管（消费者保护）。同时，也反映了金融机构对行为风险的管理重视不够，漏洞百出，客户权益保护不足，个人贷款质量大面积恶化而诱发金融风险。次贷危机前，美国关于金融消费者保护立法很多，金融监管部门分工也很明确，但是实际工作中忽视了金融消费者保护，更多资源投向了微观审慎监管，金融消费者保护不足成为次贷危机的主要原因之一。由此可见，审慎监管与行为监管（金融消费者保护）不能顾此失彼，两者之间必须寻求一种有机平衡，最大限度地强化两者之间"互补"的关系，避免"冲突"的发生。② 2008 年以来，基于最终监管目标的"双峰"监管模式使得监管机构职责清晰，目标明确且易于协调，被实践证明是一种比较有效的监管制度，并开始成为全球主流的金融监管制度架构，尤其是行为监管安排逐渐被各国所采纳。③

1. "双峰"监管的理论基础

1995 年，英国经济学家迈克尔·泰勒（Michael Taylor）在《双峰监管：新世纪的监管结构》（以下简称《泰勒报告》）④ 一文中指出了当时英国的综合化监管改革存在的潜在不足，并提出了"双峰"监管（twin peaks regulation）的概念。针对当时综合监管的改革，泰勒博士指出了金融监管的两个目标：审慎监管和金融消费者保护。因此，其主张应当相应地建立两个相互独立的审慎监管机关和行为监管机关，而不应当只设立一个监管机关。

---

① 孙天琦. 我国应该建立独立的金融业行为监管（消费者保护）体系 [J]. 上海金融，2016 (4).

② 孙天琦. 我国应该建立独立的金融业行为监管（消费者保护）体系 [J]. 上海金融，2016 (4).

③ 王华庆，李良松. 金融监管有效性的制度安排（下）[J]. 中国金融，2017 (5).

④ See Michael Taylor, *Twin Peaks: A Regulatory Structure for the New Century*, Center for the Study of Financial Innovation, London, December 1995.

如果将监管权力集中到一个监管者，两个目标是有差异的，而且有时甚至是相互冲突的。另外，由于目标不同，两种监管在理念、思路和人才素质方面是完全不同的，将两者混在一个机构不利于专业性的提高。简而言之，"双峰"监管不是简单地将监管机构合并，而是对监管权力进行重新整合，将监管目标定为两个：微观审慎监管和行为监管（消费者保护与市场秩序）。按照这两个目标，重新整合监管权力，设立两个机构分别负责微观审慎监管和行为监管（见图2-1）。泰勒博士指出，"双峰"监管既可以祛除行业监管和功能监管的弊病，防止出现监管交叉和空白，又能进一步祛除综合监管的弊病，防止目标冲突，使政府可以更加专业地实现两个目标。①

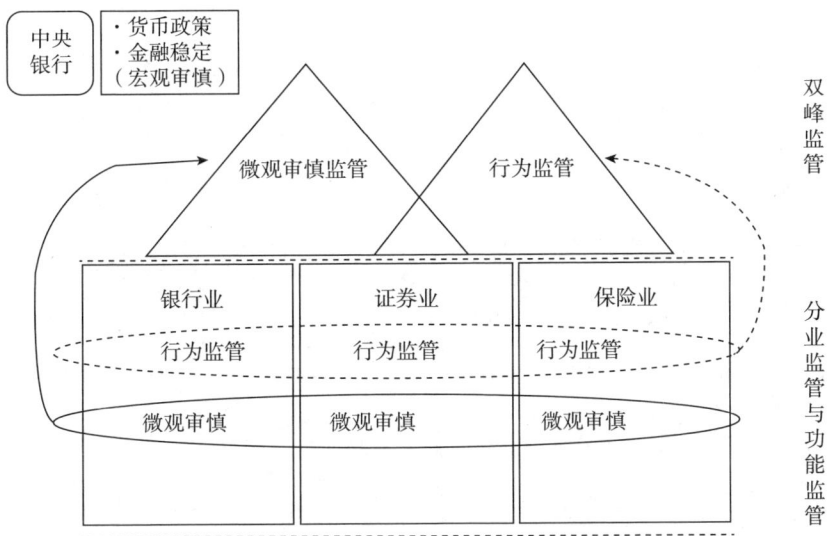

图 2-1 从传统监管到双峰监管

（资料来源：吴云，张涛．危机后的金融监管改革：二元结构的"双峰监管"模式［J］．华东政法大学学报，2016（3）．）

在"双峰"监管模式之下，中央银行负责维护金融系统稳定，实施宏观审慎监管。在中央银行之外，监管机关形成了两个目标单元，也就是

---

① See Michael Taylor and Alex Fleming, *Integrated Financial Supervision Lessons of Scandinavian Experience*, IBRD Working Paper, September 1999.

"双峰"的监管。① 因此,在"双峰"监管模式下,三个监管目标分别对应各自的监管机关(见表2-1)。审慎监管着重于金融系统的安全,宏观审慎是从宏观上防止金融危机的发生,而微观审慎监管是通过对个别机构的监管防止机构的失败对金融系统造成影响。② 当微观审慎监管是独立于中央银行的,就形成了中央银行、微观审慎监管机关和行为监管机关的三元结构的双峰监管。当中央银行全面负责微观审慎监管和宏观审慎监管时,就形成了二元结构的"双峰"监管。"双峰"监管理论清晰阐明了监管的目标,注意到了两个目标在监管要求的差异,通过设立不同监管机构专门化实现监管目标,这种理论上的优势得到了广泛认可。比如《美国金融改革蓝皮书2008》中曾明确提出:在已有的四种金融监管模式中,"双峰"监管模式是一种理论上的最优模式(a conceptual model for an optimal regulatory framework)。③

表2-1　实现监管目标的机关

职责	对应职责	负责机关
宏观审慎监管	金融稳定,防范系统性风险	中央银行
微观审慎监管	防止金融机构的个别风险(idiosyncratic risk)对金融系统稳定造成影响	微观审慎监管机关或中央银行
行为监管	行为监管	行为监管机关

资料来源:吴云,张涛.危机后的金融监管改革:二元结构的"双峰监管"模式[J].华东政法大学学报,2016(3).

---

① 值得注意的是,《泰勒报告》中提出的"双峰"监管,是将微观审慎和宏观审慎放在一个审慎监管机构之下,英格兰银行只负责货币政策,英格兰银行对审慎监管的参与仅仅限于最后贷款人。在实践中,由于中央银行的天然优势,所有国家都将宏观审慎监管放在了中央银行。荷兰和澳大利亚在改革的一开始就将宏观审慎的职责放在了中央银行。2011年英国的改革也是将宏观审慎职责放在了中央银行。因此,《泰勒报告》提出的"双峰"监管只是一个原型,目前对于"双峰"监管的观点都认识到了宏观审慎和微观审慎的不同以及中央银行在宏观审慎方面的天然优势。三十国集团2008年的研究报告(The Group of Thirty, The Structure of Financial Supervision Approaches and Challenges in a Global Marketplace, 2008)、美国财政部2008年的金融改革蓝皮书(United States Department of the Treasury, Blueprint for a Modernized Financial Regulatory Structure, March 2008)以及英国的一系列改革文件都持这种观点。

② 关于微观审慎和宏观审慎的区分,参见时任BIS(国际清算银行)总裁安德鲁·克罗克特的演讲(See Andrew Crockett, *Marrying the Micro-and Macro-prudential Dimensions of Financial Stability*, BIS speeches, 21 September, 2000).

③ See United States Department of the Treasury, *Blueprint for a Modernized Financial Regulatory Structure*, March 2008, p. 2.

2. "双峰"监管模式的优势与局限

双峰型监管模式的最大优势在于，其监督强化的领域恰恰就是最易于各方合作的领域。因为审慎监管关注风险监测和风险管理，而行为监管则重在监督行为的披露，两者可相得益彰，形成天然的合作。双峰型监管模式既有较为明显的优势，同时又有不可忽略的劣势。

"双峰"监管在于"三大"优势：一是可缓和两大监管目标——维护金融系统安全稳健和消费者保护的内在矛盾。双峰型监管模式通过有效隔离审慎监管与行为监管这两大职能，使两个目标的矛盾最小化，这既确保金融体系的稳健性，又可给予金融消费者保护足够重要的地位。二是监管机构可各司其职，减少功能重叠。不同的监管机构可以雇用各自领域的专家，审慎监管机构雇用金融业务和经济方面的专家，行为监管机构则主要雇用实施监管规则方面的专业人员，充分发挥各自职能。三是行为监管机构可以给予金融消费者特别是零售金融消费者充分的保护，同时确保信息透明度和市场操守。在此前提下，行为监管机构不仅有权制定监管规则，还有权设立仲裁调解机构和开展机构巡查项目，制定各种形式的消费者利益补救措施。

但"双峰"监管也存在两个大的局限性：一是在目标优先性的选择上主观性太强。从金融体系整体来看，当两个目标存在矛盾时，仍无法同时兼顾两者。从实践来看，当审慎监管与保护消费者的目标发生冲突时，一般更强调金融系统稳健性，会以前者为重，由此牺牲后者。二是与功能监管类似，双峰型监管模式也使一个金融机构需要同时接受几个监管部门的监管，容易造成金融机构管理成本的上升和监管效率的下降。

三、行为监管理论的域外实践

(一) 行为监管的域外发展历程

2008 年国际金融危机以后，各国深刻认识到：如果忽视对金融消费者的保护，会破坏金融机构赖以发展的公众信任基础，从而危及整个金融稳定。因此，国际机构和各国政府更加注重金融消费者的保护和金融知识普及的教育。在国际范围内，二十国集团、世界银行、经合组织、金融稳定委员会、普惠金融联盟（AFI）等均将金融消费者保护作为一项核心工作。2011 年 10 月，二十国集团巴黎峰会公布了经合组织牵头制定的《金融消费保护高级原则》。2012 年 6 月，世界银行出台了《金融消费者保护的良好经验》。2011 年 10 月，金融稳定委员会发布了《重点涉及信贷的消费者金融保护》以及《消费者金融报告》。金融包容联盟自 2009 年成立以来，一直将金融消费者保护作为重要工作之一。2011 年 9 月，金融包容联盟专门成立了消费者扶持与市场准则（CEMC）工作组，宗旨是形成一套金融消费者权益保护的核心原则。而经合组织下设的金融教育国际网络（INFE）主要致力于金融教育，其在 2009 年 5 月发布了《金融教育和认知最佳实践》以及涉及信贷、保险和私募基金金融教育和认识的最佳实践。除此之外，国际上已经存在一个致力于金融消费者保护的网络研究机构——金融消费者保护网络（FinCoNet），该机构的作用是更好地促进国家间金融消费者保护经验交流以及国际规则形成。在此背景下，美国 2010 年 7 月出台了《多德—弗兰克华尔街改革与消费者保护法案》，设立了相对独立的金融消费者保护局（CFPB）。英国 2010 年 4 月进行金融监管改革，将金融服务局（FSA）的金融监管职能划归英格兰银行，并设立审慎监管局，FSA 原有的金融消费者保护职能由新设的金融市场行为监管局（FCA）承担，其主要职责是为金融消费者提供适度保护。除此之外，发展中国家也开始日益关注金融消费权益保护，一些国家新成立了独立的金融消费者保护机构，如马来西亚的金融调解局（FMB）、墨西哥的国家保护金融服务者委员会（CONDUSEF）、秘鲁的金融督察专员局（FOS）等。而在我国香港和台湾地区，2012 年 6 月 19 日，香港成立金融纠纷调解中心，采取"先调解后仲裁"的方式便捷、有效地解决金融纠纷，其裁决具有法定约束力。2011 年 6 月 3 日，我国台湾地区通过"金融消费者保护法"，该法明确了金融消费者的概念，专门建立了"金融消费争议评议中心"，其裁决相当于民事判决，具有法定约束力。[①]

（二）行为监管的国际实践

1. 澳大利亚

1998 年 7 月，澳大利亚正式建立"双峰"监管制度。审慎监管局（APRA）负责存款类机构、保险公司、养老金机构以及各种储蓄机构的审慎监管；澳大利亚证券投资委员会（ASIC）作为消费信贷、金融市场和金融服务的监管者，负责信息披露和市场行为监管，以维护市场诚信、保护

① 王华庆. 完善金融消费权益保护机制［J］. 中国金融，2012（22）.

金融消费者和投资者权益。在审慎监管方面，APRA 要求所有被监管者要建立完备的风险管理框架。对存款类机构的监管重点在于审慎资本监管和流动性监管，包括设定最低监管资本要求、留存资本缓冲、逆周期资本缓冲、杠杆率披露、流动性覆盖率等。在行为监管方面，ASIC 行使以下监管职责：负责注册登记公司和投资计划；颁发澳大利亚金融服务执照和信贷业务执照；制定促进金融市场诚信的相关规则；禁止信息披露存在缺陷的金融产品发行；调查可疑违法行为；发布违法违规行为公告；禁止相关人员从事信贷业务或提供金融服务；提请法院对相关违法行为判决民事处罚；保护金融消费者等；在监管协调方面，1998 年，根据《储备银行法》和《审慎监管局法》，澳大利亚储备银行（RBA）和 APRA 建立了较为完善的信息共享和协调机制。一是 APRA 要将金融业统计数据定期报送 RBA；二是双方就金融体系流动性等重大问题定期交流，并对金融机构联合开展压力测试；三是建立协调委员会制度，大约每六周召开一次会议，由双方轮流举办；四是建立工作层面的人员相互借调机制。2001 年，澳大利亚又成立了金融监管机构理事会，成员包括储备银行、审慎监管局、证券投资委员会和财政部四个部门（见图 2-2），并由储备银行行长任理事会主席。该理事会是监管部门之间沟通协调平台，只提供咨询意见，目的在于及时消除重复监管或监管真空，维护金融稳定。从中可见，"双峰"监管不仅是监管制度的变化，也会带来监管理念的变革。在"双峰"监管模式下，审慎监管部门负责被监管者的审慎经营和偿付能力监管，行为监管机构则负责金融机构行为监管和金融消费者权益保护。各个监管机构的目标非常明确且简单，职责分工清晰，监管机构之间协调也比较顺畅。因此，"双峰"监管避免了机构监管的主要缺陷，是一种比较有效的监管制度安排。①

---

① 吴云，张涛. 危机后的金融监管改革：二元结构的"双峰监管"模式 [J]. 华东政法大学学报，2016（3）.

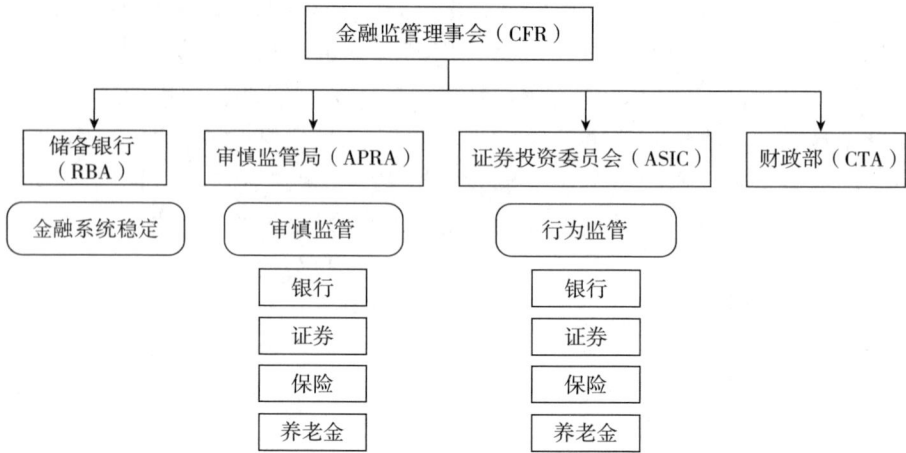

图 2-2   澳大利亚金融监管架构①

(资料来源:根据 G30 于 2008 年发布的报告 "The Structure of Financial Supervision:
Approaches and Challenges in a Global Marketplace" 第 193 页整理)

2. 荷兰

荷兰历经两次改革逐步建立和完善现有的"双峰"监管模式。2002 年
第一次金融监管改革中,明确由荷兰中央银行(DNB)负责实施对银行业
金融机构进行审慎监管,维护金融系统的稳定,并成立福利金和保险监管
局(PISA)负责对保险业金融机构进行审慎监管。此外,成立专门负责行
为监管的机构,即金融市场管理局(AFM),对金融系统的各类主体进行行
为监管。在具体监管实践中,银行和保险机构的执照分别由荷兰中央银行
及福利金和保险监管局发放,证券机构的执照由金融市场管理局发放。2004
年,荷兰进行了第二次金融监管改革,将福利金和保险监管局并入荷兰中
央银行。至此,审慎监管职能全部由荷兰中央银行承担,行为监管则继续
由金融市场管理局负责,形成了旗帜鲜明的"双峰监管"模式(见图
2-3)。与澳大利亚不同,荷兰选择荷兰中央银行行使审慎监管职能,这一
方面是由于荷兰中央银行已有超过两百年的悠久历史,其作为监管者的重
要地位已不可替代;另一方面,荷兰在加入欧盟后,荷兰中央银行已将相
当一部分货币政策职能过渡给欧盟央行,因此其有充足资源和时间来全面

---

① 钟震,董小君. 双峰型监管模式的现状、思路和挑战——基于系统重要性金融机构监管视
角 [J]. 宏观经济研究,2013 (2).

负责审慎监管。[①]

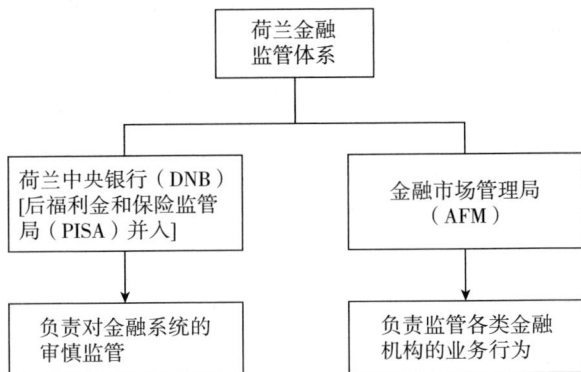

图 2-3　荷兰的双峰型金融监管模式[②]

3. 英国

2008 年国际金融危机前，英国是由财政部、英格兰银行（央行）、金融服务局（FSA）组成的基于原则的统一监管模式。危机后，英国金融发展受到重创，银行业丑闻频出，金融消费者权益受损，经济严重衰退，其金融监管体系饱受批评。从 2009 年开始，英国彻底改革其金融监管体系，同年 2 月通过了《2009 年银行法》，7 月财政部部长旗帜鲜明地提出改革现行三方统一监管体系，成立专司金融消费者保护的行为监管机构；2011 年 6 月，颁布金融监管改革蓝图；2012 年 12 月，议会通过《金融服务法案》，提出以"准双峰"模式改革原有统一监管模式，2013 年 4 月 1 日，该法案正式生效。改革后的英国"准双峰"模式强调央行的主导与核心地位，形成英格兰银行、行为监管局（FCA）、审慎监管局、金融政策委员会共同负责的监管体系，如图 2-4 所示。其中，英格兰银行理事会内设金融政策委员会，原来的金融服务局拆分为行为监管局和审慎监管局。审慎监管局是英格兰银行的隶属机构，负责审慎重要性金融机构的微观审慎监管；行为监管局对英国财政部和国会直接负责，并接受英格兰银行指导，负责整个金融体系行为监管；金融政策委员会具有宏观审慎监管职能，确保金融基础设施稳健运行，并与行为监管局和审慎监管局建立协调沟通机制，拥有指导、

① 叶文辉."双峰型"金融监管模式的国际实践及对我国的启示［J］. 西南金融，2016（1）.
② 叶文辉."双峰型"金融监管模式的国际实践及对我国的启示［J］. 西南金融，2016（1）.

·35·

建议、仲裁权。①

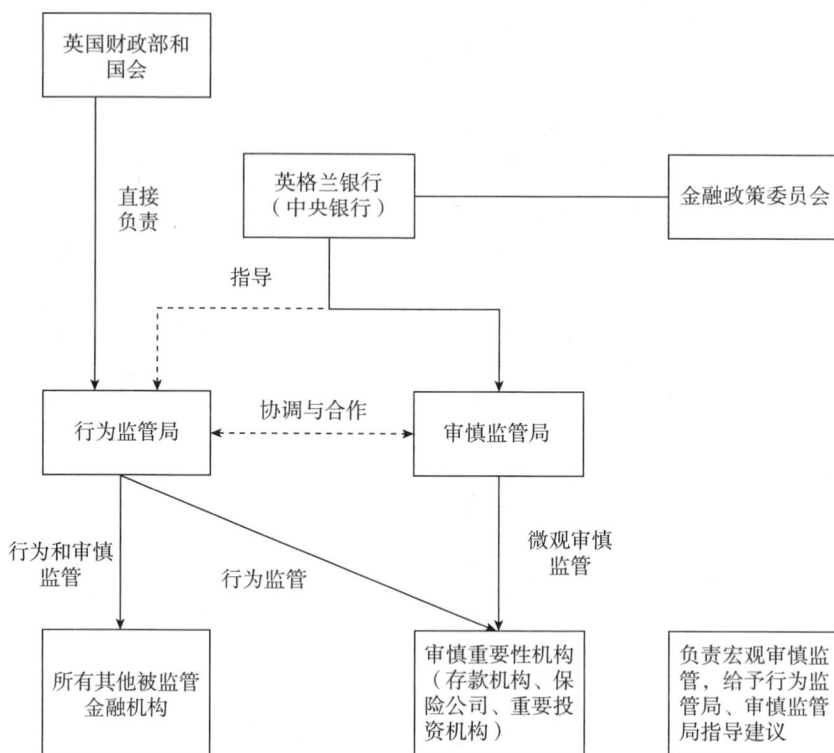

图 2-4　危机后英国"准双峰"金融监管体系②

4. 美国

2007 年次贷危机后美国采取了一系列措施加强金融消费者保护，2010年的《多德—弗兰克华尔街改革与消费者保护法案》创设了针对信贷类业务的消费者金融保护局，把原来多部门负责的信贷类金融消费者权益保护职能进行了合并，这使监管机构在保护消费者方面的监管重叠和监管套利得以克服，同时也减少了监管真空，更好地实现保护金融消费者的目标。CFPB 虽然设在美联储内部，但其治理结构的设计可以使其作为独立机构来履行职能。美国财政部在 2008 年宣布了《美国金融监管体系现代化蓝图》

---

① 徐云松. 我国金融行为监管体系的构建与发展研究：国际经验与借鉴 [J]. 征信, 2016(8).

② 徐云松. 我国金融行为监管体系的构建与发展研究：国际经验与借鉴 [J]. 征信, 2016(8).

（以下简称《蓝图》），被誉为自 20 世纪 30 年代大萧条以来美国最大的金融监管体制变革计划。《蓝图》的长期建议是建立一个类似澳大利亚和荷兰式的监管体制，实质是在美联储作为"伞式"监管者的模式基础上吸收"双峰"理论的特点，引入两个不同监管目标的新监管机构——金融审慎监管局和商业行为监管局。《蓝图》的具体建议是：第一，扩大美联储的监管权限，以美联储作为市场稳定监管者，其目标为防控金融系统性风险，维持金融市场稳定；第二，设立审慎金融监管局，统一负责有政府担保的银行业日常监管事务；第三，建立商业行为监管局以提供行业准则，并负责规范所有金融机构的商业行为，包括注册牌照、商业竞争、消费者保护及信息披露。有别于澳大利亚、荷兰和英国模式，美国金融监管体制的长期改革目标模式兼具"伞"和"双峰"两种监管特征，既是依据美国自身特点和对现有监管模式的一种继承，也是对"双峰"理论的一种创新，相当于在分离的行为监管机构和审慎监管机构之上加入了一个"伞"形的总监管者——美联储。通过美联储的定期协调，监管机构之间相互磋商，有助于节约监管成本和提高监管效率。①

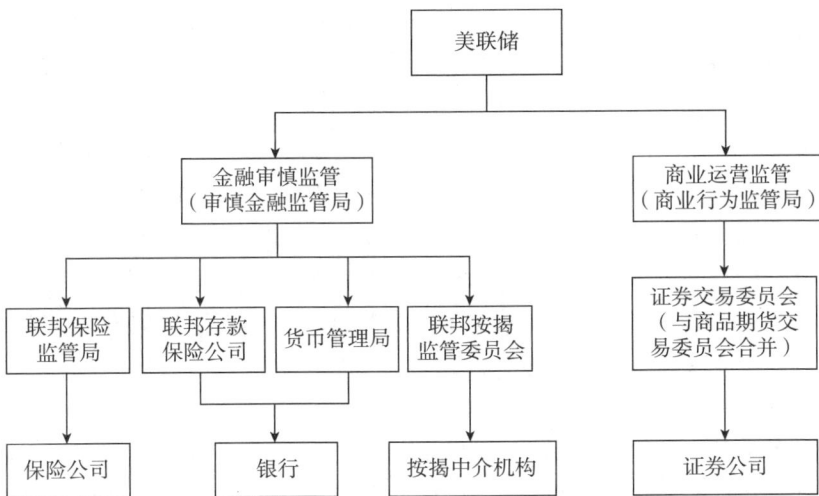

图 2-5　危机后美国"伞+双峰"金融监管体系②

---

① 冯乾，侯合心. 金融业行为监管国际模式比较与借鉴——基于"双峰"理论的实践 [J]. 财经科学，2016（5）.

② 徐云松. 我国金融行为监管体系的构建与发展研究：国际经验与借鉴 [J]. 征信，2016（8）.

四、行为监管理论的作用和意义

(一) 保护金融消费者——"前瞻式"的行为监管

行为监管问题的本源在于金融市场信息不对称与金融市场不稳定。首先，金融机构的信息优势与金融消费者的信息弱势会造成信息不对称。金融机构较消费者而言，在产品创新、定价模型、交易操作、管理流程、风险信息等方面具有天然的优势。以盈利为目的的金融机构，有可能会影响金融消费者理性判断的信息拒绝披露或延迟披露，这就进一步加剧了信息不对称程度。其次，微观金融运行与宏观金融稳定之间总是容易产生偏差。微观金融组织总是倾向于提供更多的金融产品以谋求利润最大化，但单家机构的逐利行为所带来的负外部效应也正是导致市场失灵乃至金融系统危机的源头。因此，需要借助监管部门的外部力量对金融经营的不确定性和高风险性活动进行必要的干预，保障金融消费者权益，维护金融市场稳定。行为监管的价值宗旨就在于利用公共资源通过监管手段以维护社会本位的公平正义，保护与经营者相比处于弱势地位的金融消费者。[①] 就此问题，美国对监管缺陷和监管不作为问题的批评与争议非常激烈，由此导致公众与社会各界对监管部门、金融机构和市场投资参与者的信任严重降低，这就使民众对金融体系能否保持稳定与健康以及对金融市场的未来前景都缺乏信心。在此背景下，行为监管理论的提出对极端市场自由主义思想进行了矫正，试图从机构行为、投资行为、交易行为与监管行为等多个角度对金融机构的行为进行全方位综合治理与行政监管，从而在以下两个方面起到一种"源头管理"的作用：[②] 一方面，行为监管采取了"前瞻式"的干预手段，有利于增强金融消费者的信心。不同于宏观审慎监管的体系稳定维护目标与微观审慎监管的单体风险防范目标，行为监管致力于通过"前瞻式"干预手段来保障并增强金融消费者的信心，以此达到监管效果。行为监管的主要原则与微观审慎监管的主要原则是基本一致的。英国监管当局就认为，行为监管的主要原则应涵盖有效性原则、主动性原则、责任原则、尽职原则、公开性原则和透明度原则六个方面；其要点包括，有效节约监管资源，监管要主动出击、"有的放矢"并"量体裁衣"，对失信消费者行

---

① 刘鹏. 金融消费权益保护：危机后行为监管的发展与加强 [J]. 上海金融，2014 (4).
② 廖岷. 银行业行为监管的国际经验、法理基础与现实挑战 [J]. 上海金融，2012 (3).

为进行惩戒，强化高管行为问责制，及时公开披露监管政策规定，努力提升监管者行为的透明度。① 另一方面，由于金融消费者存在认知局限与行为偏差，单纯的信息披露难以有效保护金融消费者合法权益。所以，行为监管理论从保护金融消费者合法权益的角度出发，考察金融产品的整个生命周期，对金融机构所提供金融产品的业务规则进行实质性监管，以保护金融消费者的合法权益。与审慎监管相比，行为监管对于提升金融消费者权益保护效果、规范金融机构经营行为具有较大的优势。一是行为监管主要以制定行为准则与产品规则的方式，规范金融机构在金融产品开发、营销等方面的行为，主要包括调查取证、查封冻结、数据库分析等监管措施；二是行为监管关注的重点是金融交易中的需求方——金融消费者群体，保护的是金融消费者的合法权益；三是行为监管对于金融机构的经营行为，不仅关注其是否合法合规，而且还要求其必须是合情合理的。所以，行为监管更能够达到保护金融消费者合法权益的监管目标。

由此可见，行为监管是国家对金融产品全程干预的重要理论基础，主要通过事前预防性的保护和事后补偿性的救济相结合的监管方式，密切跟踪监测金融市场发展趋势与金融机构经营行为特征，通过建立行为风险识别和预警系统，形成具有主动性、预防性和前瞻性特征的金融产品评价体系，将金融监管的天平向金融消费者适当倾斜，以早期干预的方式，防范有问题的金融产品和金融服务对金融消费者造成损害。②

（二）防范系统性风险——"介入式"的行为监管

大多数时候，各国在金融危机的反思中会更多地将加强系统性风险防范的焦点放在了资本、流动性和风险拨备充足以及对系统性重要机构更为严格的审慎监管要求等方面，而这些都是对审慎监管的完善。然而，监管者通过审慎监管获得的信息总是落后于机构和市场的快速发展，相关措施可能仍然无法在事前有效防范那些根植于银行业金融机构各种产品、服务及商业模式中的一些潜在系统性隐患。就像医生诊断病情，看到有恶性病变时为时已晚，但如果医生能够事前从人体健康的角度，对病人群体中某些日常共同的不良生活习惯给予更多及时的提示，那就可能避免更大人群的同类病变。因此，实施有效的早期干预对于稳定金融体系、防范系统性

---

① 廖岷. 银行业行为监管的国际经验、法理基础与现实挑战 [J]. 上海金融，2012（3）.
② 刘丹丹. 金融产品干预的理论基础、国际实践与启示 [J]. 南方金融，2017（10）.

风险非常必要。这就需要监管者从行为监管入手，采取更为主动的、介入式的深度监管，将监管重心前移，有效发现金融机构运行中潜在的系统性、全局性风险前兆，并在其初期的萌芽状态中予以解决。2008 年国际金融危机的事实证明，完全以金融机构去确定自身的发展战略和商业模式有其难以避免的系统性风险控制方面的缺陷。对于这种缺陷，由于金融经营活动的高负债率和高的负外部性而无法完全由机构在事后承担全部的损失或责任。① 众所周知，风险监管主要采取的是过程监控方式与事后处理方式，在指标管控、综合评价和类别监管等方面，其工作重心都是机构风险损失与危机事件。而行为监管会侧重于行为管控与问题评价，其工作重心是应对机构治理行为失效以及个人消费信用欺诈。英国的行为监管把价格干预（包括产品收费规范）作为保护消费者的工具之一，在强化专项金融产品的跨机构监管与批发行为监管的同时，采取重罚与刑法而彰显行为监管的威慑力。简而言之，行为监管与审慎监管的差别可以表述为"过程"监管与"问题"监管的方式不同。

具体而言，行为监管强调主动监管，实施提前介入干预，鼓励市场有序竞争。以"问题为本的监管"来补充以"风险为本的监管"，并最终通过介入式的监管方式来加强对系统性风险的管控，② 介入式监管的特点表现在以下两个方面：

1. 通过干预性的提前介入，做到从源头"管住"风险

从事前"看懂"银行到事后"管住"风险，需要监管者在监管理念、技术和手段上与时俱进。由于金融机构天生追求自身短期利益最大化，商业模式或产品业务对于社会整体所带来的系统性影响并不属于金融机构关注的范围，但却必须成为监管者早期介入干预和监管的重要内容之一。在具体实践中，监管机构应该通过对银行在产品设计、新业务推出阶段和同质同类经营行为中进行必要的横向分析（horizontal review）、监管关注和提前干预，监管者能比较有效地促使金融机构产生逆周期的内生动力。③

2. "介入式"的行为监管应注重合理边界问题

实施深度介入式监管必须把握一个合理边界。银行有其发展战略、商业模式以及适合自身发展的一整套风险偏好。监管当局要对此进行恰当的

① 廖岷. 对危机后银行业"行为监管"的再认识 [J]. 金融监管研究, 2012 (1).
② 廖岷. 银行业行为监管的国际经验、法理基础与现实挑战 [J]. 上海金融, 2012 (3).
③ 廖岷. 对危机后银行业"行为监管"的再认识 [J]. 金融监管研究, 2012 (1).

评价，需要加强和银行，特别是与银行董事会和高级管理层的沟通，既不能"越俎代庖"，也要"有所作为"。需要强调的一点是，早期干预并不代表由监管者去完全代替银行业机构进行业务操作和风险判断，而是表明监管者已经对于系统性影响有了充分的认识，并做好随时进行干预的准备。①

（三）加强金融产品创新领域的行为风险管控

危机后西方发达国家针对金融机构不负责任的经营行为、产品创新的过度化和不负责的产品销售，提出了相关监管政策。行为风险正是近年来在监管改革进程中所衍生出的新概念。按照英国监管当局的观点，行为风险是指金融机构行为可能对零售市场金融消费者带来不良后果的风险（FSA，2011b），如不当销售、对待客户不公平、隐瞒产品信息、误导性广告等；广义上的行为风险还包括批发市场上的业务不端行为，如操纵 Libor、操纵汇率（FSA，2012b）。加强金融产品领域的行为风险管控，对金融机构有着现实意义上的必然逻辑。

1. 基于金融产品生命周期施加干预的行为监管已成为国际趋势

金融产品的创新为金融市场的繁荣奠定了基础，增加了金融消费者对于金融需求的可获得性，提高了产品的丰富程度和个性化程度。但与此同时，金融创新也是一把"双刃剑"，被认为是 2008 年国际金融危机主要诱因之一。对于金融创新的责难主要在于过度创新的金融产品和交易在创新目的下容易脱离实体经济的需求，从而加大金融市场的波动性。复杂的金融产品设计还可能使众多金融消费者无法理解金融产品合同中的关键性条款，致使金融消费者无法理性地选择适合其自身的产品，同时也降低了金融市场的有效竞争（Bernanke，2009）。针对以上问题，过往的监管方式主要是强调金融机构加强销售阶段的行为风险管控，但其仍然会产生两个方面的问题：一是产品复杂性、信息不对称、非理性行为以及消费者金融知识缺乏等情况，使金融消费者极易受到金融机构的不当引导；二是业务规则中可能已经埋下了损害金融消费者的"隐患"，即使金融产品在形式上满足监管要求，但在开发和设计阶段可能并未考虑消费者利益和需求。为此，英国、欧盟和韩国的监管机构各自建立起了基于金融产品生命周期的干预规则，并逐渐成为金融产品监管的新趋势，并被各国监管机关所效仿。一些国家的监管机构还对某类金融产品采取禁止性的干预，例如，比利时金

---

① 廖岷. 对危机后银行业"行为监管"的再认识［J］. 金融监管研究，2012（1）.

融服务和市场监管局（Financial Services and Markets Authority，FSMA）、法国金融市场管理局（Autorité des Marchés Financiers，AMF）曾要求金融机构暂停向消费者推销那些"复杂得毫无必要"[①]的结构性金融产品（Allen and Overy，2010；Jory，2011）。

2. 行为风险防控可以降低金融机构行为风险成本

对金融产品施加干预的行为监管实践，一方面有助于控制金融风险，确保金融市场的良好运行和保护客户利益。当行为监管当局意识到金融机构行为可能影响金融市场诚信和损害金融消费者权益时，它比审慎监管机构可以更为迅速地对问题提前做出反应。另一方面可以提高金融机构的行动成本（conduct cost），这些成本包括直接的监管处罚、公司财务损失以及声誉风险等所带来的直接或间接经济损失（惠平，2015）。对于金融机构来说，行为风险事件带来的最直接的影响还是遭受监管处罚。例如，英国金融行为监管局曾对劳埃德银行处以 2800 万英镑的巨额罚款（相当于 2.8 亿元人民币），理由是劳埃德银行对产品销售人员采取了"失误"的薪酬激励。在这一薪酬机制下，为了达到销售目标并获得奖励以及避免降职，产品销售人员会倾向于卖出更多产品，而不顾产品是否适合金融消费者。监管处罚不仅造成了公司财务损失，还对公司声誉产生了负面影响。国际金融机构行为风险成本变化大体上存在上升的趋势，因此加强行为风险防控和降低行为风险成本，将是国内金融机构，尤其是跨国经营的大型金融机构所面临的重要问题。[②]

（四）对金融机构的经营行为提出更为规范的要求

从各国行为监管的实践来看，行为监管机构对金融机构的经营行为提出的规范性要求主要包括：第一，要求金融机构健全内控制度，确保金融消费者的合法金融资产不被非法冒领，不被非法查询、冻结、扣划，尤其是随着科学技术的发展和金融服务电子化的应用普及，金融机构要采取更加有效的防范技术和措施确保客户资金不被盗取。第二，要求金融机构提供金融产品的价格标准、计息罚息政策、运作方式、风险级别，或者金融

---

① 判断一个金融产品是否属于"复杂得毫无必要"，主要基于以下几点：（a）基础资产不容易获得；（b）由于杠杆率、限制性（conditionality）、上行和下行风险不对称或初期临时性高收益等因素，使投资策略过于复杂；（c）计算收益的公式基于 3 种以上变量；（d）缺少涉及成本或风险的相关充分信息（Allen and Overy，2010）。

② 冯乾，黄旭. 金融创新、产品干预与金融机构行为风险防控 [J]. 金融论坛，2016（9）.

服务的项目、内容、收费标准等信息，保证金融消费者全面、完整、准确、及时知悉其购买、使用的金融产品或接受的金融服务的真实信息。第三，金融消费者能够根据自己的意愿自主选择提供金融产品和服务的金融机构，自主选择金融产品类型和服务方式，自主选择金融消费的时间、地点和数额等。金融消费者可以获得与金融机构提供的描述、标准和支付价格等相符的金融产品和服务，享受和其他金融消费者平等的权利，拒绝金融机构的强制交易行为。第四，要求金融机构对销售金融产品或者提供金融服务的合同条款进行规范，并就重要条款或免责条款对金融消费者做出解释说明。第五，要求金融机构在收集、保存、使用、对外提供金融消费者个人信息时，严格遵守法律规定，采取有效措施加强对个人金融信息的保护，防止信息泄露和滥用。第六，要求金融机构制定内部制度，遵循自愿、公平、平等、诚实信用的原则，杜绝不正当竞争行为，遵守公认的商业道德，保护金融消费者的合法权益。第七，要求金融机构建立内部完善的金融消费者投诉受理、处理机制，切实维护金融消费者对金融机构侵害其权益的行为向金融机构投诉，并提出赔偿请求和获得合理赔偿的权利。负责行为监管的机构还要完善自身的金融消费者投诉受理、处理机制，研究建立第三方投诉调解机制，畅通投诉受理渠道。第八，要求金融机构做好金融消费者教育，引导金融消费者更好地学习金融基本知识、知晓金融基本风险，增强其投资和借贷的能力及诚信意识。行为监管机构要联合社会各方力量共同开展金融知识普及工作，评估各种金融消费者教育项目的有效性，构建金融消费者教育的长效机制。第九，要求金融机构关注弱势群体的金融服务问题，履行自身的社会责任，制定扶持弱势群体的经营策略，在金融消费者成本可负担、金融机构财务可持续的前提下，向弱势群体提供其所需要的金融服务。①

---

① 王华庆. 论行为监管与审慎监管的关系 [J]. 中国银行业，2014（5）.

第三部分　我国金融消费者保护的行为监管现状与问题

中国金融业的发展经历了从封闭走向开放，由政府支配转向市场配置，从高度计划垄断到逐步市场竞争的过程。在此过程中，为弥补金融监管体系中的风险漏洞，响应全球新一轮金融监管的改革浪潮，我国金融监管机构也逐步重视行为监管的理念并采取了相关措施。首先，在国家政策导向方面提出"金融消费者权益保护"的概念，即国务院于 2012 年 9 月发布的《金融业发展和改革"十二五"规划》中明确指出建立和加强申述、处罚和消费者教育等保护金融消费者权益的相关举措。其次，在具体法律法规方面加强了保护金融消费者的相关立法，如：（1）在国家法律层面关注金融消费者的权利保护内容。如《银行业监督管理法》第一条立法目的是包含保护存款人和其他客户的合法权益的内容。《商业银行法》规定了商业银行应当保障存款人的合法权益，遵循存款自愿、取款自由、存款有息、为存款人保密的原则。《保险法》第十七条、第十九条、第三十条对格式条款的使用和解释作了有利于保险消费者的规定。[①] 2014 年 3 月 15 日修订后的《消费者权益保护法》增加了保护金融消费者权益的内容，在第二十八条增加了银行、证券、保险等金融业务经营者在金融消费者权益保护方面的义务，在第三十二条、第三十三条、第三十四条规定了有关行政机关在职责范围内保护消费者合法权益的内容。[②]（2）在金融监管部门规章和规范性文件中对金融消费者保护的具体内容进行了规定。比如，为了加强对消费者权益保护的规划指导工作，原中国银监会公布了《中国银监会银行业消费者权益保护工作规划纲要》。同时，原中国银监会出台的《银行业消费者权益保护工作指引》和《银行业金融机构消费者权益保护工作考核评价办法》也是银行业监管机构对银行业金融机构保护消费者权益工作的重要指引和主要考评依据。（3）在监管机构方面，从 2011 年开始，原"一行三会"相

---

① 蔡培英．我国金融消费者权益保护监管法律问题探析［J］．金融理论与实践，2016（1）.
② 蔡培英．我国金融消费者权益保护监管法律问题探析［J］．金融理论与实践，2016（1）.

继成立了专门负责金融消费权益保护的内设机构。2011 年 4 月，原中国保监会获批设立保险消费者权益保护局。2011 年 5 月，中国证监会获批设立投资者保护局。2012 年 3 月，中国人民银行获批设立金融消费权益保护局，其职责涵盖对银、证、保等所有金融机构金融产品消费在内的消费者权益保护，并侧重交叉性金融业务的标准规范投诉受理；与此同时，原中国银监会获批设立银行业消费者权益保护局。① 原有"一行三会"的消费者权益保护部门在各自职责范围内行使金融消费者权益保护职责，制定消费者权益保护工作相关的法律规范性文件。在金融行业分业监管的模式下，正式确立了金融消费者权益保护机制的"内双峰"形态，逐步建立了金融消费者权益保护监督检查机制。2015 年 11 月颁布的《关于加强金融消费者权益保护工作的指导意见》（国办发〔2015〕81 号），将行为监管与审慎监管密切联系，以诚信公平的和谐市场环境，规范金融行业体系行为，使金融消费者的权益可以得到有效保护，市场金融风险得到有效控制，从而推动金融行业的良性发展。② 由此，我国初步构建了金融消费者保护的基本组织框架，标志着以金融消费者保护为目标的行为监管架构初现雏形。③

一、我国金融消费者保护的行为监管现状

（一）行为监管的执法体系

在我国，金融消费者权益保护的制度体系仍然是基于现有"银行、保险、证券、信托"分业监管的事实，总体而言仍呈现在国务院的领导下由"一行两会"（原"一行三会"）、地方金融办在各自法定监管的权限范围内、按照各自监管领域的职责分工来从事金融消费者权益保护的行为监管活动。

在国务院层面，国务院办公厅在 2015 年 11 月颁布了《关于加强金融消费者权益保护工作的指导意见》（以下简称《指导意见》），首次在国家层面确立了对于金融消费者权益保护的总体要求和工作目标，《指导意见》要求金融管理部门要按照职责分工，密切配合，切实做好金融消费者权益保

---

① 王华庆.完善金融消费权益保护机制 [J].中国金融，2016（22）.

② 李凯风，朱冠如.我国金融消费者权益保护体系的问题与解决对策 [J].金融与经济，2017（11）.

③ 闫夏秋.论我国银行业监管模式的转变 [J].中南大学学报（社会科学版），2016（6）.

护工作，加强与地方人民政府的合作，探索建立中央和地方人民政府金融消费者权益保护协调机制。随后，中国人民银行依据《指导意见》在原先《中国人民银行金融消费权益保护工作管理办法（试行）》的基础上颁布了《中国人民银行金融消费者权益保护实施办法》，该办法详细规定了人民银行针对以下三类金融服务主体的行为监管要求：（1）为金融消费者提供金融产品和服务的银行业金融机构；（2）提供跨市场、跨行业交叉性金融产品和服务的其他金融机构；（3）非银行支付机构。

除人民银行外，原中国银监会、原中国保监会、中国证监会和原地方金融办作为银行、保险、证券、小额贷款行业的主管行政监管部门，虽然各自没有直接颁布以"金融消费者权益保护"或类似主题为名的部门规章或者其他规范性文件，但在日常监管过程中，各金融管理部门实际上已经就金融消费者权益保护所涉及的各方面的内容，如对投资者适当性管理、账户识别、个人信息保护、产品宣传、信息披露、投资者教育等内容制订了具体的要求，事实上都已经就各自所监管行业的金融消费者权益保护建立起一系列的行为监管规范体系。

除此之外，针对金融机构与普通老百姓围绕相关金融产品纠纷日益突出的局面，原"一行三会"还专门设立了司职于金融消费者权益保护的专设机构（在原中国保监会系统为"保险消费者权益保护局"，在中国证监会系统为"投资者保护局"，在原中国银监会系统为"银行业消费者权益保护局"，在人民银行系统为"金融消费权益保护局"）。在这些专设机构的领导和指导下，我国初步建立起了以政府主管部门为领导、各金融行业的行业协会为辅助的行为监管体系，同时还针对金融纠纷的特点配套形成了形式多样、机构不同的金融纠纷替代解决方案机制（ADR 机制），我国对于行为监管理论的实践已经初见成效。

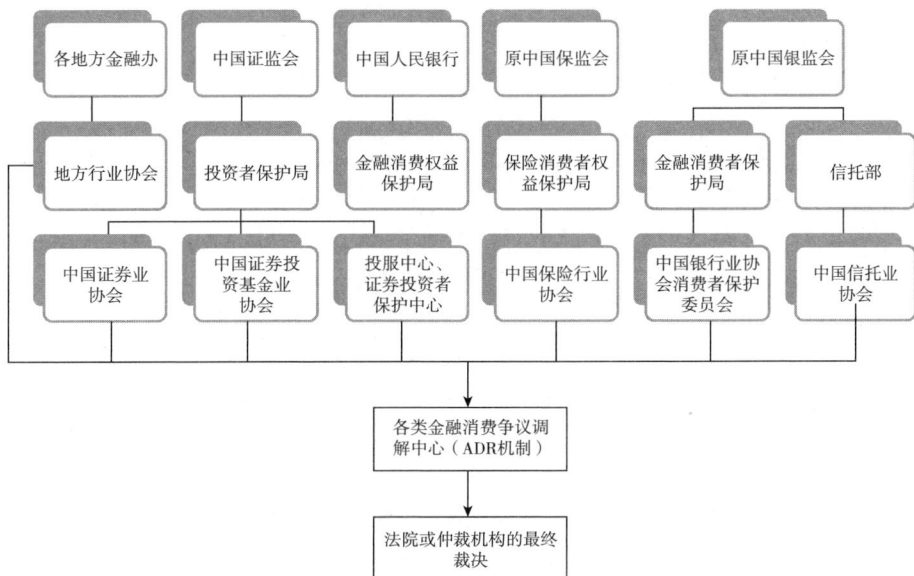

图 3-1　我国现有金融消费者权益保护执法体系

（二）行为监管的内容

1. 我国现有金融消费者权益保护的行为监管分工

从现有中国金融消费者权益保护行为监管的要求上来看，原"一行三会"都已就各自监管职责范围内的金融消费者权益保护制订了监管要求。比如，中国人民银行负责支付结算、人民币使用、账户开立、征信、利率、纪念币方面的行为监管；原中国银监会负责金融机构存款、消费贷款、贷款资产证券化、银行理财产品、信托产品、代理销售的行为监管；中国证监会负责股票、公司债（包括可转换公司债)①、公募基金、私募基金、资管产品及其组合、期货产品的行为监管；原中国保监会主要针对保险销售、承保、理赔及客户服务等环节进行监督和检查（有关原"一行三会"行为监管的分工见表 3-1）。

─────────────

①　在国际市场上，发行人与投资者之间直接的股票、债券买卖关系不直接适用金融消费者权益保护的行为监管，但持牌的专业金融机构（中介机构）就公司股票、债券的发行所提供的承销、保荐、销售行为，这些持牌金融机构的行为适用行为监管的要求。因此，有关发行人（上市公司或拟上市公司）就股票、债券的发行标准、行为准则不在本报告所涉及的行为监管讨论范围，但金融机构（如证券公司、期货公司、基金公司）就股票、债券发售过程中作为发行人的代理人或者转售方而与投资者之间的关系涵盖在本报告的内容之中。

表 3-1　原 "一行三会" 及地方金融办行为监管职责分工

监管机构	行为监管的对象	行为监管的内容
中国人民银行	对依法设立的银行业金融机构，提供跨市场、跨行业交叉性金融产品和服务的其他金融机构以及非银行支付机构	主要针对支付行为、反洗钱、征信、存贷款利率、国库、纪念币等行为进行行为监管
原中国银监会	在中国境内依法设立的银行业和信托业金融机构	主要针对银行存款、消费贷款、贷款资产证券化、银行理财产品、信托产品、代理销售等行为进行行为监管
中国证监会	公开发行股票、公司债券的股份有限公司、中国境内依法设立的证券公司、基金管理公司和私募基金管理人	主要针对证券类金融产品从事行为监管，包括股票、公司债（包括可转换公司债）、公募基金、私募基金、资管产品及其组合、期货
原中国保监会	中国境内依法设立的保险公司和保险中介机构	主要针对保险销售、承保、理赔及客户服务等环节进行监督和检查
地方金融办	小额贷款公司、互联网小额贷款、典当行、融资担保公司、融资租赁公司、商业保理公司	民间借贷、互联网小额借贷、区域内非上市企业股权、产权交易等权益类和合约类交易活动

2. 我国现有金融消费者权益保护的行为监管内容

此外，在行为监管的内容上，各金融监管部门虽有差异，但也基本上涵盖了国际通行的行为监管的主要内容，表 3-2 所呈列的各金融监管部门在行为监管上的具体要求，总结了我国现有与金融消费者权益保护相关的行为监管的主要内容。

表 3-2　我国现有行为监管的主要内容

行为监管的类型	主要内容
投资者适当性管理	总体而言，各金融管理部门均要求其所监管的金融机构应当根据金融产品和服务的特性评估其对金融消费者的适合度，合理划分金融产品和服务风险等级以及金融消费者风险承受等级，将合适的金融产品和服务提供给适当的金融消费者。金融机构不得向低风险承受等级的金融消费者推荐高风险金融产品； 在银行、证券领域，各金融机构还被要求履行和遵守 "知道你的客户"（Know Your Customer，KYC）原则，在开立账户或者推荐金融产品时了解客户的基本信息、资格、遵循风险匹配原则进行推荐

续表

行为监管的类型	主要内容
合理宣传要求	不得有虚假、欺诈、隐瞒或者引人误解的宣传；对业绩或者产品收益等夸大宣传；不得对产品收益或者业绩夸大或者片面宣传；不得误导金融消费者认为金融管理部门已对该金融产品和服务提供保证；不得以歧义性语言或者其他欺骗性手段宣传； 非保本投资型金融产品营销内容不能使金融消费者误信能保证本金安全或者保证盈利
信息披露要求	金融机构应当按照相关监管规定以金融消费者可理解的方式披露产品信息，禁止以夸大、虚假或者引人误解的方式进行宣传； 信息披露应及时、真实、准确、完整，充分说明金融产品的风险
公平交易要求	保障金融消费者自主选择权，不得强买强卖； 不得采用引人误解的手段诱使金融消费者购买其他产品； 不得在格式合同中加重金融消费者责任、限制或者排除金融消费者合法权利； 不得附加不合理的交易条件
冷静期要求	目前银行、信托产品未见强制性的冷静期要求（但有少部分银行在个别银行理财产品销售过程中自行承诺冷静期）； 证券行业中的私募基金发售要求赋予投资者不少于24小时的冷静期； 在保险行业，保险其间超过一年的人身保险合同应当约定不得少于20日的犹豫期
账户管理要求	必须进行实名制，履行开户验证手段； 必须与客户按期就账户变动及余额情况进行对账； 保证客户的查询权利
从业人员资格与培训	各金融管理部门都要求监管对象开展员工教育和培训； 通过各金融行业协会进行从业人员资格教育、准入考试和年度培训
个人信息保护	对客户信息保密义务； 合法合理收集必要信息； 不得侵犯个人隐私； 授权使用原则； 信息存管期限要求
投资者教育	各金融管理部门的宣传； 各金融机构自身网站和对外投资者教育的宣传要求； 各金融行业协会的投资者教育服务
内部投诉与处理	各金融机构应当首先接受并处理金融消费者的投诉事项； 要求建立内部投诉制度，明确程序、流程和时限； 要求投诉的存档

行为监管的类型	主要内容
纠纷解决机制	各金融管理部门参与的调解； 各金融行业协会的调解； 其他形式的调解中心（替代纠纷解决机制）； 仲裁机构、人民法院

如果对照世界银行所颁布的《金融消费者保护的通用良好经验》（以下简称《良好经验》）中所述的诸项金融消费者权益保护制度，可以说在总体上，我国分别在银行、保险、证券、信托四个受监管的金融行业内初步参照世界银行所颁布的《良好经验》的内容建立起有关金融消费者保护的行为监管体系。

3. 我国现有金融消费者权益保护的行为监管保障措施

为保障金融消费权益的各项政策规定落到实处，确保金融消费权益保护工作的正常开展，必须形成一套系统化、常态化、规范化的监督检查机制，通过对金融机构开展金融消费权益保护工作的情况进行持续的督促和监督，以求推动金融机构完善内部金融消费权益保护的相关机制。2013 年，为规范金融消费权益保护工作，《中国人民银行金融消费权益保护工作管理办法（试行）》（以下简称《管理办法》）明确了人民银行各级分支机构十条主要工作职责，其中就包括"监督、评估辖区内金融机构金融消费权益保护工作，必要时组织现场检查、调查"等内容。《管理办法》较为明确地肯定了执法监督检查职能，并用专章的内容对金融消费权益保护监督检查机制的主要方式进行了规定，具体包括：

（1）现场检查。为了核实和查清非现场监管中发现的问题和疑点，金融消费权益保护主管部门可以直接进入金融机构开展现场检查。检查的内容主要包括：金融消费权益保护内部工作机制建设情况、消费者投诉渠道建设情况、金融消费权益保护工作自我评估情况、金融产品信息披露情况，金融消费者教育活动开展情况等。

（2）非现场检查。非现场检查是指金融消费权益保护主管部门依照相关规定收集金融机构的金融消费权益保护工作信息和资料，运用一定的技术方法分析评估其执行金融法律法规、金融消费权益保护情况，并根据检查评估结果进行相应的处罚或其他处理措施。

（3）调查。金融消费权益保护主管部门接到投诉或发现可能侵害金融消费权益的活动，需要调查核实时，可能需要对金融机构进行调查。[①]

二、我国金融消费者保护行为监管所存在的问题

虽然如前所述，我国已经初步建立起以行为监管规范为引领的金融消费者权益保护体系，但现有金融消费者权益保护的行为监管仍可能存在以下系统性问题：

(一) 缺乏统一上位法，未形成统一标准

我国金融消费者权益保护不仅缺乏统一的上位法法律，而且在国务院层面也没有出台统一的有关金融消费者权益保护的行政法规。目前，国务院办公厅颁布的《关于加强金融消费者权益保护工作的指导意见》是现有我国金融消费者权益保护实践中可适用的最高级别文件。但该《指导意见》在法律效力上只是一种纲领性、宣示性的文件，并不是法律意义上可具有普遍法律约束力的法律规范，无法作为日常行政监管或者司法审判援引的法律渊源。在这一点上，相较于目前金融市场发达国家的金融消费者权益的保护潮流，我们对于金融消费者权益保护的国家立法显得有些滞后，未能反映出现有中国金融市场上越来越多样化的金融产品对金融消费者权益所产生的影响。以英美为例，在英国，早在《2000 年金融服务市场法》中就将原先的 9 个监管机构合并为金融服务管理局（FSA）成为统领所有金融业的行为监管机构（但货币政策仍然由英格兰银行负责执行）。2012 年，基于对 2007 年次贷危机的反思，英国出台了《2012 年金融服务法案》，该法案对将原有金融服务局（FSA）的职能分拆由审慎监管局（PRA）和金融行为监管局（FCA）分别行使，其中 PRA 转归英格兰银行作为其附属机构负责微观审慎监管，并有权否决 FCA 出台的商业行为监管法规，而 FCA 则作为独立机构承担起全部金融领域的金融消费者保护职能。[②] 在美国，与之相对应的则是著名的《多德—弗兰克华尔街改革与消费者保护法案》（以下简称《多德—弗兰克法案》），依据该法案项下的第四部分《金融消费者保护机构法案》和第十部分《金融消费者保护局》，美国成立了统一的金融消费者保护局（Consumer Financial Protection Bureau，CFPB）来负责各金融行业中金融消费者的权益保护。金融消费者保护局是一个独立的、以保护金融

---

① 万超. 金融消费权益保护监督检查机制初探［J］. 时代金融，2013（11）.

② 廖凡，张怡. 英国金融监管体制改革的最新发展及其启示［J］. 金融监管研究，2012（2）.

领域消费者为专一目标的联邦机构，该机构负责对各类银行、非银行机构和各类金融中介（但不包括由受证券交易委员会监管的主体提供的与证券有关的服务）的行为监管职能，可以独立制定监管条例并监督实施。①

正是由于缺乏统一的立法和行为监管标准，所以虽然如前文所介绍，我国已经初步构建起有关金融消费者权益保护的监管体系，有关金融消费者权益保护的行为监管要求也不断涌现，但这些行为监管的规定和要求却散落于各金融监管部门自行出台的行政规章或者政策文件之中，现有的金融消费者权益保护的行为监管呈现出政出多门、缺乏统一行为监管标准的问题。这样的行为监管权力配置格局导致中国现有的行为监管体系显得非常庞杂，各个金融职能部门都针对自己所负责的金融机构或者金融领域颁布较为繁杂的行为监管规定，这些分散的行为监管标准和行为监管要求一来增加了各被监管机构及其工作人员对于行为监管具体要求理解、执行的难度；二来这些行为监管标准和行为监管要求多有重合之处，但基于颁布机关的不同而导致同一金融机构对相同或相似的金融行为需要满足不同金融监管部门类似或不同的行为监管要求，从而徒增被监管对象的守法成本。

（二）缺乏统一定义

抛开没有统一的上位法不谈，作为目前指导金融消费者权益保护的纲领性文件，《指导意见》也只是抽象地使用"金融消费者"一词。不论是《指导意见》还是负责金融监管的各金融管理部门所发布的各类行政性规章均没有对"金融消费者"进行定义。因此，在"金融消费者"这个概念之下应当对哪些主体进行保护、为什么选择他们而不是其他主体进行保护，以及应当从何种角度对其进行保护，目前则尚无定论。在学界，一些论者主张消费者概念只能有限地适用于金融领域，对金融市场上的消费者和投资者加以区分，或者至少是在一定程度上加以区分；另一些论者则主张对"生活消费"做扩张解释，认为包括证券投资在内的各种金融活动都是为了满足生活中对结算、信用或资金运用等某一方面的金融需求，从而包括投资者在内的所有金融服务接受者都可以被消费者的概念所涵盖，只要其满足交易中的"弱势地位"这一要件即可。② 这样的争论又反过来导致不同的

① 王建平，陈穑，吴伟央. 金融消费者保护制度的境外动态及启示［A］//黄红元，徐明. 证券法苑（第8卷）［M］. 北京：法律出版社，2013：381-382.
② 廖凡. 金融消费者的概念和范围：一个比较法的视角［J］. 环球法律评论，2012（4）.

金融监管部门在讨论/制订"金融消费者保护"议题时,对于所谓的"金融消费者"所对应的对象显得泛泛而谈,不同场景、不同行业对于"金融消费者"的理解不一,原本在世界银行所颁布的《良好经验》中属于同一行为监管类型的行为监管在我国就会因为不同的金融行业呈现出不同的规定和要求。

此外,从金融消费者定义的主体视角出发,我们从来没有明确金融消费者是否应该像英美那样将金融消费者限定在"并非出于贸易、商业或职业目的行事的自然人"范围。从现有的各金融监管部门有关行为监管的规定而言,我们只是按照"行为类型"规定对相关金融机构的行为准则或者要求,这就决定了我们是以各金融机构(被监管对象)为核心,直接将金融机构的对手方作为行为监管的保护对象,并没有特别在意作为金融消费者在监管或政策层面进行倾斜保护的原因。因此,除了人民银行、原银监会有明确"金融消费者"应限于"自然人"外,证监会系统和保监会系统并没有明确"金融消费者"只限于自然人,我国在"金融消费者"的主体资格认定上呈现出一种划部门的割裂状态。

表3-3　我国各金融监管部门对"金融消费者"的定义

发文机关	金融消费者的定义
全国人大常委会	《消费者权益保护法》第二条虽然规定"消费者为生活需要购买、使用商品或接受服务,其权益受本法保护",但其不仅未对什么是"消费者"给出明确界定,并且该法也仅就金融企业在与"消费者"签订格式合同和服务信息方面做出要求,并没有明确将金融机构向其客户所提供的产品服务纳入《消费者权益保护法》的保护范围
中国人民银行	《中国人民银行金融消费者权益保护实施办法》第二条规定"金融消费者是指购买、使用金融机构提供的金融产品和服务的自然人"
原中国银监会	《银行业消费者权益保护工作指引》明确银行业消费者为"购买或使用银行业产品和接受银行业服务的自然人"
中国证监会	中国证监会也没有对其管辖范围内的金融机构所对应的金融消费者进行明晰的界定,但通过散落于其所颁布的各类限制证券公司、基金公司产品的规章而言,证监会系统内的金融消费者多为那些购买受中国证监会监管的金融机构(证券公司、基金公司)所发行的证券类金融产品的购买者,其主要还是合格投资者(包括自然人和法人)
原中国保监会	原中国保监会公布的《保险消费投诉处理管理办法》第四十三条对于保险消费者的范围界定为"本办法所称保险消费者,包括投保人、被保险人和受益人",并没有将保险消费者限定在自然人的范围

除了缺少对于"金融消费者"的定义以外,我们对于"金融产品"本

身也缺少定义。目前，哪类产品属于金融产品，或者说金融产品的范围边界有多大也存在较大的争议，比如银行存款虽然涉及存款人利益，但银行存款是否可视为一种"金融产品"而给予存款人特别保护？又如，以股票、基金为代表的证券类产品是否应该是"金融产品"？购买这些证券类产品的投资者是否可以构成"金融消费者"从而赋予特别的行为监管保护措施？在这一点上，国际经验因其金融市场监管历史的不同也呈现出不同的监管现状：就英国监管经验而言，英国直接援引了 2004 年欧盟《金融工具市场指令》的定义，将"金融产品"统一界定为"金融工具"，包括证券产品和金融衍生产品；[①] 但在美国，《多德—弗兰克法案》和金融消费者保护局所针对的金融产品或服务基本上都是主要针对抵押贷款、银行账户服务、信用卡、消费贷、信用报告、债务催收、现金贷等的银行业务。换言之，基于《多德—弗兰克法案》的规定，"金融消费者"基本上是"银行业消费者"的同义词，而证券类投资仍然适用于《1934 年证券交易法》，由美国证监会（SEC）履行对于投资者防止受到"欺诈"的监管职责。[②] 在我国，我们对于"金融产品"也呈现出一种分散式监管的状态，各金融监管部门以其自行的行政规章规定可被适用的监管产品，由此在行为监管模式上呈现出的是按照各个监管机构所管辖的"各自产品"而非按照"统一类别"的分行业的行为监管状态，甚至即使是同一个金融行业（比如银行业），基于"银行产品"的不同，相应行为监管的要求也存在不同，央行或者银监会存在针对特定事项/产品采取各自具体的行为监管的传统，这也是为什么我国现有的行为监管法律法规体系显得零散、庞杂的一个重要原因。

表 3-4　我国各金融监管部门监管的"金融产品"范围

金融行业	各自对应监管的金融产品（服务）
结算支付类	本、外币结算；利率；纪念币
银行类	储蓄业务；贷款业务；支付结算服务；代理业务（包括代理基金销售、代理保险销售、代销国债、代理证券业务、代理保险业务和其他代理业务等）；银行卡业务，通常包括提供借记卡服务、提供信用卡产品服务；个人投资理财业务（包括银行理财产品等）

---

　　① 根据《金融工具市场指令》附件 1 第 C 节，金融工具包括可转让证券，货币市场工具，集合投资计划单位，与证券、货币、利率或商品有关的期权、期货、掉期、远期协议或其他衍生合约，信用风险转移衍生工具，以及金融差价合约。
　　② 廖凡. 金融消费者的概念和范围：一个比较法的视角 [J]. 环球法律评论，2012（4）.

续表

信托类	集合资金信托计划；单一信托产品；信托贷款
证券类	股票；公司债券；证券投资基金；私募投资基金；券商资管计划产品；基金资管计划；期货交易；个股期权
保险类	农业保险；财产保险；工程保险；责任保险；信用保险；保证保险；船舶保险；货运险；特殊风险保险；意外伤害保险；健康保险、寿险等人身险
互联网平台	支付结算业务（第三方支付）；信用供给业务（消费金融、互联网征信）；资产运用业务（借贷众筹、预售众筹、股权众筹、互联网基金销售等理财业务）；风险管理业务（互联网保险）

（三）监管执法体系仍需改进

金融监管执法体系不足之处主要体现在以下两方面：其一，监管的协同性和协作性不足。在原"一行三会"金融监管格局下，金融消费者权益保护工作相互间缺少必要的协调与合作。各金融监管部门从不同的角度开展金融消费权益保护工作看似有序，但仍然存在管理重复、管理真空、管理冲突等难以克服的弊端，不利于金融消费权益保护工作的整体推进。当金融消费者因金融消费纠纷需要向权力部门求助时，其面临着到底是向谁求助的困惑。同时，多头管理的格局往往也会形成"监管争夺"与"监管推诿"的尴尬局面，容易引起部门间的摩擦和纠纷，降低行政管理的整体效能。其二，监管体系的割裂造成监管套利。行为监管理论要求针对"同一产品"做到"同一标准"，即不能按照不同行业或不同类型的金融机构分类设定行为监管标准，而应不分行业、不分机构地按照相同类型/性质的金融产品设定同样的监管标准，统一适用，统一执法，否则就会产生所谓的"监管套利"行为。但我国目前各金融监管部门仍按照银行、保险、证券、信托的分类对受其监管的金融机构进行行为监管，不同监管机构对同一类金融产品的监管尺度存在差别。

（四）过程监管和监督不足

由于传统监管习惯的痼疾，我国的行为监管如同其他行政监管一样在很大程度上将监管固化于以源头管控的方式从事所谓的监管。在准入管制理念下，政府认为对牌照的审核、颁发就能控制市场风险，因此市场监管的方式只流于表面形式（如发牌照、现场检查、定期备案等），忽视监管本身的目的在于发现风险的苗头、防范风险的发生、防止市场本身不良的因素发生作用。从本报告呈列的我国行为监管框架体系可见，在原"一行三会"的监管格局下，各金融监管部门就各自监管范围内的金融机构在相关产品的发行、信息披露、投资者适当性管理、销售宣传、公平交易、禁止欺诈、从业人员资格管理等方面已经形成基本的规范框架，行为监管的具体要求并不少，甚至有些监管要求远远超过其他国家或地区的监管要求（比如账户开户时要求客户亲自抄写投资风险提示、提供金融机构出具的金融资产证明等）。但问题在于，在某种程度上，我们认为目前的行为监管仍呈现出传统行政监管中"重监管形式、轻监管内容"的特点，也即有无规定与执行规定存在两个完全不同层面的意义：对于监管部门的监管考核要求而言，行为监管规定存在的意义大于规定落实的意义，行为监管的要求多以纸面要求为主，日常监管和行为监管的有效性评估不足。以投资者适当性管理为例，目前除了证券私募基金、资管产品的投资者适当性管理有具体的财产指标外，其他金融机构发售的产品虽也有投资者适当性审查的行为监管要求，但这些适当性审查在实践中都被异化为单纯的"问卷调查"，即使有录音、录像的要求，但存档的录音、录像结果可能都不是投资者最初的问卷结果，在问卷以外，并没有对金融机构施加额外的投资者适当性的背景要求；再比如针对信息披露的行为监管要求，虽然我们已经要求全面的信息披露标准应该涵盖真实性、准确性、完整性、易得性、可理解性、针对性，但在实际业务中，金融机构对于信息披露的针对性、易得性、可理解性仍然有着各自的做法，有的为了突出产品的特点仍然使用令人误解的宣传。在实践中，商业银行理财产品信息披露质量参差不齐，加之缺乏统一的披露标准，不同银行对理财产品所作的信息披露在内容和形式上都有较大差异，投资者难以在不同理财产品做出比较，不利于投资者做出理性决策。[1]

在形式监管特征下，现有行为监管也体现了"重两头、轻过程"的特征，监管机构重视对市场主体资格的审查，以准入制度发放金融许可的牌照，但忽视对于被监管对象在与金融消费者交易过程中整个流程行为合法性、合规性的抽查和检查，无法确保行为监管的真正落实。"重两头、轻过程"的监管特点产生的另外一个问题就是只有大量出现损害金融消费者利益的事件出现时才会被监管部门所知晓并予以处置。于是，整个行为监管

① 戴昕琦. 论我国商业银行理财产品的法律监管——以信息披露制度为视角 [J]. 四川行政学院学报，2017（3）.

的重点转向对于风险形成原因的调查、风险的处置以及随之而来的对相关责任主体的处罚成为监管者工作的重点，"一旦出事，便祭起强大的、无往不胜的行政权力，把整个行业乃至相关行业一关了之。这样简单粗放的管理措施，其实就是一种懒政、一种缺乏法律依据的责任转嫁。"①

（五）检查、处罚机制的体系化保障缺失

目前各金融监管部门的监督检查机制依附性强，行为监管的行政检查监督权并不在金融消费者保护部门，导致监督检查只能依附系统内的其他部门来进行；同时，在分业监管格局下，金融消费权益保护的监督和检查局限于特定的机构或者特定的地域范围，单一监管机构不能对跨区域和跨市场的金融机构进行监督检查，不能对跨行业的金融机构消费权益起到足够的保护；此外，监督检查工作主要依靠现场检查，缺乏其他的有效监督模式，且监督检查缺乏针对性，未能对相关的金融机构及金融环境进行针对性的检查。②

在违反行为监管的处罚方面，目前处罚工具也比较缺失。法律对金融机构侵害消费者权益、金融垄断行为和不正当竞争行为等事项没有规定行政检查权；行为监管机构对大部分行为监管事项都没有行政处罚权，对违规金融产品，也没有权力限制其进入市场；同时，非现场监测、环境及产品评估、约谈机制等柔性监管机制也不完善。

（六）公平、高效的多元化纠纷解决机制仍待完善

从金融消费者权益保护的争议解决机制方面，从结构而言，我们已经在形式上建立起了比成熟金融市场国家还要成体系的纠纷解决机制，不仅包含金融监管职能部门的直接投诉，还涵盖了行业协会的自律管理措施、替代性纠纷解决机制（ADR），乃至仲裁、诉讼等最终解决手段。从替代性纠纷解决机制而言，我国其实一直在借鉴发达国家的成熟经验，各个金融职能机构都在推广各具特色的替代性纠纷解决机制。比如2013年中国人民银行在全国推动开展"金融消费纠纷非诉第三方调解组织"试点工作，试点包括上海、广东、陕西、黑龙江等。各试点地区结合当地实际，探索不同模式的金融消费纠纷非诉第三方调解组织构建途径，主要包括以下两类：

① 胡印斌. 应对突发事件要放弃株连思维［N］. 中国青年报, 2009-2-3（2）.
② 张新颖. 打造银行业消费者权益保护升级版［J］. 中国农村金融, 2016（13）.

一是采用民办非企业（法人）模式，成立在民政部门注册登记的独立性、专业化的调解组织，如 2014 年和 2015 年分别设立的上海市金融消费纠纷调解中心和陕西金融消费纠纷调解中心；二是在金融消费权益保护协会等社会团体（行业协会）内部设立调解机构，如黑龙江金融消费权益保护协会设立的金融纠纷调解仲裁中心和广东金融消费权益保护联合会设立的广州金融消费纠纷调处中心；而证监会系统则通过中证中小投资者服务中心有限公司（以下简称投服中心）建立证券市场的诉调对接中心，投服中心的一个重要职能就是组织整合各方力量，构建中小投资者调解服务平台；依法制定调解工作规则和相关管理办法；受中小投资者委托，提供调解、和解服务；协调相关各方形成调解工作合力；开展各辖区调解网点的管理、开展调解业务的培训；组织对调解员的管理考核。有关我国金融消费者权益纠纷解决机制可参见下图流程图说明。

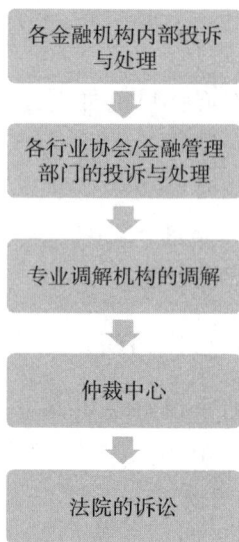

```
┌─────────────────────┐
│ 各金融机构内部投诉      │
│ 与处理               │
└─────────────────────┘
          ↓
┌─────────────────────┐
│ 各行业协会/金融管理     │
│ 部门的投诉与处理        │
└─────────────────────┘
          ↓
┌─────────────────────┐
│ 专业调解机构的调解      │
└─────────────────────┘
          ↓
┌─────────────────────┐
│ 仲裁中心             │
└─────────────────────┘
          ↓
┌─────────────────────┐
│ 法院的诉讼           │
└─────────────────────┘
```

在这样的体系下，虽然我们力推的以调解为核心的替代纠纷解决机制确实在实践中解决了较多的金融消费者权益纠纷，但是我们也要看到，现有的替代纠纷解决机制的方向和保障机制并非没有问题：第一，目前的投诉处理方式主要是由金融监管职能部门或者行业协会接受后再转由金融机构跟进处理，监管部门只是负责督办。金融机构为了应对监管部门的考核，往往会采用结果导向的处理方式，即注重纠纷了结，不关注处理的程序和手段。这就使得在纠纷解决的实践中，金融机构基于"多一事不如少一事"

的观点，纠纷解决的过程偏重"息事宁人"而非"依法以理解决纠纷"。第二，就目前力推的调解机制而言，调解机构存在散、小且发展不平衡的现象：虽然原"一行三会"都有进行调解组织试点，但囿于缺乏协调和统一规划，调解组织设立较为散乱，一些地方存在多个调解组织业务与功能重叠，而一些地区调解组织则存在空白，① 在金融业混业经营、金融产品交叉渗透的情形下，金融消费者很难分清和选择对应的投诉处理机构。第三，金融纠纷的调解思维还在沿用传统调解模式来处理金融纠纷，调解的成功往往依赖于金融机构的让步，基于"息事宁人，花钱买太平"的想法，争议解决的结果在个案上并不见得公平，往往一个金融消费者处于"弱势群体"就替代了一切公平性准则，不能体现公平原则，也不利于金融机构业务的开展。第四，在现有的非诉处理机制中，除仲裁外，其他替代性争议解决机制的裁断效力不足。如果纠纷当事人之间分歧较大，或者某一方当事人坚持不合理的诉求，就无法达成调解协议。在此过程中，调解员在程序中完全处于被动状态，没有就纠纷提出解决方案的裁断权。这与国际主流的金融纠纷调解机构由调解员主导提出解决方案的模式明显不同。② 第五，替代性争议解决机制中所主张的仲裁方式对于金融消费者而言成本仍然过高，难以推动以仲裁方式最终解决纠纷的选择方式：金融消费权益纠纷大多数争议金额在万元以下，多为几百元、几千元，商事仲裁机构受理此类案件获得的收入无法覆盖办案成本。以上海金融仲裁院为例，如争议金额为200000元，案件受理费为4550元加收争议金额100000元以上部分的3%，即为7550元，案件处理费为3000元，共计10550元，比同等金额诉讼费用高出约一半，对金融消费者而言并不经济。此外，现有的金融纠纷争议处理机制还只是覆盖了正规金融项下金融消费者与持牌金融机构的纠纷，非正规金融项下的纠纷因为不存在相关的仲裁管辖而无法进入前述纠纷解决体系之内进行争议解决，大量的影子银行、类金融业务发生的纠纷无法通过正规金融项下的金融消费者权益保护渠道进行投诉、调解和仲裁。

此外，就行为监管的所意图保护的"弱势群体"而言，我国金融消费

---

① 例如，上海既有人民银行主导的金融消费调解中心，又有银监局主导的调解机构，还有证监会领导的投服中心，而福建、浙江这些省份，该类机构则比较少。

② 2013年世界银行和国际金融消费者权益保护组织做过统计，在114个问卷国家中，75%的国家建立了第三方投诉处理机制，其中50%是有权做出具有约束力的裁决。其中独立的金融申诉专员制度占比为63%。几个主要的经济体也都有这种机制，实践中也有很好的效果。

者普遍存在缺乏金融知识和"买者自负"意识的情况。监管部门和金融机构每年都会收到大量因客户不知政策或者"选择性失忆"等造成的信访投诉，大量客户还是存在着"买银行理财产品就是保本"的错误认知，针对银行理财不能实现预期收益的投诉尤其普遍。另外，农村金融消费者群体掌握的金融知识较为匮乏，理性选择金融产品的能力较差，难以防范花样繁多的外部诈骗。对于农村中小金融机构来说，机构自身更存在被动应对纠纷、发声滞后、舆情处理能力差等问题，陷入声誉风险泥沼的危险性更大。

第四部分　金融广告监管

一、金融广告的内涵

首先，对于广告的定义有广义和狭义之分。广义上，广告是指推销商品或服务的一切载体，包括行为、装饰、衣着、信息、活动等表现形式。狭义上，广告的形式局限于《中华人民共和国广告法》（以下简称《广告法》）的规定，即通过一定媒介和形式直接或者间接地介绍自己所推销的商品或者服务的商业广告活动。广义与狭义之间的区分在于，广义的广告传播途径和方式更多，相较于狭义的广告，具有间接性和新闻属性的特点①。间接性，如超市里的商品促销（未进行介绍）；新闻属性，如中国平安集团为汶川地震灾区捐款等，以新闻报道的形式对企业形象进行正面展示。对广告进行广义定义可以运用于违法广告的认定和治理上。

金融广告属于广告的一个类别，具备广告"介绍自己所推销的商品或服务的商业广告活动"的定义。广告一般是向社会公众发布的，而在金融交易领域，还存在向特定人传播信息的情况，法律称为投资劝诱。投资劝诱和金融广告的区别主要表现在："一是投资劝诱针对的是对特定当事人的劝诱，而投资广告针对的是对不特定的多数人的劝诱。二是投资劝诱是以特定金融投资商品买卖合同的缔结等为内容的，而投资广告并不是以提供特定合同的签订为信息的行为，而是提供一般性信息的行为。"但由于投资劝诱仍属于向他人推介服务的活动范畴，因此也应当属于金融广告。②

关于金融广告行为主体是否为合法金融机构，中国有学者认为广告主"只能是合法经营金融业务的金融机构"③，但是《广告法》并未对此进行规定④，况且中国也未对金融广告出台相应的法律，因此主体为合法金融机

---

① 卢智睿. 违法金融广告治理研究 [J]. 西南金融, 2018 (9).

② 美国自律规则 NSDA RULES 区分投资劝诱规则和广告规定, 中国法律并未作此区分。

③ 董新义. 论我国金融广告法律规制的完善 [J]. 上海金融, 2012 (4).

④ 《中华人民共和国广告法》第三条第二款："本法所称广告主，是指为推销商品或者服务，自行或者委托他人设计、制作、发布广告的自然人、法人或者其他组织。"

构并非金融广告的必备要素，而可作为金融广告违法的认定依据。

综上所述，金融广告具备以下两个特征：一是发布的形式是直接或者间接的，包括自己发布，也包括间接地利用他人进行宣传，宣传方式不受局限；二是金融广告是商业广告活动，其内容必须是金融商品或者金融服务，因此单纯的公益广告、形象宣传等未体现招揽顾客目的的广告不属于金融广告。

二、我国金融广告的法律规制

我国并未制定专门的金融广告管理法规，对金融广告的规制散落在各种法律、行政法规以及部门规章中。

在法律层面，《广告法》总则中的第三条至第五条突出了保护消费者及倡导公平竞争的总要求；第三十一条禁止广告中出现任何形式的不正当竞争；《反不正当竞争法》以及《消费者权益保护法》中禁止虚假宣传的规定①均间接适用于金融广告的规制。《广告法》第二十五条直接规定了有投资回报预期的商品或服务的广告应当包含风险提示且不能做出保证性承诺。《中华人民共和国证券法》② 第一百九十一条直接规定证券公司承销证券时不得进行虚假的或者误导投资者的广告或其他宣传推介活动，并且不得使用不正当竞争手段。③《证券投资基金法》第五十七条规定基金募集的宣传推介活动不得有虚假陈述、违规承诺以及诋毁竞争对手的不正当竞争行为。《中华人民共和国保险法》第一百一十六条禁止保险公司欺骗客户或受益人、诋毁竞争对手等行为。④

在行政法规和部门规章层面，《广告管理条例》第三条和第四条重申了《广告法》保护消费者以及禁止不正当竞争行为的要求，这些规定也间接适用于金融广告。《商业银行宣传产品销售管理办法》中的"宣传销售文本管理"章节对理财产品的宣传材料有较为具体的规定，其中第十三条、第十四条、第十六条、第十七条以及第十八条要求理财产品宣传内容应当全面、

---

① 《反不正当竞争法》第八条；《消费者权益保护法》第二十条、第二十三条第二款、第四十五条。

② 本课题研究成果完成于 2019 年 6 月，故本书中所引用的《证券法》均指 2019 年修订之前的旧证券法，特此说明。

③ 法条虽然未直接规定广告中不得使用不正当竞争手段，但是可以使用广告应当包含在招揽业务手段之内。

④ 法条未直接规定保险广告不得进行此类行为，但可以间接适用。

客观、真实、准确、清晰，且对内容进行了具体的限制，[①] 突出了对投资者的保护；"理财产品销售管理"章节中的第三十九条对理财产品宣传渠道进行了具体限制。《证券发行与承销管理办法》第二十九条和第三十条对证券推介方式、内容进行了简要的规定以及禁止发行人和主承销商虚假宣传。《网络借贷信息中介业务活动暂行管理办法》第十条第十款禁止网贷中介机构进行虚假宣传。

关于违法金融广告的法律责任，间接适用《广告法》《消费者权益保护法》中关于广告主（经营者）、广告经营者、发布者对过错应负有相应责任的规定；《刑法》第二百二十二条和第二百八十七条对严重违法广告行为和帮助行为给予刑事处罚。《证券法》第一百九十一条直接规定了证券公司以及责任人员实施违法行为后的具体惩罚措施，包括没收违法所得、罚款、暂停或撤销相关业务许可、撤销从业资格等。《证券发行与承销管理办法》规定了对违法违规证券公司及责任人员予以行政处罚。

综上可见，我国对金融广告内容的规制大多为间接适用原则性条款，缺乏可直接适用的具体条款，特别是缺乏对违法金融广告予以规制的基本内容。其次，由于大多数关于"金融广告"的规定均未提及"广告"二字，而是以"宣传材料""推介活动"等形式表述，可能会出现适用不明、规避法律等问题。另外，我国法律法规对金融广告的内容规制较为突出对消费者的保护，但除了某些部门规章对具体保护措施进行了规定，其余文件只进行了原则性的表述。在促进行业竞争和防止不正当竞争方面，法律文件并未对金融广告进行直接、具体的表述，只能间接适用于其他关于"限制不正当竞争"的条文。最后，中国目前没有出台专门的规制互联网金融广告的法律法规，仅有工商总局等十七个部门出台的《开展互联网金融广告及以投资理财名义从事金融活动风险专项整治工作实施方案》的规范性文件。[②]

---

① 第十三条第五款规定不得使用"业绩优良""名列前茅""位居前列""最有价值""首只""最大""最好""最强""唯一"等夸大过往业绩的表述。第十四条第三款规定，宣传销售文本中应当明确提示，产品过往业绩不代表其未来表现，不构成新发理财产品业绩表现的保证。

② 2019年12月，中国人民银行等四部门联合发布了《关于进一步规范金融营销宣传行为的通知》（以下简称《通知》），《通知》对现行"一行两会一局"的金融营销宣传行为规定进行了系统性梳理，但为避免与《广告法》冲突，该通知没有使用"金融广告"字样，而是以"金融营销"替代。

三、我国金融广告的监管现状

(一) 当前中国的广告管理体制

法律未对金融广告发布前的审查做出明确规定。《广告法》第四十六条规定医疗、药品、医疗器械、农药、兽药和保健食品广告,以及法律、行政法规规定应当进行审查的其他广告,应当在发布前由广告审查机关对广告内容进行审查。但没有明确"金融类广告"属于在发布前应交由审查机关审查的范围。在《商业银行宣传产品销售管理办法》中规定,中国银监会只是规定在理财产品销售前,产品宣传材料应向中国银监会派出机构报告。

在监管权力方面,《广告法》第六条规定,工商行政管理部门负责广告的监管执法工作,依法行使广告监测、执法检查、调查取证、行政处罚等相关职权。《证券法》第七条规定证券监督管理机构依法对全国证券市场实行集中统一监督管理。《保险法》第一百三十三条规定保险监督管理机构对保险业实施监督管理,除此之外,从金融广告的内容以及发布媒体来看,有权对金融广告进行监管的机关还有广播电视局、新闻出版总署、消费者保护协会等诸家行政机关。

一方面,众多监管部门容易出现重复监管或者责任推诿的情况,另一方面,随着新型金融业态以及互联网金融的发展,金融广告市场乱象丛生,因此国家工商行政管理总局等9部门于2015年建立了"整治虚假违法广告部际联席会议工作制度",各地也陆续建立了地方性"整治虚假违法广告部际联席会议工作制度"。为更好地开展金融领域广告治理工作,人民银行、原银监会等金融管理部门先后加入联席会议。2018年,工商总局、人民银行等11个部门出台了《整治虚假违法广告部际联席会议2018年工作要点》明确各成员单位分工,全面落实广告监督管理机关、广告审查机关和有关主管部门的法定职责。

中国广告协会作为我国广告行业的自律机构,在成立以来为建立有效的行业自律约束机制做了一系列的探索和实践,一定程度上规范了广告市场秩序。金融行业组织自律方面,在人民银行的指导下,金融行业自律性组织积极履行社会责任,通过制定金融广告行业自律规范、开展监测监督工作,初步规范了行业内持牌机构的金融广告行为,比如中国互联网协会受人民银行委托承担互联网金融广告监测工作，并于 2018 年 6 月发布了《互联网金融从业机构营销和宣传活动自律公约》，对互联网金融从业机构营销和宣传内容准则、行为规范、自律管理机制进行了规定。但是，行业自律发挥仍然不足，尚未形成与行政监管之间的良性互动。①

（二）当前应对金融广告的治理措施

监管分工方面，工商行政管理部门对金融广告进行监督管理，并对违法广告具有处罚权。金融监管部门依据相关规定对金融广告依法进行监督管理，2017 年 12 月，为整治金融广告领域乱象、维护市场秩序，中国人民银行下发了《中国人民银行办公厅关于开展金融广告治理工作的通知》，要求各级分支机构开展金融广告监测、甄别、线索移送、协同处置等工作。但金融监管部门并不具有处罚权。

在监管手段方面，国家工商行政管理总局设有国家广告监测平台，委托第三方监测机构对传统媒介进行监测。随着互联网广告的快速发展，目前主要是对重要媒体保持一定频次的监测。网信办严格审核和监管互联网发布的各类信息，加强对互联网广告的管理，并建立中国互联网违法和不良信息举报中心；通信主管部门加强对互联网网站的基础管理，积极配合有关部门处置发布虚假违法广告的网站。除此之外，中国人民银行授权中国互联网金融协会开展对发布在互联网上的金融广告实行集中监测。

从处置措施看，金融监管部门一旦发现违法金融广告，立即向当地工商行政管理部门通报，由工商行政管理部门依法处置；涉嫌犯罪的，公安机关将会依法对其进行立案查处。

（三）当前对违法金融广告治理存在的问题

1. 执法权和专业性相分离

目前工商总局发布的广告监测标准中，主要是药品、医疗器械、食品、酒类、烟草、化妆品、房地产等涉嫌违法广告的判断标准，缺乏针对金融广告的监测标准。由于金融产品和服务种类繁多，工商部门对于广告内容和广告主资质是否符合规定等问题难以把握，而我国"一行两会"内设立的金融消费者权益保护局，对违法金融广告只有劝导、制止的义务，因此造成了目前工商行政管理部门"有职权但欠专业"，金融监管部门"够专业

---

① 田晓宏．金融广告治理中行业自律与行政监管作用机理研究［J］．中国金融家，2018（9）．

但无职权"，形成"有权监管与专业监管相分离"的局面①。

2. 违法金融广告判定标准的缺失

判定标准缺失是执法权和专业性相分离的必然结果。判定标准是监管部门迅速判定金融广告违法与否的重要依据，是连接监管部门的重要节点。特别是在执法权和专业性相分离的情况下，负面清单可以帮助执法部门弥补专业性不足的缺陷。然而，目前中国大陆地区的工商行政管理部门并没有掌握金融广告的负面清单，而作为金融监管部门的"一行两会"针对金融广告发布的规章、规范性文件，缺乏统筹协调，内容也较为原则，可操作性不强，并且中国尚无金融广告发布前审查机制，主要由广告经营者、发布者自行审查，然而由于大部分金融类广告从表面上看不出存在违法内容，广告经营者和发布者对于广告主提供的资质许可真伪难以判断，因此这种审查大多流于形式。没有统一的金融广告的负面清单，导致监管标准缺位，从而大大削弱了对违法金融广告的监管力度和反应速度。②

3. 金融广告法律制裁不合理

我国法律对金融广告的处罚大多适用一般广告的处罚归责，只有在我国立法与司法实践均将虚假广告的侵权作为一般侵权行为，采用过错归责原则，适用"谁主张谁举证"，而作为"信息弱者"的消费者常因举证不能而败诉。此外，国家工商行政管理总局 2014 年制定的《广告管理条例实施细则》第 17 条规定，虚假广告判处违法所得额三倍以下罚款，且不超过一万元；给用户和消费者造成损害的，承担赔偿责任；而在《证券法》和《保险法》中对于机构虚假宣传的处罚分别仅为三十万元至六十万元和五万元至三十万元。低廉的违法成本与因金融机构发布虚假金融广告而对消费者造成的经济损失是无法相互匹配的。

四、境外金融广告监管实践与借鉴

随着新兴科技的进步和发展，金融广告出现多样化竞争态势，微信、微博、公众号等自媒体广告模式正在逐渐挑战监管。从监管实践来看，大多定义为违法金融广告的行为是界定该金融广告具有虚假性，即虚假广告。通过承诺收益保本、高利润等宣传标语来骗取消费者来购买该金融服务。美国金融消费权益保护局（CFPB）认为，任何具有误解或误导大批理性消

---

① 卢智睿. 违法金融广告治理研究 [J]. 西南金融，2018（9）.
② 卢智睿. 违法金融广告治理研究 [J]. 西南金融，2018（9）.

费者的广告行为，无须证据证明消费者受害，就是虚假广告。美国金融业管理局（FINRA）是美国证券行业自律机构，目前是美国最大的独立非政府证券业自律监管机构，负责对美国证券业广告进行审查。投资公司的促销活动、证券衍生品、公募产品等需在广告发布前至少 10 个工作日向 FINRA 提交广告审查申请，FINRA 在收到申请后 3 个工作日内完成审核，并向其发放"审查许可"。如果发现广告有问题，会要求广告主停播广告，如不服从，则会移交给 FTC 处理。英国广告标准局（ASA）是目前英国广告行业自律组织最高机构，主要负责制定广告业行为标准准则、审查广告、受理投诉及与其他政府部门和组织协调联络。英国设立金融行为监管局（FCA），联合广告标准局打击违法金融广告，保护有效金融竞争。2016 年 11 月，时任 FCA 主管的 Clive Adamson 认为，确保所有公司的金融广告促销是公平明确且没有误导性的，以便客户能够做出明智的决策。但是在消费信贷领域，金融广告竞争方面仍然乱象丛生。

　　FCA 在从事金融消费者教育时认为，在消费者做出是否购买金融服务决策时，受到金融机构做出的金融广告的影响主要分布在三个主要阶段：视觉、解读以及作为。同时英国金融行为监管局的行为经济学及数据科学组的行为科学家 Laura Smart 分析认为，如何有效区分什么是真实广告以及虚假宣传广告，从行为科学的角度来阐释金融广告通过间接的方式来进行虚假宣传，如"你总是想要最好的，购买我们的服务"，虽然没有直接表述，但是通过间接暗示的方式来夸大暗示消费者购买服务。同时金融机构也会通过框架构建信息来诱导金融消费者来做出购买决策。为此，英国广告标准管理局与金融行为监管局协同合作，信息共享，明确了权责区分，在金融监管领域，FCA 具有较强的管辖权力；在非金融监管领域，广告标准管理局具有管辖权力。FCA 在对消费者教育以及权益保护上花费较多工夫，首先在其官网上引导消费者明确了解如何判定违法金融广告，因为如果消费者都不认为自己遭遇了违法金融广告宣传，又怎么可能检举违法广告从未维护自身的合法权益。与此同时，FCA 还建立了较为完善的消费者维权机制，消费者可以首先与金融机构建立联系沟通，其次可以向金融申诉专员进行申诉举报并取得反馈，其后可以起诉等其他方式。就目前我国的金融监管实践而言，比如证券监督部门的申诉举报部门，投资者进行一些违法行为进行举报，没有专门的金融申诉专员，只是普通的客服人员，专业性极差而且没有得到投资者反馈。因为监管者毕竟监管资源有限，不能面面俱到，所以较多的违法行为还是需要消费者、投资者，需要群众去发现和检举。如此良性循环，才能共同构建良好的金融竞争环境。

五、完善金融广告监管的建议

（一）建立事先审查制度与备案制度

金融监管资源有限，这是不得不考虑的实际问题。尤其是现代科技发展进步日新月异，金融广告的形式也越发多样化。有的金融广告通过公共广播，时间短，难以监测到。有的通过微博、微信公众号以及微信群等方式传递给投资者以通过"洗脑"、虚假宣传等方式诱使消费者购买服务。这些行为因为分布广，目标小，使监测和监管较为困难。所以可以尝试区分性地建立备案制度和事先审查制度。尽可能地对金融广告进行事先审查，监管其广告内容的真实性以及合法性，包括督促金融机构内部的合规部门对其金融广告内容在发布前进行事先的内部审查。

同时，金融监管部门与金融机构内部应当建立备案制度，在金融监管机构有规律、系统地或者不定期地抽检过程中，确保对其发放的金融广告有踪可寻、有源可溯。

（二）建立负面清单与黑名单制度

加强对违法金融广告的研究与定义，明确其界定标准，同时配套完善的法律法规。建立负面清单制度对一些明确的、重大的违法金融广告行为进行确立，而不是原则性地规定和模棱两可的说法。同时建立信用黑名单制度，对于一些多次违法发放金融广告侵害消费者权益的金融机构，进入信用黑名单，重点监管甚至采取更为严厉的惩戒措施，营造公平有效的竞争环境。

（三）明确权责划分，完善法律法规

市场是不断发展变化的，我国虽然没有专门针对金融广告监管的立法，但是在《广告法》《刑法》《消费者权益保护法》中都有体现。但是我国目前针对金融广告方面的立法尚不完善，比如对违法金融广告的界定等问题，可以通过规范性法律文件等进行补充。同时在我国监管实践中，权责划分不明晰。因为理论上市场监督管理部门在市场监管中具有常规性、统涉性的管辖权，但市场监督管理局又不具备专业的金融监管人员判断金融广告

的违法性，由此出现在金融广告领域，究竟是金融监管机构管辖还是市场监督管理局管辖，又或者是哪个具体的金融监管机构进行管辖，往往容易出现冲突或者空白的情形，造成"有权者不会管，会管者无权"的尴尬局面。

（四）加强建设举报监督制度，打造完备的消费者沟通渠道

金融消费者是金融市场坚定的基石，保护好消费者权益才能繁荣金融市场。行政监管的资源是有限的，所以建设好举报监督制度是必然路径。如果要建设完备举报监督制度，首先最为关键的是明确清晰如何判断违法金融广告。根据现实情况，我们建议可尽快建立金融监督专员制度，针对消费者的检举监督，积极跟进交流，在一定时间内予以反馈，以免打击消费者监督的热情和信心。

（五）着力金融消费者公共教育

不仅仅在官方网站有详细的引导和教育启示，在现今铺天盖地的金融广告信息面前，很多受到违法金融广告侵害权益的消费者大多是金融素质较低的弱势群体。如"e租宝事件"以及很多爆雷的P2P平台权益受到侵害的消费者和投资者，有相当部分消费者还是因为对于金融知识的认识不深。所以应当加强消费者教育，使其能够更好地识别虚假宣传广告。

第五部分　金融消费者保护中的信息披露机制

一、金融消费者保护中信息披露的功能价值

在金融市场上，对金融消费者保护最主要的手段就是加强信息披露，提高市场透明度。金融消费者导向型信息披露的目的在于保障金融消费者的知情权。知情权的保护一方面是金融消费者与金融机构权利义务关系的体现，另一方面则是通过减轻信息偏差以倾斜保护金融消费者，是一种追求公平正义价值的体现。

第一，信息披露是金融消费者与金融机构权利义务关系的制度体现。一方面，在传统消费中，生产者或销售者有义务保证其所销售产品的质量合格。若因产品存在缺陷而给消费者或他人造成损害的，应当承担相应的损害赔偿责任。如果把金融产品视为一种有形产品，作为出售方的金融机构同样有保证金融消费者获取合格质量的金融产品的义务，如果未履行该义务则同样应当承担相应的损害赔偿责任。金融产品质量的合格具体表现为信息披露质量的合格，即金融机构所披露的信息符合全面、准确、及时和透明的要求。另一方面，在一些金融产品如银行综合理财服务产品、基金等交易的法律关系中，金融消费者需要将其投资资金的使用权让渡给金融机构，并需要向金融机构缴纳一定的服务费用。根据权利义务对等原则，金融机构在享有资金使用权及费用收取权的同时应当向金融消费者履行相应的信息披露义务。①

第二，信息披露是为了减轻金融消费者与金融机构间的信息不对称。金融消费者对金融产品的性质、定价，金融产品供给者的质量、运营能力等信息了解不足，导致其难以准确判断金融产品风险水平等专业信息。再加上金融工具层出不穷、金融创新复杂化的背景下，金融消费者的金融专

---

① 彭真明，殷鑫. 论金融消费者知情权的法律保护 [J]. 法商研究，2011 (5).

业知识缺乏，做出不恰当选择与购买行为的概率大幅提升。金融市场交易中金融消费者相对于金融机构居于弱势地位。而作为金融工具的设计者与销售者，金融机构拥有专业化的精英团队，其对金融产品的预期收益、风险范围、性能与质量等信息掌握充分，在金融市场交易中处于强势的一方。此时，由于金融供需双方的信息不对称可能会导致道德风险与逆向选择，具体表现在：（1）在道德风险方面，金融消费者在购买了金融产品后，无法获知金融机构的资金用途是否如承诺所言投向了低风险领域，从而扩大了金融消费者承受巨大损失的可能性；或者金融机构使用晦涩难懂的数学公式和专业术语，对金融产品的信息披露繁杂而冗长，掩盖了决策核心信息，导致金融产品购买者的决策行为失效。（2）在逆向选择方面，金融机构作为金融市场中的信息资源强势方容易做出令对方受损而使自己受益的行为，从而破坏市场均衡、扭曲金融市场价格，从而出现"柠檬市场"的挤出效应情形。在这种情况下，金融消费者可能会最终选择那些表面上短期收益率高但却隐含了巨大风险的金融产品，而将那些风险可控、收益稳健的产品弃之不顾，出现金融市场中的"劣币驱逐良币"的状态。因此，对处于信息优势地位的金融机构来说，如果法律不要求其承担披露金融产品相关信息的义务，就很难避免其利用优势地位向金融消费者提供虚假、遗漏、过时诱导性信息。

信息不对称造成了市场主体地位不平等，在此基础上一味追求的契约自由，不能带来平等和公平的结果。因此，为了平衡当事人之间在信息收集、掌握、理解、辨别等方面的差距，促使金融消费者与金融机构之间达到实质上的交易平等，确保金融消费者能够依其自我意识判断来决定交易与否，应当赋予金融消费者充分的知晓其所购买的金融产品的构成、运营、风险、盈利预测等信息的权利，从而维护市场交易利益的平衡。

二、我国金融消费者保护信息披露的立法现状

（一）信息披露的总体要求

依据《中国人民银行金融消费者权益保护实施办法》的要求，金融机构应按照相关监管规定披露与金融消费者权益保护相关的经营信息、金融产品和服务信息以及其他信息。在我国金融机构信息披露的相关规定中，对信息披露总体要求有所体现，例如，2018 年 4 月《关于规范金融机构资

产管理业务的指导意见》（即资管新规）从整体上要求金融机构应当向投资者主动、真实、准确、完整、及时披露资产管理产品的募集信息、资金投向、杠杆水平、收益分配、托管安排、投资者账户信息和主要投资风险（国家法律法规另有规定的，从其规定），并按类别对不同产品的应披露事项进行具体的规定。

（二）信息披露的具体规则

《银行业消费者权益保护工作指引》规定，银行业金融机构应建立健全事前协调和管控机制，在产品和服务的设计开发、定价管理、协议制定、审批准入、营销推介及售后管理等各个业务环节，落实有关银行业消费者权益保护的内部规章和监管要求，使银行业消费者权益保护的措施在产品和服务进入市场前得以实施。《商业银行理财业务监督管理办法》要求，银行在开展理财业务时，应当在理财产品发行阶段、理财产品存续阶段和理财计划终止阶段进行全过程信息披露，披露事项主要包括：全国银行业理财信息登记系统的编码；销售文件，包括说明书、销售协议书、风险揭示书和客户权益须知；发行公告；重大事项公告；理财定期报告；理财产品到期公告；涉及理财产品的诉讼；临时性信息披露；银监会规定的其他信息。

1. 金融机构就金融产品与金融服务售前阶段的披露义务

售前阶段包括金融产品销售之前的推广期、推介期、签订合同阶段。这个过程一般要求金融机构向金融消费者进行风险提示、产品说明、免责条款说明、金融产品服务发售公告、客户权益须知说明和发售、募集、成立的相关公告等，禁止金融机构夸大宣传、保证收益等行为，同时要求金融机构在推介产品时了解客户，遵循投资者适当性原则。

比如在证券行业，《证券公司及基金管理公司子公司资产证券化业务管理规定》第十七条要求管理人应当在计划说明书中充分披露有关事项，并对可能存在的风险以及采取的风险防范措施予以说明……《证券投资基金法》第五十六条要求基金管理人应当在基金份额发售的三日前公布招募说明书、基金合同及其他有关文件，第九十八条规定基金销售机构应当向投资人充分揭示投资风险，并根据投资人的风险承担能力销售不同风险等级的基金产品，第三十四条规定，制作基金宣传推介材料的基金销售机构应当对其内容负责，保证其内容的合规性，并确保向公众分发、公布的材料与备案的材料一致，第三十五条规定基金宣传推介材料必须真实、准确、与基金合同、基金招募说明书相符，第四十条规定基金宣传推介材料附有统计图表的，应当清晰、准确，第四十七条规定基金管理人应当在基金合同、招募说明书或者公告中载明收取销售费用的项目、条件和方式，在招募说明书或者公告中载明费率标准及费用计算方法，第七十七条规定基金销售机构应当提供有效途径供基金投资人查询基金合同、招募说明书等基金销售文件；《基金管理公司特定客户资产管理业务试点办法》第十七条要求"为多个客户办理特定资产管理业务的，资产管理人在签订资产管理合同前，应当保证有充足时间供资产委托人审阅合同内容，并对资产委托人资金能力、金融投资经验和投资目的进行充分了解，制作客户资料表和相关证明材料留存备查，并应指派专人就资产管理计划向资产委托人做出详细说明"。

在保险行业中，《人身保险新型产品信息披露管理办法》要求保险公司在宣传、销售人身保险新型产品演示保单利益时，应当按照高、中、低三档演示新型产品未来的利益给付，不得承诺保险利益之外的其他收益，不得使用利息、预期收益等字眼进行宣传；《保险法》规定订立保险合同前的保险人的提示说明义务；《中国人民银行金融消费者权益保护实施办法》要求金融机构在推出金融科技创新产品前，应当开展外部安全评估，并及时向金融消费者准确披露金融产品的特点和风险。

在银行业中，《关于规范商业银行代理销售业务的通知》强调：商业银行应向客户提供并提示其阅读相关销售文件，包括风险提示文件，并通过客户抄写风险提示等方式充分揭示代销产品的风险。除国务院金融监督管理机构另有规定的以外，销售文件应当由客户签字逐一确认。通过电子渠道销售的，应由客户通过符合法律、行政法规要求的电子方式逐一确认；《电子银行业务管理办法》第三十九条规定金融机构应当与客户签订电子银行服务协议或合同，明确双方的权利与义务。在电子银行服务协议中，金融机构应向客户充分揭示利用电子银行进行交易可能面临的风险，金融机构已经采取的风险控制措施和客户应采取的风险控制措施，以及相关风险的责任承担；《商业银行个人理财业务管理暂行办法》引入了适当性规则，即商业银行向客户推介投资产品信息时，应先了解客户的风险偏好、认知能力和承受能力、财务状况，并据此向客户推荐对其适合的产品。在签订理财产品购买合同后，银行应定期对客户评估报告或投资顾问建议进行重新评估，并向客户说明有关评估情况；《关于规范商业银行代理销售业务的通知》规定：商业银行应当告知客户代销业务流程和收费标准，代销产品的发行机构、产品属性、主要风险和风险评级情况，以及商业银行与合作机构各自的责任和义务等信息；《商业银行理财业务监督管理办法（征求意见稿）》第二十六条规定商业银行在销售理财产品中，应当加强对投资者适当性管理，向投资者充分披露信息和揭示风险，不得宣传或承诺保本保收益，不得误导投资者购买与其风险承受能力不相匹配的理财产品。商业银行理财产品宣传销售文本应当全面、如实、客观地反映理财产品的重要特性，充分披露理财产品类型、投资组合、估值方法、托管安排、风险和收费等重要信息，所使用的语言表述必须真实、准确和清晰。

在信托业中，《信托公司证券投资信托业务操作指引》中要求在发行期与存续期加强对基础资产、原始权益人的风险揭示。

在互联网金融的金融消费者保护中，《非银行支付机构网络支付业务管理办法》第十八条规定支付机构应当在操作前和操作中向客户提示业务存在的风险，并在首次购买时"向客户展示合作机构信息和产品信息，充分提示相关责任、权利、义务及潜在风险，协助客户与合作机构完成协议签订"；《关于进一步加强校园贷规范管理工作的通知》提到"开展校园贷的银行应制定完善的校园信贷风险管理制度，建立风险预警机制，加强贷前调查评估，认真审核评定贷款大学生资质"。

2. 金融机构就金融产品与服务售中阶段的披露义务

售中阶段包括签订合同后至金融产品到期之前的业务关系存续期间，该阶段金融机构应该对产品投资标的、盈亏情况、规模变动情况（针对开放式产品）、投资运作变更、影响产品盈亏的重大事件、产品运行定期公告、重要事项披露公告、高风险业务操作中的风险警示、操作过程中突发状况的通知、开放式产品的申购赎回及产品净值公告等信息进行披露，并对交易记录等信息记录和保存。

在互联网金融领域中，《网络借贷信息中介机构业务活动信息披露指引》确立了互联网金融服务提供商对与用户利益相关的投资项目的资金运用、经营状况等重大情况变动的及时通知义务，并且对披露时间也做出具体规定。该指引第八条要求网络借贷信息中介机构应当平台在每月前5个工作日内，向公众披露截至上一月末经网络借贷信息中介机构撮合交易的各类信息；第九条要求及时披露借款人基本信息、项目基本信息、项目风险评估及可能产生的风险结果、已撮合未到期项目有关信息等，并具体规范了披露时间点；《非银行支付机构网络支付业务管理办法》第十一条规定"支付机构应根据客户身份对同一客户在本机构开立的所有支付账户进行关联管理"，第十八条规定"支付机构应当对高风险业务在操作中进行风险警示"，第二十七条规定"因交易超时、无响应或者系统故障导致支付指令无法正常处理的，支付机构应当及时提示客户；因客户原因造成支付指令未执行、未适当执行、延迟执行的，支付机构应当主动通知客户更改或者协助客户采取补救措施"；《互联网保险业务监管暂行办法》第十五条规定了操作过程中突发状况的通知、交易记录等信息的记录与保存。

在信托业中，《信托法》第二十条规定委托人有权了解其信托财产的管理运用、处分及收支情况，并有权要求受托人做出说明，第三十三条规定了受托人应当每年定期将信托财产的管理运用、处分及收支情况，报告委托人；《信托公司管理办法》第二十五条规定"信托公司在处理信托事务时应当避免利益冲突，在无法避免时，应向委托人、受益人予以充分的信息披露，或拒绝从事该项业务"；《信托公司集合资金信托计划管理办法》第三十四条规定"信托公司应当依照法律法规的规定和信托计划文件的约定按时披露信息，并保证所披露信息的真实性、准确性和完整性"，第三十五条规定"受益人有权向信托公司查询与其信托财产相关的信息，信托公司应在不损害其他受益人合法权益的前提下，准确、及时、完整地提供相关信息，不得拒绝、推诿"，第三十六条规定"信托计划设立后，信托公司应当依信托计划的不同，按季制作信托资金管理报告、信托资金运用及收益情况表"；《信托公司证券投资信托业务操作指引》要求在信托产品存续期，对基础资产现金流与评估预测数据出现偏差大于10%、累积违约率升高并超过预设值、资产服务机构及中介服务机构等主体履职能力降低等事件要加强关注和持续披露。

在银行业中，《商业银行理财业务监督管理办法》第三十七条规定金融市场发生重大变化导致理财产品投资比例暂时超出浮动区间且可能对理财产品收益产生重大影响的，商业银行应当及时向客户进行信息披露。商业银行应当根据市场情况调整投资范围、投资资产种类或投资比例，并按照有关规定事先进行信息披露，第三十八条规定商业银行理财产品投资资产管理产品的，应充分披露底层资产的类别和投资比例等信息，并在全国银行业理财信息登记系统登记资产管理产品及其底层资产的相关信息，第四十条规定了商业银行应当向投资者及时、准确、完整地披露理财产品所投资信贷资产受（收）益权的相关情况，并及时披露对投资者权益或投资收益等产生重大影响的突发事件，第五十七条规定商业银行应当在发生可能对理财产品投资者或者理财产品收益产生重大影响的事件后2日内发布重大事项公告。此外，商业银行应当在理财产品定期报告中，向投资者披露理财产品的存续规模、收益表现，并分别列示直接投资和间接投资的资产种类、投资比例、投资组合的流动性风险分析，以及前十项资产具体名称、规模和比例等信息。

3. 金融机构就金融产品与服务售后阶段的披露义务

售后阶段的披露义务是指金融服务于业务到期终止以后，金融机构有义务对相关资料在一定期限内进行妥善保管，并根据金融消费者的要求予以披露相关产品的信息。此阶段的信息披露包括提前终止公告、产品到期公告、存续期限、终止日期、收益分配情况和费用情况等信息，也包括当产品出现问题时，金融服务与产品提供商补救措施的反馈。如《非银行支付机构网络支付业务管理办法》第二十八条规定了金融机构应当提供的查询以及差错争议和纠纷投诉处理制度。《商业银行理财业务监督管理办法》第四十七条规定了开放式理财产品认购赎回的信息披露义务，要求商业银行应当按照理财产品销售文件中约定的信息披露方式，在3个交易日内通知投资者开放式理财产品认购、赎回、设置赎回上限、延期办理巨额赎回申请、暂停接受赎回申请、收取短期赎回费等相关处理措施，第六十条规定商业银行理财产品到期公告应当披露理财产品存续期限、终止日期、收费情况和收益分配情况等信息，商业银行应当在理财产品终止后5日内披露到期公告。

4. 金融机构经营信息

一般要求披露金融机构的财务状况、风险控制状况、内部治理情况、年度重大事项或特殊突发事项等。如商业银行的信息披露主要有：根据《商业银行信息披露办法》的规定，商业银行应向社会公众披露其财务会计报告、各类风险管理状况、公司治理、年度重大事项等信息。办法虽未规定的，但若遗漏或误报某个项目或信息会改变或影响信息使用者的评估或判断时，也应将该项目视为关键性项目予以披露。商业银行应将信息披露编制成年度报告，于每个会计年度终了后的4个月内披露。因特殊原因不能按时披露的，至少提前15日向中国银行业监督管理委员会申请延迟。另外监管规则要求应确保股东及相关利益人能及时获取年度报告，商业银行应将年度报告置放在商业银行的主要营业场所，并按银监会相关规定及时登载于互联网网络，确保公众能方便地查阅；《电子银行业务管理办法》第三十九条规定在电子银行服务协议中，金融机构应向客户充分揭示利用电子银行进行交易可能面临的风险，金融机构已经采取的风险控制措施和客户应采取的风险控制措施，以及相关风险的责任承担。对保险公司的信息披露主要是：《保险公司信息披露管理办法》，该办法旨在加强保险公司对于经营信息、主要产品销售情况以及重大事项变更的信息披露。《证券公司治理准则》第七十一条规定证券公司在经营活动中应当履行法定的信息披露义务，保障客户在充分知情的基础上做出投资决策。

（三）信息披露的标准设定

对信息披露的标准包含两个方面：一是指披露信息行为的要求；二是指信息披露质量的要求。《关于加强金融消费者权益保护工作的指导意见》之三"规范金融机构行为"的第（四）点中明确要求"保障金融消费者知情权。金融机构应当以通俗易懂的语言，及时、真实、准确、全面地向金融消费者披露可能影响其决策的信息，充分提示风险，不得发布夸大产品收益、掩饰产品风险等欺诈信息，不得作虚假或引人误解的宣传"。大体而言，信息披露的标准有以下五个方面。

1. 通俗易懂标准

如《中国人民银行金融消费者权益保护实施办法》强调，金融机构进行信息披露应当使用有利于金融消费者接收、理解的方式；2017 年原中国银监会《关于切实弥补监管短板提升监管效能的通知》中再次强调，要将消费者是否能充分理解产品作为金融产品信息披露充分性的衡量标准；《证券公司治理准则》第七十一条规定，证券公司在经营活动中应当履行法定的信息披露义务，保障客户在充分知情的基础上做出决定；《证券投资基金销售管理办法》第六十三条规定，基金销售机构应当加强投资者教育，引导投资者充分认识基金产品的风险特征，保障投资者合法权益；《非银行支付机构网络支付业务管理办法》第七条规定，为客户开立支付账户时，支付机构应在服务协议中写明并以有效方式使客户知晓其支付账户中的资金不同于银行存款，服务协议应提示客户重大利害事项并内容清晰易懂。①

2. 真实准确性标准

如《关于切实弥补监管短板提升监管效能的通知》规定，金融机构应

---

① 《非银行支付机构网络支付业务管理办法》第七条规定，支付机构为客户开立支付账户的，还应在服务协议中以显著方式告知客户，并采取有效方式确认客户充分知晓并清晰理解下列内容："支付账户所记录的资金余额不同于客户本人的银行存款，不受《存款保险条例》保护，其实质为客户委托支付机构保管的、所有权归属于客户的预付价值。"支付机构应当确保协议内容清晰、易懂，并以显著方式提示客户注意与其有重大利害关系的事项。

真实准确、完整及时地披露信息，不得隐瞒风险，不得误导消费者；《证券公司治理准则》第七十一条要求证券公司向客户提供产品或者服务应当遵守法律、行政法规和中国证监会的规定，并对有关产品或者服务的内容及风险予以充分披露，不得有虚假陈述、误导及其他欺诈客户的行为；《互联网保险风险专项整治工作实施方案》整治重点和措施中提到要"重点查处和纠正以下问题：保险公司通过互联网销售保险产品，进行不实描述、片面或夸大宣传过往业绩、违规承诺收益或者承担损失等误导性描述"。《股权众筹风险专项整治工作实施方案》在第二部分"整治重点和要求"中提到要整治"通过虚构或夸大平台实力、融资项目信息和回报等方法，进行虚假宣传，误导投资者"的平台，同时清理整顿"对金融产品和业务进行虚假违法广告宣传"① 的行为。

3. 及时性标准

如《商业银行信息披露办法》规定应确保股东及相关利益人能及时获取年度报告；《商业银行理财业务监督管理办法（征求意见稿）》规定，当发生可能对理财产品客户或者理财产品收益产生重大影响的事件时，商业银行应在事件发生后 2 日内发布重大事项公告；《网络借贷信息中介机构业务活动信息披露指引》第八条要求互联网平台在每月前 5 个工作日内，向公众披露截至上一月末经网络借贷信息中介机构撮合交易的各类信息，第十条对涉及平台的重大信息要求及时披露。

4. 完整性标准

完整性标准包括两方面：一是内容上的完整性，如《商业银行信息披露办法》规定，该办法没有规定的，但若遗漏或误报某个项目或信息会改变或影响信息使用者的评估或判断时，也应将该项目视为关键性项目予以披露；《基金管理公司特定客户资产管理业务试点办法》第十七条要求"为多个客户办理特定资产管理业务的，资产管理人在签订资产管理合同前，应当保证有充足时间供资产委托人审阅合同内容，并对资产委托人资金能力、金融投资经验和投资目的进行充分了解，制作客户资料表和相关证明材料留存备查，并应指派专人就资产管理计划向资产委托人做出详细说明"等。二是时间上的完整性，即在每一阶段都要进行充分的信息披露，信息

---

① 《股权众筹风险专项整治工作实施方案》："工作要求（五）是严禁对金融产品和业务进行虚假违法广告宣传。平台及融资者发布的信息应当真实准确，不得违反相关法律法规规定，不得虚构项目误导或欺诈投资者，不得进行虚假陈述和误导性宣传。宣传内容涉及的事项需要经有权部门许可的，应当与许可的内容相符合。"

披露要贯穿整个金融产品周期，包括售前、售中和售后，同时也应包括定期披露和临时披露；又如《信托法》第三十三条规定"受托人应当每年定期将信托财产的管理运用、处分及收支情况，报告委托人"；《商业银行理财业务监督管理办法（征求意见稿）》要求，银行开展理财业务时，应当在理财产品发行阶段、理财产品存续阶段和理财计划终止阶段进行全过程信息披露。

5. 易得性标准

如《商业银行信息披露办法》要求应将年度报告置放于商业银行的主要营业场所，并按监管部门的规定及时登载于互联网网络，确保公众能方便地查阅；《网络借贷信息中介机构业务活动信息披露指引》第九条要求互联网平台应设置信息披露专栏、使用中文进行披露，在官网明显位置披露有关咨询、投诉、举报方式；《互联网保险业务监管暂行办法》第八条规定了保险机构应该在相关网站的显著位置用清晰的语言列明相关信息，并对相关信息的具体内容、要求具体突出的内容做了具体要求，第十一条规定了"第三方网络平台应在醒目位置披露合作保险机构信息及第三方网络平台备案信息，并提示保险业务由保险机构提供"；《商业银行理财业务监督管理办法（征求意见稿）》第六十四条规定"商业银行在未与投资者明确约定的情况下，在其官方网站公布理财产品相关信息，不能视为向投资者进行了信息披露"。

（四）违规信息披露的法律责任

1. 行政法律责任

目前违规披露的行政处罚，包括对违规披露机构和直接负责人的处罚，具体规定如下：

（1）对违规披露机构的处罚包括罚款、责令改正、停业整顿、吊销其金融许可证、撤销代表处等措施。

表5-1　对违规披露机构处罚的法律法规

领域	法规出处	原文内容
互联网金融业	《中国互联网金融协会信息披露自律管理规范（征求意见稿）》第二十五条	会员有下列情形之一的，应当从重惩戒：（一）有虚假或欺诈披露行为的；……

续表

领域	法规出处	原文内容
信托业	《信托公司集合资金信托计划管理办法》第五十条	信托公司不依本办法进行信息披露或者披露的信息有虚假记载、误导性陈述或者重大遗漏的,由中国银行业监督管理委员会责令改正,并处20万元以上50万元以下罚款;给受益人造成损害的,依法承担赔偿责任
	《信托投资公司信息披露管理暂行办法》第二十八条	对违反本办法规定,在信息披露中提供虚假信息或隐瞒重要事实的机构及有关责任人员,按照《中华人民共和国银行业监督管理法》《金融违法行为处罚办法》等有关法律法规的规定进行处罚,构成犯罪的,依法追究刑事责任
银行业	《中华人民共和国银行业监督管理法》第四十六条	银行业金融机构有下列情形之一,由国务院银行业监督管理机构责令改正,并处二十万元以上五十万元以下罚款;情节特别严重或者逾期不改正的,可以责令停业整顿或者吊销其经营许可证;构成犯罪的,依法追究刑事责任:……(四)未按照规定进行信息披露的
	《中华人民共和国外资银行管理条例》第六十五条	银行业金融机构有下列情形之一,由国务院银行业监督管理机构责令改正,并处二十万元以上五十万元以下罚款;情节特别严重或者逾期不改正的,可以责令停业整顿或者吊销其经营许可证;构成犯罪的,依法追究刑事责任:……(四)未按照规定进行信息披露的
	《商业银行信息披露办法》第二十二条	对在信息披露中提供虚假的或者隐瞒重要事实的财务会计报告的商业银行,由中国银行业监督管理委员会按照《中华人民共和国商业银行法》第七十五条给予行政处罚,对有关责任人按照《中华人民共和国银行业监督管理法》第四十八条采取相应措施
证券业	《证券投资基金信息披露管理办法》第三十二条	基金信息披露义务人的信息披露活动存在违反本办法的下列情形的,责令改正,处以警告,并处罚款;对直接负责的主管人员和其他直接责任人员给予警告,并处罚款,情节严重的,暂停或者取消基金从业资格:(一)信息披露文件不符合中国证监会相关基金信息披露内容与格式准则的规定;(二)信息披露文件不符合中国证监会相关编报规则的规定;(三)未按规定履行信息披露文件备案、置备义务;(四)年度报告的财务会计报告未经审计即予披露

续表

领域	法规出处	原文内容
证券业	《证券法》第一百九十三条	发行人、上市公司或者其他信息披露义务人未按照规定披露信息，或者所披露的信息有虚假记载、误导性陈述或者重大遗漏的，责令改正，给予警告，并处以三十万元以上六十万元以下的罚款。发行人、上市公司或者其他信息披露义务人未按照规定报送有关报告，或者报送的报告有虚假记载、误导性陈述或者重大遗漏的，责令改正，给予警告，并处以三十万元以上六十万元以下的罚款。第六十九条规定，发行人、上市公司公告的招股说明书、公司债券募集办法、财务会计报告、上市报告文件、年度报告、中期报告、临时报告以及其他信息披露资料，有虚假记载、误导性陈述或者重大遗漏，致使投资者在证券交易中遭受损失的，发行人、上市公司应当承担赔偿责任
总体要求	《信息披露违法行为行政责任认定规则》第五条	信息披露违法行为情节严重，涉嫌犯罪的，证监会依法移送司法机关追究刑事责任。依法给予行政处罚或者采取市场禁入措施的，按照规定记入证券期货诚信档案。依法不予处罚或者市场禁入的，可以根据情节采取相应的行政监管措施并记入证券期货诚信档案

（2）对直接负责人的处罚有警告、暂停或撤销从业资格与罚款。

表5-2　对直接负责人处罚的法律法规

领域	法规出处	原文内容
银行	《商业银行信息披露办法》第二十二条	对出具虚假审计报告的会计师事务所及有关责任人员，按照有关法律、法规采取相应措施
证券	《证券法》第一百九十三条	对直接负责的主管人员和其他直接责任人员给予警告，并处以三万元以上三十万元以下的罚款。发行人、上市公司或者其他信息披露义务人未按照规定报送有关报告，或者报送的报告有虚假记载、误导性陈述或者重大遗漏的，对直接负责的主管人员和其他直接责任人员给予警告，并处以三万元以上三十万元以下的罚款。发行人、上市公司或者其他信息披露义务人的控股股东、实际控制人指使从事前两款违法行为的，依照前两款的规定处罚

2. 刑事法律责任

《中华人民共和国刑法》第一百六十一条　违规披露、不披露重要信息罪，指依法负有信息披露义务的公司和企业，向股东和社会公众提供虚假的或者隐瞒重要事实的财务会计报告，或者对依法应当披露的其他重要信息不按照规定披露，严重损害股东或者其他人利益的行为。

3. 民事法律责任

《证券法》第六十三条　发行人、承销的证券公司公告招股说明书、公司债券募集办法、财务会计报告、上市报告文件、年度报告、中期报告、临时报告，存在虚假记载、误导性陈述或者有重大遗漏，致使投资者在证券交易中遭受损失的，发行人、承销的证券公司应当承担赔偿责任，发行人、承销的证券公司的负有责任的董事、监事、经理应当承担连带赔偿责任。

《证券法》第六十九条　发行人、上市公司的董事、监事、高级管理人员和其他直接责任人员以及保荐人、承销的证券公司，应当与发行人、上市公司承担连带赔偿责任，但是能够证明自己没有过错的除外；发行人、上市公司的控股股东、实际控制人有过错的，应当与发行人、上市公司承担连带赔偿责任。

三、当前金融信息披露现状的反思

（一）披露信息缺乏可比性

传统信息披露更强调满足消费者了解产品基本情况的需求，却忽略了不同产品之间的比较，忽视消费者进行决策的具体过程，体现在：

1. 标准不统一

一方面，同一类型金融机构间的披露标准不统一。以商业银行的产品说明书为例，各大商业银行在产品说明书中披露的内容大同小异，但因为没有统一的披露格式，产品说明书的披露形式显得比较混乱，这使客户不能准确、完整地获得信息，无法通过有效的对比做出准确的投资判断。另外，《商业银行理财产品销售管理办法》第二十七条将投资风险评级划分为五级以上，并且可以由商业银行自行划分，这就造成了实践中有的银行将风险划分为五级：低、较低、中、较高、高；而有的银行风险评级分为六级：极低、低、较低、中等、较高、高。客户可获知的信息只在同一家商业银行内具有可比性，而在整个行业中这些风险评级方式因无可比性而变得无价值。[①] 另一方面，不同金融机构也缺乏统一产品信息披露基本标准，类似金融产品的信息披露在形式与内容上均有较大差异，不利于金融消费者理性决策。[②] 例如，同样是私募基金产品的信息披露，不同的产品信息披露所受到的监管可能存在不同，这导致向相同投资者的产品信息披露内容和标准并不统一。再如上市公司非公开发行股票采取法定模式，证券公司定向发行债券采取约定模式，而银行信托类产品则采取半约定半法定模式的信息披露方式。[③] 再如披露金融产品的利率、费率，有的金融机构采取变通计算方法以隐匿高利率或高费率，有的金融机构则通过利息或分期手续费以外的其他小额费用隐匿高信贷成本，有的金融机构甚至不直接披露利率和费率，而是仅在还款计划和账单中展示总额和每期应还款，且金融机构间披露的利率、费率计量单位不统一。[④]

2. 定量化披露内容不足

目前各银行相关金融产品的风险评级说明均按照原银监会的规定采用定性方式，并未采用定量说明的方式，而且有关风险评级是按照金融机构自行的系统与方式进行评级，使投资者无法对不同发行主体的理财产品进行横向比较，难以对不同理财产品的风险产生直观认知。[⑤] 再如，我国信贷资产证券化信息披露规则主要集中于《信托法》《资产支持证券信息披露规则》与相关会计准则，其在基础资产（池）的结构、期限匹配、信用支持、清偿能力等方面尚未严格到量化基础资产风险的程度，[⑥] 所以在实践中无法向消费者披露与风险相关的具体量化信息。

（二）风险的揭示与预警不足

前文已提及银行业风险披露标准不一，风险评级定量化不足的情形。此外，在资产证券化的披露信息规则中，对基础资产担保、证券发行最低

---

① 戴昕琦. 论我国商业银行理财产品的法律监管——以信息披露制度为视角［J］. 四川行政学院学报，2017（3）.

② 戴昕琦. 论我国商业银行理财产品的法律监管——以信息披露制度为视角［J］. 四川行政学院学报，2017（3）.

③ 梁清华. 论我国私募信息披露制度的完善［J］. 中国法学，2014（5）.

④ 周颖. 消费金融产品信息披露规则之构建——以消费者知情权的实现为指引［J］. 北京行政学院学报，2018（4）.

⑤ 戴昕琦. 论我国商业银行理财产品的法律监管——以信息披露制度为视角［J］. 四川行政学院学报，2017（3）.

⑥ 张春丽. 信贷资产证券化信息披露的法律进路［J］. 法学，2015（2）.

准备金、融资主体和金融机构的清偿能力保证金、系统性清偿能力保证金、最低准备金和风险自留比例等信息的披露则基本处于空白状态，尚未形成一个以披露信用机制为主要内容和联动机制的风险敏感度为核心的风险预警系统，偏离了证券化风险定价和传导机制对信息披露量化、敏感、全面的基本要求。①

（三）信息披露民事责任制度欠缺

在现有的信息披露监管框架下，有关意在保护金融消费者的信息披露监管规则大多数是金融监管机关内部颁布的行政规章或者行政性文件，在某种意义上这些金融监管规范规定的是金融机构对监管者的行政义务，金融机构如果违反监管规范所规定的强制性信息披露义务，需要承担相应的行政责任，但却可能无法在纠纷发生时直接被法院或者仲裁机构进行援引并予以适用。因此，目前我国违反金融信息披露的法律责任体系还是以行政责任为中心，民事责任的相关规定在部分领域存在缺失。而对于如私募基金这种本质是"投资合同""协议约定"的金融产品，信息披露中的欺诈责任首先应当是民事责任，只有在市场难以解决的情况下政府才有干涉的余地，②而有关金融产品销售过程中的侵权责任（包括金融机构是否应当承担连带责任）的认定标准一直是现有司法实践的短板。

（四）执法不严，违规成本较低

虽然信息披露在立法上有较为全面的规定，但实践中执法效果并不乐观，违规违法现象仍频繁发生，金融机构误导销售、虚假说明、不说明重要事项等问题突出，备受社会公众诟病。

例如，一些银行在向客户推荐理财产品时，始终强调产品的本金相对安全以及预期收益率高，而对产品潜在的风险构成、可能引发亏损的因素却很少进行说明，甚至于通过一些"技术处理"故意误导投资者（比如把预期收益率说成是收益率等）。此外，全国股份制银行、城市商业银行、农村商业银行、农信联社、村镇银行、外资银行等应该做年报信息披露的银行类金融机构合计有 2500 多家，但每年只有 100 家左右商业银行在报纸媒体上或者自己网站上披露年报摘要，而监管法规所要求详细披露的信息则

---

① 张春丽. 信贷资产证券化信息披露的法律进路［J］. 法学，2015（2）.
② 梁清华. 论我国私募信息披露制度的完善［J］. 中国法学，2014（5）.

根本没有披露，信息披露法规形同虚设。2017 年 6 月，清大国际金融中心对资产规模排名靠前的共计 230 家城市商业银行和农村商业银行信息披露情况进行了一次专项调查，发现依法依规进行信息披露的商业银行只有 93 家，合格率仅占调查样本的 40.4%。特别是资产规模排名靠后的商业银行几乎没有依法依规做好信息披露工作。

而从保监会整理的近年保险消费者的投诉事由来看，① 营销员在销售阶段告知不充分或有歧义、夸大保险责任或收益、不及时或者不完全履行告知义务（如未如实说明保险其间、解约损失等）、隐瞒风险、虚假不实宣传现象仍然大量存在。前述问题在互联网保险领域更为突出。此外，在银保合作的理财产品中的销售误导问题也较为突出，主要形式包括：一是将保险与储蓄相类比，盲目套用银行本金，利息等概念；二是混淆银行与保险公司的责任，或者以银行信用来代替商业保险的信用等。

再如互联网非正式金融中，大部分平台资金运作模式、资产端项目等信息透明度严重不足。由于资产端是以不良率偏高的次级贷款客户为主，因此平台缺乏信息披露意愿，对于融资企业信用状况、资金流向等关键信息更多选择模糊化处理，投资者无法进行有效的投资参考。对金融消费者而言，因为信息严重不透明，所以更多地依赖保本保息承诺，更关注所谓保证金、担保、保险等"增信措施"，而对具体项目的金融风险缺乏判断。这也促使很多平台依靠虚假宣传、隐藏风险、过度的包装承诺等手法来吸引投资人。可以说，信息的严重不透明，为非法金融活动提供了温床和土壤。

通过横向比较售中、售前、售后三个阶段的信息披露情况可以发现，大多金融机构对产品的发行和销售披露比较详细，但是对产品存续期间和

---

① 根据保监会的统计显示：（1）从人身险的角度看，2017 年，中国保监会及各保监局共接收人身险销售投诉 21329 件，占人身险投诉总量的 46.00%，主要反映夸大保险责任或收益、隐瞒保险期限和不按期交费的后果、隐瞒解约损失和满期给付年限、虚假宣传等问题。（2）2017 年，中国保监会及各保监局共接收机动车辆保险投诉 42068 件，其中理赔投诉 32044 件，占财产险投诉总量的 68.56%。主要反映车险定核损和核赔阶段的责任认定争议、理赔时效慢、理赔金额无法达成一致等问题。（3）随着互联网等科技手段在保险行业深度应用，涉及互联网保险的消费投诉逐渐增多。2017 年，中国保监会及各保监局共接收互联网保险投诉 4303 件，较去年同期增长 63.05%。销售平台方面，涉及非保险公司自营互联网销售平台的投诉 3821 件，占互联网保险消费投诉的 88.80%，这里需要注意的是，在专业互联网保险公司方面，4 家专业互联网保险公司投诉 1498 件，其中，众安在线 1217 件，泰康在线 166 件，安心财险 83 件，易安财险 32 件，分别占互联网保险消费投诉的 28.28%、3.86%、1.93%、0.74%。

到期的信息却披露不充分。理财产品的收益风险和纠纷主要集中在产品的存续期间和到期兑付阶段，所以持续性披露要求强化对产品运行和到期信息的披露。此外，持续性披露还要求编制年报、季报等定期披露理财状况，但许多银行无法达到该等要求，不编制理财年报，更不用说季报和月报了。

（五）对关键信息的披露缺乏重视

在信息泛滥的时代，效率也是投资者追寻的目标之一，核心信息的披露状况是检验披露是否有效的关键。无论信息披露的原则如何确定，最终目的都是将影响消费者做出决策的最重要信息予以披露。在我国目前法律法规中，虽然立法对金融产品销售、存续、到期各阶段的披露内容规定较为全面，但并未重点关注核心信息的披露质量。如根据《商业银行理财产品销售管理办法》第 13 条规定，理财产品宣传销售文本应当全面、客观地反映理财产品的重要特性和与产品有关的重要事实，语言表述应当真实、准确和清晰。然而对于何为金融产品的重要特性和重要事实，并没有进一步明确的规定，决定权交由各金融机构自行决定。[①] 在实践中，一般认为银行理财产品的收益和投资者权益等信息属于关键信息范畴。其中与收益有关的因素包括：风险状况、资产投向、非标资产的比例、运行期间的净值状况等。但总体而言，除国有大行外，股份制商业银行和城市商业银行对与收益相关的基本核心信息披露并不充分。除此以外，因为证券市场上一些上市公司还会披露许多重复信息或通用信息来替代与公司具体情况密切相关的个性化信息，这些信息可能会使信息使用者湮没于大量冗余信息之中而不知所措，几乎成为"睁着眼睛的瞎子"。[②] 根据深圳证券交易所之前的一项问卷调查，在作为信息披露供给方的绝大多数上市公司中虽有 70%以上的公司认为现有信息披露的有效信息含量大于 70%，但却只有 8.16%的个人投资者和 36.26% 的机构投资者认同这一观点。[③] 这也侧面反映出我国信息披露制度长期以监管需求为导向，信息披露方披露的信息仍旧是以合法合规为重点，对金融消费者信息需求的认知理解不够充分，金融消费者保护在信息披露方面的理念仍根植不深，主动性和自愿性披露的激励严重不足。

① 颜苏. 银行理财产品信息披露标准化原则的立法研究 [J]. 法学杂志, 2015 (3).
② 郭建军. 注册制下上市公司信息披露制度的价值取向与实现 [J]. 河北法学, 2015 (9).
③ 赵立新. 构建投资者需求导向的信息披露体系 [J]. 中国金融, 2013 (6).

四、金融消费者保护中信息披露的制度完善

(一) 信息披露前的消费者认知测试

目前我国法律法规并未明确规定金融监管机构为实现信息披露要求的目标而须进行消费者认知测试。实践中监管机构也没有具体的要求，理论界对其关注也很少。而在大数据时代，进一步改善投资者和金融企业之间的关系、创新金融企业信息披露模式，保持和进一步发挥信息披露在金融市场发展中的重要作用显得越来越重要。

在美国，"消费者测试"的重要性越来越引起了监管部门的重视。在设计新的信息披露制度时，美联储增加了一项对消费者的测试内容。① 美联储通过消费者测试意识到，即使最充分的信息披露也不能解决所有问题。根据测试，无论进行多么明确的信息披露，某些日益复杂的产品还是无法得到消费者的充分理解或评价。因此，在金融产品推出前的此等测试将有助于了解金融消费者会如何看待金融产品信息，以及是否真正掌握了金融产品的主要特点，是否存在理解偏差？由此进行更好地改善信息披露，充分保障消费者的知情权。消费者认知测试的目的在于通过小范围的消费者测评以评估经营者提供的信息是否真实可靠？消费者在购买金融产品或接受金融服务时是否可以充分理解相关的产品信息？是否有可能会受到经营者的误导或虚假宣传？并由此在测试评估结果的基础上调整、优化相关的披露文件，进一步确保消费者在选择、购买金融产品时的知情权和选择权。这一点在信息不对称非常明显的互联网金融领域尤为关键。

(二) 加强违规披露的民事责任制度

1. 民事赔偿责任的普及

对于信息披露不实的金融机构，法律应当要求其承担相应的民事赔偿责任，赔偿数额为金融消费者的实际损失。由于金融产品种类繁多，因此金融机构的不实或误导性信息披露呈现多样性而不宜在相关立法中全部列出。有鉴于此，我国应当在立法中引入一般性反欺诈条款，要求金融机构对任何虚假的、有误导性的、遗漏的、不正当的信息披露都承担相应的民

---

① 伯南克. 金融创新和消费保护 [EB/OL]. [2018-03-15]. https://www.taodocs.com/p-40358587.html.

事责任。

2. 信用评级机构同样应承担违规披露的民事责任

由于金融消费者难以获得全面的、真实的投资信息，因此，金融消费者对信用评级机构做出的相关信用风险分析有一种天然的依赖关系。信用评级机构应充当金融产品"质检员"的角色，对金融产品的信用等级做出独立、公正、真实的评价。但是，在巨大利益的驱使下，信用评级机构很容易与金融机构勾结，而对金融消费者做出不真实的具有误导性的信用评价。因此，在信用评级机构为金融机构的虚假披露做出不实评价时，信用评级机构也应当承担相应的连带民事责任。

3. 惩罚性民事赔偿的设置

对于侵害消费者金融信息知情权的事件，若仅靠刑法和分散的法律、规章等保护已不足以遏制不法主体对消费者知情权的侵害，如虚假披露的行政处罚存在几十万元的顶格罚款，惩罚力度远远不足。有鉴于此，立法可以加大证券市场虚假披露的经济惩罚力度，而有限度地设置民事惩罚性赔偿不失为一个良好选择。我国《消费者权益保护法》第 55 条规定了消费者保护领域的惩罚性赔偿责任，但"金融消费者"是否是该法中规定的"消费者"，能否在金融经营者违法披露时以第 55 条作为请求权基础主张惩罚性赔偿，尚有疑问。目前，在国内司法实践中，已经存在金融消费者以第 55 条为依据向侵害其知情权的金融服务或产品提供商主张惩罚性赔偿的案件，侵权情形包括：银行故意隐瞒结息方式①，或银行隐瞒大量来电记录、操作记录、网银 IP 地址②，或保险合同中存在诱导投保人的表述③，或承诺高额收益的宣传④等。在这些案件中，不少法官都运用体系解释原则，确认金融消费者属于《消费者权益保护法》调整的消费者范畴，并据此认为可以适用第 55 条的三倍惩罚性赔偿的规定（如"尤全娟与新华人寿保险股份公司的人寿保险合同纠纷案"）。但因金融消费者举证金融机构行为构成欺诈实属不易，故大部分案件的裁判依然驳回了惩罚性赔偿的请求。

不过，若未来我国将"金融消费者"视为独立于现行《消费者权益保护法》中"消费者"范畴的概念，金融消费者能否向违法披露的金融经营

---

① 参见（2015）沪一中民六（商）终字第 303 号民事判决书。

② 参见（2016）粤 0303 民初 19562 号民事判决书。

③ 参见（2015）锡商终字第 01110 号民事判决书；（2016）苏民中 5562 号民事裁定书；（2016）吉民终 515 号民事判决书。

④ 参见（2017）最高法民申 1462 号民事裁定书。

者主张"惩罚性赔偿"呢？我们认为，惩罚性赔偿制度能较为充分地发挥其制度功能，满足金融消费者保护的制度需求。

惩罚性赔偿制度发源于英美法系国家，其制度功能体现为惩罚（违法者）、震慑（潜在违法者）和补偿（受害者损失）。其中震慑是主要功能，也是大陆法系国家移植该制度最重要的原因。金融消费者保护领域对惩罚性赔偿制度的需求主要体现在震慑和惩罚两个方面：由于金融产品和服务的特殊性，金融产品（或服务）提供商较一般经营者而言，对消费者的信息优势地位更加显著，也能更容易、更隐蔽地对披露信息故意隐瞒或虚构歪曲。但目前国内对于这类侵害消费者金融信息知情权案件的处理，仅依据现行的刑法、行政法及其他零散的规章，一方面对不法主体的惩罚力度远远不够（如虚假披露的行政处罚存在几十万元罚款"封顶"的现象）；另一方面也不足以遏制潜在不法主体对消费者知情权的侵害，难以发挥良好的威慑作用。有鉴于此，立法应加大对金融产品或服务提供商虚假披露欺诈行为的惩罚力度，有限度地（如在证券领域尤其涉及内幕交易）设置主要适用于经营者欺诈情形、以"震慑和惩罚"为制度功能的民事惩罚性赔偿规则不失为一个良好选择。

若重新设计金融消费领域的惩罚性赔偿规则，可适当借鉴美国和我国台湾地区的制度经验，充分考虑情节认定、惩罚倍数的确定以及是否设置惩罚金额上限等问题：

（1）惩罚性赔偿规则的适用情形。我国现行《消费者权益保护法》第55条规定了消费者保护领域惩罚性赔偿规则的两种适用情形：一是经营者提供商品或者服务有欺诈行为的；二是"经营者明知商品或者服务存在缺陷，仍然向消费者提供，造成消费者或者其他受害人死亡或者健康严重损害的"。相比之下，美国和我国台湾地区有关规定中的适用情形在主观和客观方面均更加广泛。在美国，无论是联邦还是大多数州层面，具有重大危害性的金融侵权案件（保险、合同和商业交易及消费销售、不动产、雇用）均有可能适用惩罚性赔偿规则，具体情节包括欺诈、不守信、对保险合同承保范围做出不实陈述、未能本着诚实信用原则进行及时沟通和调查等。此外，美国司法实践中还强调当事人双方之间特殊交易关系，尤其指具有不对等地位或双方之间具有特殊信任关系，如银行与客户、信托关系、消费者与经营者之间的关系等具有信义义务（fidicuary duty）关系的金融机构违反信义义务后的惩罚性赔偿义务，比如若处于优势地位或负有特定信义义务的一方恶意违约、欺诈、滥用、重大过失等，可对其苛定惩罚性赔偿，典型例子如 2001 年全国性的保险欺骗计划案，被告因虚假陈述的欺诈行为被犹他州高等法院课以承担 1.45 亿美元巨额惩罚性赔偿。① 而我国台湾地区 2015 年修订的"金融消费者保护法"则明确将"过失致损"的情形纳入惩罚性赔偿的适用范围。其第 11 条规定，"金融服务业因违反本法规定应负损害赔偿责任者，对于故意所致之损害，法院得因金融消费者之请求，依侵害情节，酌定损害额三倍以下之惩罚性赔偿；对于过失所致之损害，得酌定损害额一倍以下之惩罚性赔偿"。台湾地区立法机构对增加"过失"情节的解释是，"法院近年来解释适用本条规定，态度过于谨慎保守，以至于惩罚性赔偿金之请求不易成立，或是酌定数额普遍偏低，不足以充分制裁或发挥吓阻之功效……如企业经营者所提供之商品或服务因故意或过失致消费者有损害，而法院于裁量时将过失限缩解释为重大过失，导致消费者纵使透过司法途径，也不能获得合理之结果，乃援引民事法之责任体系，建立层级化之规则要件，将本条对于故意、过失、重大过失之规定明文化"。

有鉴于此，本报告的建议是，金融消费者保护领域惩罚性赔偿的适用情形不仅应包括"金融经营者欺诈行为"（对披露信息的故意隐瞒和虚构歪曲），还应包括金融经营者因"重大过失"（如重大的披露"乌龙"）导致金融消费者财产性损失的情形。首先，在主观要件上应包括"故意"和"重大过失"。美国和我国台湾地区均将"重大过失"纳入惩罚性赔偿适用情形的主观要件中，后者更是将"一般过失"也列入其中，理由是解决实务中"欺诈"的证明责任过高，惩罚性赔偿请求难以成立，以致制裁和震慑力度不足的问题（这一考虑在我国相关的司法实践中值得借鉴）。因此，或许可适当借鉴域外实证法，将"重大过失"也纳入惩罚性赔偿适用的主观要件中（但考虑到我国立法部门和学界对惩罚性赔偿的适用仍持相当谨慎的态度，因此立法的"步子不宜迈得过大过急"，可暂时不把"一般过失"作为惩罚性赔偿的主观要件）；其次，惩罚性赔偿的客观要件应以"以金融经营者披露行为导致金融消费者财产损失"为前提，并以"财产损失"为赔偿基数。之所以排除《消费者权益保护法》第 55 条中规定的第二种情形，是因为金融经营者提供的产品和服务存在的质量"缺陷"一般不会对个体的生命权或健康权等人身权造成严重侵害，遑论达到"致人死亡或健

① 赵红梅. 美、德新型惩罚性赔偿对我国《消法》修订的启示［J］. 法律科学（西北政法大学学报），2011（5）.

康严重受损"的程度。即使存在人身受损的情形，其与经营者行为本身也不存在法律上的因果关系，如消费者因钱财尽失而愤懑自杀。故《消费者权益保护法》第 55 条中的缺陷致损情形在金融消费者保护领域中形同"鸡肋"。

（2）惩罚性赔偿金额的认定标准。我国现行《消费者权益保护法》第 55 条规定了惩罚性赔偿的基数（"消费者购买商品的价款或者接受服务的费用"）、惩罚性赔偿的倍数（欺诈情节的为三倍，缺陷致损情形的为两倍以下）、惩罚性赔偿金额的下限（经营者欺诈情节下，"增加赔偿的金额不足五百元的，视为五百元"）。我们认为现有《消费者权益保护法》这些规定并不适用于金融消费者保护领域，理由如下：

首先，惩罚性赔偿基数的认定。惩罚性赔偿基数的认定不宜采用《消费者权益保护法》中"商品价款"或"服务费用"的表述。由于许多金融产品（或服务）并没有所谓的"价款"或者"价款"难以确定，或者服务费用极低或极高，导致"价款"或"服务费用"远远高于或低于金融消费者的实际财产损失，若以其为赔偿基准十分不合理。因此，司法实践中对于如何解释金融消费保护领域中的"价款或服务费用"存在不少困惑和难题。例如，最高人民法院在确定保险纠纷案（见石田慧案）中的惩罚性赔偿金时就采用了一种"迂回"又"别扭"的解释，即认为应将"全部保险费"定性为"价款或服务费用"，但又考虑到"若以全部保险费作为惩罚性赔偿金的基数，将覆盖自然人财务投资的风险损失，与惩罚性赔偿的制度目的不符，由此酌情对……保险费进行一定折减……"对此，本报告以为，可借鉴我国台湾地区和美国的经验，将赔偿基数确定为"损失额"。

其次，惩罚性赔偿倍数的认定。我国的《消费者权益保护法》和美国的《克莱顿法》采用的是固定金额模式（即确定的赔偿倍数），而我国台湾地区采用的是"弹性金额模式"（即规定倍数范围内可"酌情"折减金额），早期英美普通法采用无数额限制模式（没有赔偿倍数的限制）。虽然我国采纳的"固定金额模式"有计算标准明确、计算过程简单、操作方便的优点，但未免过于僵化而难以适应灵活的金融环境（典型例子见前述的石田慧案）。因此，本报告建议未来惩罚性赔偿金额的确定可采纳"弹性金额模式"，即不设置赔偿金额的下限（取消最低 500 元的限制），将赔偿金额上限设置为基准数（损失额）的三倍，并允许法官依据违法情节（如故意还是重大过失、是否涉及公共利益等）酌情折减惩罚性赔偿的金额。

此外，值得一提的是，我国台湾地区的有关规定中明确区分金融消费者保护领域与一般消费者保护领域的惩罚性赔偿的倍数：我国台湾地区于2015年1月22日修订"金融消费者保护法"，确定金融经营者"故意"违法行为的赔偿倍数为三倍，"过失"的为一倍。同年6月2日，我国台湾地区又修改了"消费者保护法"的惩罚性赔偿倍数，将一般经营者"故意"违法行为的惩罚性赔偿倍数从三倍提高至五倍，增加"重大过失"的赔偿倍数为三倍，"过失"的赔偿倍数为一倍。可见，我国台湾地区的设立相关规定者有意强调金融经营者有别于普通经营者的惩罚性赔偿责任，并且前者的赔偿倍数低于后者。未来我国若采纳弹性金额模式确定惩罚性赔偿金额，那么即使对金融经营者和一般经营者惩罚性赔偿的倍数相同（均为三倍），我们认为也无不可。

4. 对信息披露义务履行采举证责任倒置

在司法案例中，相当一部分裁判以"不构成欺诈"为理由驳回了金融消费者要求民事赔偿的主张。可见，证明金融产品或服务提供商虚假披露行为构成欺诈，对于金融消费者而言并非易事。笔者认为，应让金融机构自己举证其已经履行告知说明和信息披露等法定义务的情形。在设立举证责任倒置责任时，对于证明标准可采纳高度盖然性的标准，不需要必须达到排除合理怀疑的程度。对于证明事项，金融机构应该就并无侵权行为、主观过错，及行为和结果之间不存在因果关系承担证明责任。

5. 设计信息披露欺诈行为的"私人默示诉权"

针对目前证券法领域存在的民事赔偿诉讼前置程序，可以借鉴美国《证券法》第17章、《证券交易法》第10章的"私人默示诉权"制度，即对于信息披露的欺诈行为，受害人无须经过行政处罚或刑事责任认定等前置程序，可以直接向法院提起反欺诈赔偿之诉。这种制度设计给予了金融消费者更大选择空间，使之既可以先经过监管机构的前置程序保护其合法利益，也可以直接发挥司法程序的优势，简化案件的处理过程，缩短处理时间，降低处理成本。

（三）鼓励自愿披露和预测性披露

第一，我国应鼓励金融机构自愿为金融消费者披露法定披露内容之外的信息。实际上，我国已经进行了建立上市公司自愿信息披露制度的尝试，证监会制定的《上市公司治理准则》中规定"上市公司除按照强制性规定披露信息外，应主动、及时地披露所有可能对股东和其他利益相关者决策产生实质性影响的信息，并保证所有股东有平等的机会获得信息"。但我国上市公司自愿性披露数量少、披露质量较低、尝试进行主动性信息披露的意愿也不强烈。对此，我们认为有必要在整个证券发行乃至金融产品服务提供市场都建立自愿性信息披露制度，政府部门应当监管与引导并举，设计出规范的、详细具体的、便于执行的自愿性披露指南，并对因金融机构自愿披露信息而引起诉讼的解决方案给出相关的政策指导。另外，自律组织与中介机构对自愿披露的信息质量的监督与评价至关重要，相关监管机构必须同时重视对金融机构的行为监管，防止其与上市公司合谋坑害金融消费者。

第二，我国还应完善金融机构预测性信息的披露，并为其提供安全港规则。预测性信息是基于主观估计和评价，具有天然的不确定性并缺乏当下可证性，这意味着未来的实际状况与披露的预测状况间可能存在实际的冲突。但由于预测性信息对金融消费者的决策做出和风险提示而言是必要的，如在破解采取最低还款方式的循环信贷产品无法精确披露利息数额的困境时，预测性信息披露尤其是"最低还款额还款警示"规则无疑是低成本、低风险的良方。因此，可以通过安全港制度，对那些金融消费者投资价值判断有重大影响的信息，根据已知事实和趋势，允许信息披露义务人诚实披露合理预测结果，且只要预测性信息披露满足"善意"和"合理基础"条件，即使其披露的预测与最终事实不符，也能免于欺诈的相应处罚，以提高信息披露者的积极性。[1]

（四）建立健全金融信息披露评级机制

目前，深交所、上交所每年都会对上市公司信息披露质量及相关工作进行评级，旨在通过建立上市公司信息披露"光荣榜"和"黑名单"制度督促公司不断提高信息披露的合规性和有效性。在评价方式上，对信息披露合规性、有效性等相关的数十个指标进行量化评分，并将评价标准与证券交易所监管措施和纪律处分相挂钩，减少主观裁量空间。在评价程序上，设置了公司自评、交易所评价和公司申请异议三个阶段；在交易所评价阶段中，每家公司均须经过监管人员核实、复核把关、集中评议等多个环节，在充分考虑公司自评的基础上，逐一核实评价的合理性和准确性。[2] 但信息

---

① 梁清华. 论我国私募信息披露制度的完善 [J]. 中国法学, 2014 (5).

② 上海证券交易所. 上交所通报上市公司信披评价结果, http://www.sse.com.cn/disclosure/credibility/supervision/dynamic/c/c_20170818_4361965.shtml.

披露评级机制尚未完全覆盖所有行业金融机构，建立健全非上市公司金融机构的信息披露评级机制，应从以下四个方面采取措施：

一是监管部门应该建立适合我国金融发展的信息披露评级机制，并对考评结果进行相应的奖惩；二是重视金融消费者和社会公众的评价，定期收集社会公众对金融机构信息披露的意见；三是对等级良好的金融机构进行监管和引导，尤其要加强对考评等级为优秀的机构的褒奖；四是将金融、投资机构分析师等专业人士意见纳入考评体系，这些专业人士与广大普通投资者相比，对金融信息披露工作更有发言权，对金融机构平台的情况了解得更深入[1]。

（五）信息披露内容的改革方向

信息体量爆炸的时代对消费者的信息处理能力提出挑战，当披露信息冗杂取代曾经的贫乏，消费者如何高效率处理大量披露信息是其面临的首要问题之一，这一问题在部分金融消费领域尤其突出。提升金融消费者处理信息的效率，可以体现在两个方面，一是让金融消费者更容易地理解披露信息的内容，二是让金融消费者更快速地筛选出关键有用的信息。从这两点入手，有必要对信息披露内容进行简明化、通俗化、形象化、标准化等方面的改革。

1. 信息披露内容简明化、通俗化改革

只有公众能理解被披露的信息，或可以以信息为依据自由选择，或者相信信息与选择之间具有实质的关联性时，披露才可能起作用。因此，信息披露改革应坚持简明原则。虽然在现有的监管实践中已经意识到金融产品信息披露简明化、通俗化的意义，但简明原则仅在某些最新的、层级比较低的规范性文件中予以规定，还未在《证券法》《商业银行法》《保险法》等法律中加以规定。有关部门的规范性文件的要求较为原则，辅助性措施不足。展望未来，我国信息披露的简明化改革的空间巨大。[2]

简明化原则应包括披露文本的简明化和披露语言的简明化。简化信息披露文本是指在不减少有用信息含量的基础上，缩减说明书、定期报告等信息披露文本中细枝末节的信息记载，或简化各项指标，以提高金融消费

---

① 熊进光，邱灵敏. 互联网金融信息披露监管制度的构建 [J]. 甘肃社会科学，2018 (2).
② 邢会强. 金融法上信息披露制度的缺陷及其改革——行为经济学视角的反思 [J]. 证券市场导报，2018 (3).

者阅读的有效性并降低信息披露成本。在具体方式上可以通过建立索引、附注（比如将机构基本情况简介从正文中删除，仅以附件或附注方式披露）的方式进行相互引证；简化财务指标、财务述评；删减重复的介绍性信息（比如信息披露的报纸名称及网址）等方式进行。但值得注意的是，信息披露的简明化不能简化对投资决策确实有用的重要信息，相反对此类信息要增加或鼓励公司的自愿披露意愿。

语言简明化是指信息披露文件中应尽量使用清晰、简单、易懂的语言，避免不必要的专业术语或冗长表述。具体来说，包含三个要求：其一，尽量使用简单语句，包括简单句型和简短句式，避免复杂长句；其二，使用日常用语，避免使用高难度的专业术语或对其进行繁杂的解释说明；其三，使用简洁的结构、图形，避免文件冗长拖沓，并适当限制披露文件的篇幅。①

2. 对篇幅较长的信息文本配以"内容摘要"

对于篇幅较长的信息披露文本，金融消费者往往难以卒读。对此，可以借鉴学术论文采用摘要的方式提示投资者信息披露文件中最为关键的内容，要求篇幅较长的信息披露文本前面配以简短的"内容摘要"。比如，在美国，由于保单的条款和条件事项长而详细，法规经常要求保险公司向投保人提供一份"保单摘要"，仅需用一两页纸列明该保单可以提供的主要保障和适用的最低损失率。

一般而言，提高报告摘要有效性的基本思路是：删减对投资者决策并不特别重要且理解难度较大的内容，与此同时，突出更多对投资者决策有用的重点信息。据此，针对我国目前金融机构信息披露报告摘要所存在的问题，建议未来在披露摘要中进一步简化会计报表及其附注，因为这部分内容对公众投资者来说理解难度较大；其次是一些在短期内没有发生重大变化，且重要性略低的内容可以删减或做总结性陈述。比如，关于管理层的个人情况、监事会报告等。②

3. 提倡信息披露内容的图表化、示例化与形象化

对于由乐观偏见或短视导致的未来小概率风险的忽略，通过提供生动形象的信息以增强信息的易得性，从而确保投资者准确认知风险概率可以在一定程度上抵消因乐观偏见所造成的重点信息关注度不足。这与道路交

---

① 郭建军. 注册制下上市公司信息披露制度的价值取向与实现 [J]. 河北法学，2015（9）.
② 郭建军. 注册制下上市公司信息披露制度的价值取向与实现 [J]. 河北法学，2015（9）.

通警告标示、烟草产品等采用图片作为警示信息的道理是相同的。因此，应该通过提倡信息披露内容的图表化、示例化与形象化来进行信息降维，使之能够轻松进入金融消费者的认知结构。比如，可以借鉴美国证监会于1998 年所制定的"简明英语规则"，要求尽可能给复杂内容附上图表，也可以像中国银监会发布的《商业银行个人理财业务风险管理指引》第 25 条那样规定：商业银行在向客户说明有关投资风险时应使用通俗易懂的语言，并配以必要的示例。

4. 信息披露的标准化和关键信息的规范化

为促进金融产品信息披露规则的改进，许多国际组织和国家已提出信息披露的标准化原则。通过对不同国家和国际组织经验的考察，可总结出两条有益的经验：一是信息披露的标准化；二是关键信息披露及其内容的标准化，以实现各披露信息间可比性的目的。首先，应促进信息披露标准化。在确保真实、有效、全面的基础上，遵循标准化原则，围绕关键信息，统一格式和范围，促进不同金融产品之间的比较。在规则设计的过程中可以考虑将产品信息披露划分为两个部分，一是关键信息；二是基本信息。标准化不是全部信息的标准化，各金融产品之间的竞争必然是各有特色，否则同质化的竞争就只会导致价格层面的竞争，从而不利于金融产品或者金融市场的整体发展。但是要让各个金融产品之间能够进行比较，必须要有比较的基础，因此就需要为金融消费者提供一个可将需要比较的信息限定在一定的范围以方便比较的制度设计，相同（似）类型的金融产品可比较的内容应进行相对的统一化、格式化和简要化，以便金融消费者进行逐一比较；其次，规范关键信息披露。前述提及，要将标准化固定在一个可实行的范围中，由此产生关键信息披露的必要性，监管规则应该将金融产品需要披露的关键信息予以明确，确定必须进行披露的内容，为同类金融产品设置最低的关键信息披露标准，明确关键信息的披露范围，同时规范关键信息披露的标准格式。①

---

① 颜苏. 银行理财产品信息披露标准化原则的立法研究［J］. 法学杂志，2015（3）.

第六部分 金融机构客户账户管理制度

一、金融消费者保护中客户账户管理的制度价值

客户资金与信息安全是金融消费者保护的应有之意。金融消费者保护制度建立的初衷是为了防范和化解消费者可能面临的不稳定因素、维护消费者的合法权益，其最终目的的实现有赖于账户资金和信息的安全稳定。客户账户维护管理一方面以实现金融消费者的资金与信息安全为目的，另一方面为金融机构乃至整个金融业态的良好运行环境做出贡献。

第一，客户账户管理是维护金融消费者资金和信息安全的基础。客户账户是金融消费者实施金融交易的基础，包括但不限于客户交易资金与保证金、各金融机构备付金、客户隐私信息等内容。良好的金融消费者账户保护制度和体系的建立，能够有效保证金融消费者在金融交易过程中只需基于交易事实及自身状况做出是否交易及如何交易的价值判断，而无须以账户资金的安全性作为影响判断的考量因素。各类金融交易的资金流动多向复杂，一项交易活动的完成往往需要多类金融机构的介入，在由于意外风险导致账户资金无端损失的情况下，透明完备的账户维护管理机制使资金流向明确清晰，金融机构的责任追溯将不再"无迹可寻"。同时，基于对账户的所有权，金融消费者在资金安全得到有效保障的同时，还享有就账户相关信息的知情权、监督权，这是金融消费者所享有权利在账户保护范围内的有力体现，合理的账户信息披露制度，会对金融消费者的下一步动向提供有益导向。

第二，客户账户管理是保证金融机构稳健运行的良好前提。金融机构内部对客户账户实行严格的管理制度，从而达到自我管理和对外信用的双重强化。良好的账户保护制度环境，有助于各类金融机构降低账户管理的成本，提高金融交易的效率，实现效益最大化。账户维护管理作为金融机构的内部控制制度之一，往往能够起到风险管理的作用，有效防范金融机构与客户之间、客户相互之间的利益冲突，比如账户的分类管理，就是以

最大限度地减少金融交易过程中内生风险的产生可能性为设计依据的。账户安全是金融消费者在做出交易或投资决定时的基本考虑因素之一，因此，具有更为健全完备的账户管理系统的金融机构更易获得金融消费者的青睐。各同业金融机构间以账户的安全稳定作为追逐金融消费者的竞争力，推动整个金融市场更为安全稳健的运行。

二、我国当前金融机构客户账户管理的主要规定

表 6-1　与客户账户管理和维护有关的法律法规

业态	文件名	部门	时间	相关内容
银行业	《中华人民共和国商业银行法》	全国人大常委会	2015 年 8 月	企业事业单位可以自主选择一家商业银行的营业场所开立一个办理日常转账结算和现金收付的基本账户，不得开立两个以上基本账户。任何单位和个人不得将单位的资金以个人名义开立账户存储
	《个人存款账户实名制规定》	国务院	2000 年 3 月	金融机构及其工作人员负有为个人存款账户的情况保守秘密的责任
	《人民币银行结算账户管理办法》	中国人民银行	2003 年 4 月	银行业金融机构为开户申请人开立个人银行账户时，应核验其身份信息，对开户申请人提供身份证件的有效性、开户申请人与身份证件的一致性和开户申请人开户意愿进行核实，不得为身份不明的开户申请人开立银行账户并提供服务，不得开立匿名或假名银行账户
	《关于银行业金融机构做好银行业金融消费者隐私权保护工作的通知》	中国人民银行	2011 年 1 月	银行业金融机构应当严格遵守法律规定，在收集、保存、使用以及向外提供银行业金融消费者隐私信息的过程中，采取有效措施，加强对银行业金融消费者隐私权的保护工作，以确保信息安全，防止信息泄露和滥用等问题发生
	《关于改进个人银行账户服务加强账户管理的通知》	中国人民银行	2015 年 12 月	一、落实个人银行账户实名制；二、建立银行账户分类管理机制；三、规范个人银行账户代理事宜；四、强化银行内部管理；五、进一步改进银行账户服务

续表

业态	文件名	部门	时间	相关内容
银行业	《关于加强支付结算管理防范电信网络新型违法犯罪有关事项的通知》	中国人民银行	2016年9月	加强账户实名制管理：（一）全面推进个人账户分类管理。（二）暂停涉案账户开户人名下所有账户的业务。（三）建立对买卖银行账户和支付账户、冒名开户的惩戒机制。（四）加强对冒名开户的惩戒力度。银行在办理开户业务时，发现个人冒用他人身份开立账户的，应当及时向公安机关报案并将被冒用的身份证件移交公安机关。（五）建立单位开户审慎核实机制
	《关于落实个人银行账户分类管理制度的通知》	中国人民银行	2016年11月	一、关于Ⅱ、Ⅲ类个人银行账户的开立、变更和撤销；二、建立健全绑定账户信息验证机制
	《关于银行业消费者权益保护工作指引的通知》	银监会	2013年8月	银行业金融机构应采取积极有效措施，努力加强对银行业金融消费者隐私权的保护工作，杜绝篡改、违法使用银行业金融消费者隐私权的不良行为，若未经银行业消费者授权或同意，不得向第三方提供个人金融信息，银行业金融机构应在尊重银行业金融消费者隐私权的过程中起到率先垂范的作用
证券业	《中华人民共和国证券法》	全国人大常委会	2014年8月	禁止法人非法利用他人账户从事证券交易；禁止法人出借自己或者他人的证券账户。 证券交易所根据需要，可以对出现重大异常交易情况的证券账户限制交易，并报国务院证券监督管理机构备案。 投资者委托证券公司进行证券交易，应当申请开立证券账户。证券登记结算机构应当按照规定以投资者本人的名义为投资者开立证券账户。 投资者申请开立账户，必须持有证明中国公民身份或者中国法人资格的合法证件。国家另有规定的除外

续表

业态	文件名	部门	时间	相关内容
证券业	《中华人民共和国证券投资基金法》	全国人大常委会	2015 年 4 月	基金托管人应当履行下列职责：（一）按照规定开设基金财产的资金账户和证券账户；（二）对所托管的不同基金财产分别设置账户，确保基金财产的完整与独立
	《证券公司监督管理条例》	国务院	2014 年 7 月	证券公司从事证券经纪业务，其客户的交易结算资金应当存放在指定商业银行，以每个客户的名义单独立户管理。指定商业银行应当与证券公司及其客户签订客户的交易结算资金存管合同，约定客户的交易结算资金存取、划转、查询等事项，并按照证券交易净额结算、货银对付的要求，为证券公司开立客户的交易结算资金汇总账户
	《证券公司代销金融产品管理规定》	证监会	2012 年 11 月	金融产品存续期间，客户要求了解金融产品相关信息的，证券公司应当向客户告知委托人提供的金融产品相关信息，或者协助客户向委托人查询相关信息
信托业	《关于信托投资公司人民币银行结算账户开立和使用有关事项的通知》	中国人民银行	2003 年 11 月	信托投资公司对受托的信托财产，应在商业银行设置专用存款账户（以下简称信托财产专户）。委托人约定信托投资公司单独管理、运用和处分信托财产时，信托投资公司应在商业银行按一个信托文件设置一个账户的原则为该项信托财产开立信托财产专户；委托人约定信托投资公司可以按某一特定计划管理、运用和处分信托财产时，信托投资公司应在商业银行按一个计划设置一个账户的原则为该项计划开立信托财产专户。 关于信托财产专户的变更和撤销：（一）单个信托或信托计划受托人发生变更的，应及时办理信托财产专户信息变更，除《人民币银行结算账户管理办法》中要求提供的证明文件外，还应提供信托关系变更文件。（二）单

业态	文件名	部门	时间	相关内容
信托业	《关于信托投资公司人民币银行结算账户开立和使用有关事项的通知》	中国人民银行	2003 年 11 月	个信托或信托计划届满后，受托人应及时清理信托财产专户。账户仍有余额的，受托人应按信托合同的约定处理，并及时撤销账户。（三）单个信托或信托计划因故未设立的，信托投资公司应及时清理该信托财产专户，并将信托财产专户中的资金余额返回原委托人
	《关于信托投资公司开设信托专用证券账户和信托专用资金账户有关问题的通知》	银监会、证监会	2004 年 9 月	中国证券登记结算公司和证券公司受理开立有关专用账户后，应遵照《中华人民共和国信托法》《中华人民共和国证券法》等法律、法规的规定，为信托当事人保密，并配合信托投资公司接受委托人和受益人对其信托资金的检查、查询，配合监管部门对专用账户的检查、查询
	《关于规范信托投资公司证券业务经营与管理有关问题的通知》	银监会	2004 年 11 月	信托投资公司应当将开立专户的情况及时向委托人、受益人进行披露，并将开立信托专用证券账户和信托专用资金账户的情况向直接监管的银行业监督管理部门报告。对原证券业务逾期未开立专户的，应当报告未开立的原因和事由
	《信托公司受托境外理财业务管理暂行办法》	银监会、国家外汇管理局	2007 年 3 月	信托公司接受委托人资金的，应核实委托人确实具备相应的投资资格，且其投资活动符合中国及投资所在地国家或地区的法律规定。严禁信托公司向境内机构出租、出借或变相出租、出借其境外可利用的投资账户
	《信托登记管理办法》	银监会	2017 年 8 月	规定信托受益权账户由信托登记公司集中管理；规定委托人或者受益人可以委托信托公司等金融机构代办信托受益权账户开立业务。信托公司可以代办信托受益权账户开立业务；其他金融机构代办信托受益权账户开立业务的，由信托登记公司依据申请评估确定

续表

业态	文件名	部门	时间	相关内容
信托业	《信托登记管理细则》	中国信托登记有限责任公司	2018 年 8 月	信托机构应当建立信托登记员制度，指派专人负责办理信托登记业务并明确相关内部管理要求。 信托登记公司为每家信托机构开立信托登记系统专用账户。信托机构应当妥善管理信托登记系统专用账户并自行承担因账户管理不善而导致的后果
保险业	《关于存款保险制度实施有关事项的通知》	中国人民银行	2015 年 5 月	做好组织、宣传等存款保险制度实施配套工作；完善存款保险账户管理和信息系统。 各吸收存款的银行业金融机构应当完善存款人资料和存款账户资料，加强灾备建设，确保相关资料完整、真实、准确。根据《条例》关于"同一存款人在同一家投保机构所有被保险存款账户的存款本金和利息合并计算"的规定，各吸收存款的银行业金融机构应当尽快建立同一存款人信息系统，实现同一存款人账户实时合并计算的功能
	《非银行支付机构网络支付业务管理办法》	中国人民银行	2015 年 12 月	支付机构为客户开立支付账户的，还应在服务协议中以显著方式告知客户，并采取有效方式确认客户充分知晓并清晰理解下列内容…… 支付机构应当公平展示客户可选用的各种资金收付方式，不得以任何形式诱导、强迫客户开立支付账户或者通过支付账户办理资金收付，不得附加不合理条件
	《保险公司资金运用信息披露准则第 4 号：大额未上市股权和大额不动产投资》	银监会	2016 年 5 月	保险公司实际出资 10 个工作日内，还应继续披露投资资金来源（自有资金、保险责任准备金、其他资金）。资金来源于保险责任准备金的，应当按照保险账户和产品，分别说明截至上季度末，该账户和产品出资金额、可运用资金余额；资金来源于外部融资或其他资金的，说明资金来源和金额

续表

业态	文件名	部门	时间	相关内容
互联网金融	《支付机构客户备付金存管办法》	中国人民银行	2013 年 6 月	客户备付金只能用于办理客户委托的支付业务和本办法规定的情形。任何单位和个人不得擅自挪用、占用、借用客户备付金，不得擅自以客户备付金为他人提供担保。支付机构的备付金专用存款账户应当与自有资金账户分户管理，不得办理现金支取。风险准备金按照所有备付金银行账户利息总额的一定比例计提
	《互联网金融风险专项整治工作实施方案的通知》	国务院办公厅	2016 年 4 月	非银行支付机构不得挪用、占用客户备付金，客户备付金账户应开立在人民银行或符合要求的商业银行。人民银行或商业银行不向非银行支付机构备付金账户计付利息
	《关于实施支付机构客户备付金集中存管有关事项的通知》	中国人民银行	2017 年 1 月	自 2017 年 4 月 17 日起，支付机构应将客户备付金按照一定比例交存至指定机构专用存款账户，该账户资金暂不计付利息

三、我国金融机构客户账户管理的主要措施

(一) 银行客户账户管理的主要措施

2015 年以来，中国人民银行顺应银行账户业务创新发展需求，启动个人银行账户制度改革，以落实银行账户实名制和保护存款人合法权益为核心，兼顾安全和效率，按照鼓励创新与防范风险相协调的管理思路，构建全新的个人银行账户体系，建立并全面推行个人银行账户分类管理制度，以实现建立银行账户资金和信息保护机制的目标。

1. 银行账户实名制

银行账户实名制是重要的、基础性的金融制度，是金融账户实名制和经济活动的基础，是建设惩防体系、打击违法犯罪活动、维护经济金融秩序的重要保障。2000 年 3 月，国务院发布《个人存款账户实名制规定》，确立个人银行账户实名制度。《关于改进个人银行账户服务加强账户管理的通知》要求银行业金融机构为开户申请人开立个人银行账户时，应核验其身

份信息，对开户申请人提供身份证件的有效性、开户申请人与身份证件的一致性和开户申请人开户意愿进行核实，不得为身份不明的开户申请人开立银行账户并提供服务，不得开立匿名或假名银行账户。并具体就审核身份证件、核验身份信息、留存身份信息、建立健全个人银行账户数据库、停用或注销银行账户等环节做出具体规定。

2. 银行账号分类管理

自2016年12月1日起，银行为个人开立银行结算账户的，同一个人在同一家银行（以法人为单位，下同）只能开立一个Ⅰ类户，已开立Ⅰ类户，再新开户的，应当开立Ⅱ类户或Ⅲ类户。个人客户在同一家银行开立多个Ⅰ类户的，银行应核实其合理性，要求存款人做出说明，如无法核实合理性的，银行应引导存款人撤销、归并或降低账户。

3. 个人银行账户代理

办理其他个人银行账户业务，原则上应当由开户申请人本人亲自办理；符合条件的，可以由他人代理办理。银行可根据自身风险管理水平、存款人身份信息核验方式及风险等级，审慎确定代理开立的个人银行账户功能。

4. 其他银行内部管理

第一，银行应针对不同的业务处理渠道制定业务操作规程和管理制度，细化个人银行账户开立处理流程；加强对临柜人员、自助机具客服人员的培训和指导，要求客服人员通过询问开户申请人个人基本信息等方式，严格核验开户申请人身份信息，保障开户申请人与身份证件的一致性，重点防范不法分子冒用他人身份信息开立假名银行账户；第二，银行应根据存款人风险等级、支付指令验证方式等因素，对存款人办理的非柜面业务进行限额管理；第三，银行应根据自身风险管理能力和内控水平，合理确定存款人开立的个人银行账户数量，避免无序竞争和盲目开户，不得单纯以开户数量作为内部考核指标；建立健全投诉评估机制，防止因片面降低客户投诉率而放松业务审核，切实保障银行账户实名制贯彻落实；第四，在客户账户管理过程中存在的问题也不容忽视。如客户办理异地销卡销户难；存量账户清理难度大；社会保障卡等特殊卡种暂未纳入分类管理，不利于其特殊作用的发挥；部分金融机构无意识地侵犯消费者利益等。

（二）证券客户账户管理的主要措施

1. 证券服务提供者报告账户资产状况的义务

《证券公司客户资产管理业务管理办法》第四十条要求，证券公司应当至少每季度向客户提供一次准确、完整的资产管理报告，对报告期内客户资产的配置状况、价值变动等情况做出详细说明。证券公司应当保证客户能够按照资产管理合同约定的时间和方式查询客户资产配置状况等信息。发生资产管理合同约定的、可能影响客户利益的重大事项时，证券公司应当及时告知客户。《私募投资基金监督管理暂行办法》第二十四条、《证券公司代销金融产品管理规定》第十五条、《基金管理公司特定多个客户资产管理合同内容与格式准则》第三十八条等，均对此做出了明确规定。

2. 证券服务提供者通知和说明的义务

《证券投资基金信息披露管理办法》第二十三条要求基金发生重大事件，有关信息披露义务人应当在两日内编制临时报告书，予以公告，并在公开披露日分别报中国证监会和基金管理人主要办公场所所在地中国证监会派出机构备案；《期货公司资产管理业务试点办法》第二十四条要求期货公司从事资产管理业务，发生变更投资经理等可能影响客户权益的重大事项时，期货公司应当按照合同约定的方式和时间及时告知客户，客户有权提前终止资产管理委托。除此以外，有关证券服务商提供账户信息的相关规定还可见于《证券公司客户资产管理业务管理办法》第十九条、《证券投资基金销售管理办法》第四十七条、《证券投资基金信息披露内容与格式准则第6号（基金合同的内容与格式）》第十四节以及《基金管理公司特定多个客户资产管理合同内容与格式准则》第四十一条等。

3. 证券服务提供者更新记录的义务

及时披露客户账户内信息是保障证券业金融消费者知情权的重要途径。《证券公司监督管理条例》第三十一条规定，证券公司从事证券资产管理业务、融资融券业务，应当按照规定编制对账单，按月寄送客户。证券公司与客户对对账单送交时间或者方式另有约定的，从其约定；第三十二条规定证券公司应当建立信息查询制度，保证客户在证券公司营业时间内能够随时查询其委托记录、交易记录、证券和资金余额，以及证券公司业务经办人员和证券经纪人的姓名、执业证书、证券经纪人证书编号等信息。《证券公司客户资产管理业务管理办法》第四十条规定，证券公司应当至少每季度向客户提供一次准确、完整的资产管理报告，对报告期内客户资产的配置状况、价值变动等情况做出详细说明。证券公司应当保证客户能够按照资产管理合同约定的时间和方式查询客户资产配置状况等信息。发生资产管理合同约定的、可能影响客户利益的重大事项时，证券公司应当及时告知客户。此外，《期货公司资产管理业务试点办法》第二十一条、《证券投资基金信息披露管理办法》第十七条及第三十一条、《基金管理公司特定多个客户资产管理合同内容与格式准则》第三十八条、《证券投资基金信息披露内容与格式准则第 6 号（基金合同的内容与格式）》第二十三条以及《关于加强证券经纪业务管理的规定》第三条第（三）款均对客户至少在营业时间内能够查询其委托、交易记录、证券和资金余额等信息提出了要求。

（三）信托业客户账户管理的主要措施

1. 信托财产专户的开立和变更

信托客户账户管理同样以账户的单独立户作为交易前提，以防范可能发生的系统风险所引发的金融交易威胁。2003 年 11 月，中国人民银行发布的《关于信托投资公司人民币银行结算账户开立和使用有关事项的通知》中明确指出，信托公司对受托的信托财产，应在商业银行设置专用存款账户（以下简称信托财产专户）。委托人约定信托公司单独管理、运用和处分信托财产时，信托公司应在商业银行按一个信托文件设置一个账户的原则为该项信托财产开立信托财产专户；委托人约定信托公司可以按某一特定计划管理、运用和处分信托财产时，信托公司应在商业银行按一个计划设置一个账户的原则为该项计划开立信托财产专户。对于在客户账户设立后的运作，第四条做出了相应规定"关于信托财产专户的变更和撤销：（一）单个信托或信托计划受托人发生变更的，应及时办理信托财产专户信息变更，除《人民币银行结算账户管理办法》中要求提供的证明文件外，还应提供信托关系变更文件。（二）单个信托或信托计划届满后，受托人应及时清理信托财产专户。账户仍有余额的，受托人应按信托合同的约定处理，并及时撤销账户。（三）单个信托或信托计划因故未设立的，信托公司应及时清理该信托财产专户，并将信托财产专户中的资金余额返回原委托人。"

2. 账户的信息披露

基于信托财产独立性的要求，我国法律法规对于信托公司设立账户和撤销账户都有明确的规定。在管理账户的过程中，信托公司应当及时将有关情况向客户披露，或者接受委托人、受益人的检查、查询。银监会 2004 年发布的《关于规范信托投资公司证券业务经营与管理有关问题的通知》规定，信托公司应当将开立专户的情况及时向委托人、受益人进行披露，并将开立信托专用证券账户和信托专用资金账户的情况向直接监管的银行业监督管理部门报告。对原证券业务逾期未开立专户的，应当报告未开立的原因和事由。中国银监会、中国证监会于同年发布的《关于信托投资公司开设信托专用证券账户和信托专用资金账户有关问题的通知》中对中国证券登记结算公司和证券公司受理开立有关专用账户后的信息披露义务提出了要求，要求其遵照《中华人民共和国信托法》《中华人民共和国证券法》等法律、法规的规定，为信托当事人保密，并配合信托公司接受委托人和受益人对其信托资金的检查、查询，配合监管部门对专用账户的检查、查询。

3. 其他相关措施

2017年8月中国银监会下发《信托登记管理办法》，不仅奠定了我国信托登记的制度基础，同时明确了信托机构的信托产品及其受益权信息登记，专设一章对信托受益权账户的设立和管理等事项提出了明确要求，就信托受益权账户的开立、运作、信息披露和注销等操作提供了规范指引。《信托登记管理办法》特别强调了信托受益权账户的开立及委托代办的开立流程，该办法第二十四条规定信托受益权账户由信托登记公司集中管理；第二十五条规定委托人或者受益人可以委托信托公司等金融机构代办信托受益权账户开立业务。信托公司可以代办信托受益权账户开立业务；其他金融机构代办信托受益权账户开立业务的，由信托登记公司依申请评估确定。

2018年8月中国信托登记有限责任公司下发《信托登记管理细则》，除了信托账户的登记内容及内涵信息有所指示之外，相较于以往的规范性法律文件，进一步明确了信托机构应当建立信托登记员制度，规定指派专人负责办理包括信托账户等项在内的信托登记业务并明确相关内部管理要求。

除了对客户境内信息安全的保障，境外的账户资金安全也有相关规定。如《信托公司受托境外理财业务管理暂行办法》第十二条对境外账户做出了资格限制，规定信托公司接受委托人资金的，应核实委托人确实具备相应的投资资格，且其投资活动符合中国及投资所在地国家或地区的法律规定。严禁信托公司向境内机构出租、出借或变相出租、出借其境外可利用的投资账户。并设第五章专章规定账户及资金管理。

（四）保险业客户账户管理的主要措施

1. 客户需知晓的账户实时信息

中国保监会于2009年下发了《人身保险新型产品信息披露管理办法》规定，新型的产品包括投资连结保险、万能保险、分红保险以及中国保监会认定的其他产品，缔约之后保险公司每年应至少向投保人提供一份保单状态报告，系统地向客户提交其账户在特定时期内完成的主要财务交易的记录等信息。如果因为保险标的风险程度变化而导致合同费率或者其他条款的变化，需要合同双方当事人进行协商变更合同，保险人应通知投保人订立书面变更的协议。对于相关新型人身产品或服务的费用、收费、最低利率以及一些万能险演示利率和分红的不确定性、解约损失等通常是在订立合同时由保险销售人员进行提示和说明；投资账户的具体利率变化多是采用在官网、公众号等发布消息等方式进行公告。

2. 客户可自主查询的账户信息

中国保监会要求相关保险机构完善财产保险承保理赔信息客户自主查询制度，扩大查询范围。在实践中，投保人可以在保险人的官方网站注册，注册后即可查看自己保单相关信息。

根据《金融机构客户身份识别和客户身份资料及交易记录保存管理办法》第十九条的规定，在与客户的业务关系存续期间，金融机构应当采取持续的客户身份识别措施，关注客户及其日常经营活动、金融交易情况，及时提示客户更新资料信息。客户先前提交的身份证件或者身份证明文件已过有效期的，客户没有在合理期限内更新且没有提出合理理由的，金融机构应中止为客户办理业务。因此，该管理办法对保险服务提供者及时更新客户相关信息进行了规定。

（五）互联网金融业客户账户管理的主要措施

1. 备付金账户的开立与缴存

《支付机构客户备付金存管办法》中专门就支付机构的备付金监管进行规定，要求任何单位和个人不得擅自挪用、占用、借用客户备付金，不得擅自以客户备付金为他人提供担保。支付机构的备付金专用存款账户应当与自有资金账户分户管理，不得办理现金支取。此外，还要求备付金集中存管。

2. 客户账户记录的保存与提供

对于互联网金融服务提供商保存客户记录的规定，最早可追溯至2006年1月由中国银监会发布的《电子银行业务管理办法》。该办法第10条第5项规定外资金融机构的电子银行业务运营系统和业务处理服务器设置在境外时，应在境内设置可以记录和保存业务交易数据的设备。同年颁布的《反洗钱法》第32条第2项规定了金融机构违反保存义务的责任。《金融机构反洗钱规定》第10条规定金融机构应妥善保存客户身份资料和能够反映每笔交易的相关资料。《金融机构客户身份识别和客户身份资料及交易记录保存管理办法》第 3 章专章规定了客户身份资料与交易记录保存要求，第 27 条至第 30 条分别规定了金融机构的保存义务及其具体范围，进行保存、保存期限以及保存机构破产或解散时记录的处理，第 31 条规定了金融机构违反办法的法律责任。2011 年商务部发布的《第三方电子商务交易平台服务规范》第 5.5 条也规定了平台经营者对交易记录的保存义务及保存时间，采用第三方平台方式出售金融产品或者金融服务提供商也应遵守该规范。

与此同时，在 2013—2017 年，相关监管机构还相继颁布了《非银行支付机构管理办法》《网络借贷信息中介机构业务活动管理暂行办法》《互联网金融信息披露个体网络借贷》《慈善组织互联网公开募捐信息平台基本技术规范》《网络借贷资金存管业务指引》《互联网保险业务监管暂行办法》和《网络交易管理办法》等。这些规范均有相应条文明确要求互联网金融服务商需妥善保管客户交易记录，但其中仅有《银行卡收单业务管理办法》第 15 条及《条码支付业务规范（试行）》第 27 条明确规定了互联网金融服务提供商应对交易信息进行及时更新。

除保存信息以外，《第三方电子商务交易平台服务规范》第 5.5 条也规定了经营者有权自主查询自己的交易信息，并鼓励通过独立的数据服务机构对其信息提供对外查询服务；《征信业管理条例》第 17 条、第 18 条允许个人可以在征信机构查询有关自己的征信信息，并可在他人同意的前提下查询他人信息及其要求。此外，各互联网金融服务提供平台通常也会在服务协议中就客户记录的保存及访问方式做出进一步约定。

四、我国金融机构客户账户管理规则的比较

（一）客户账户管理的共性特征

1. 开立账户中的"实名制"要求

账户实名制作为基础性的金融制度安排，既是保护金融消费者资金安全、防范利用各类金融账户从事犯罪活动的基础，也是各金融行业完善内控管理、防范经营风险的必然要求。

在银行业，2000 年 3 月，国务院发布《个人存款账户实名制规定》，个人银行账户实名制度正式确立。银行存取款账户的实名制能够在存款账户与存款人之间建立有效的对应联系。实行存款实名制有利于保障存款人的资金安全，能够为客户提供更为便捷的服务，并在此基础上，对想要匿名

隐藏不义之财的不法分子设置了障碍。

在证券业，除法律法规另有规定外，证券登记结算机构应当按照规定以投资者本人的名义为投资者开立证券账户。投资者申请开立账户，必须持有证明中国公民身份或者中国法人资格的合法证件。为落实《证券法》规定的证券账户实名制要求，《证券登记结算管理办法》（中国证券监督管理委员会令第 29 号）在第三章"证券账户的管理"中进一步做出规定和要求，明确了证券账户的性质、功能、名义持有人证券账户、证券登记结算机构的职责、代理开户、实名制、账户的开立和使用、对开户代理机构的监管等相关内容。

在信托业，根据中国银监会于 2017 年 8 月印发的《信托登记管理办法》第九条规定，信托登记信息包括信托产品名称、信托类别、信托目的、信托期限、信托当事人、信托财产、信托利益分配等信托产品及其受益权信息和变动情况。虽未明确信托财产所设账户的实名制属性，却将信托当事人及财产信息的登记列为必要，同时严格规定了信托登记事项的变更手续，加大了信托财产账户维护的监管力度。

在保险业，中国保监会曾印发《2017 年保险业信用体系建设工作要点》的通知，布置了从信用体系的制度建设到失信行为的查处等六个方面的工作要点，以求得推进保险业信用体系建设。从当时的监管态度来看，保险行业也将研究制定保险实名登记等制度，并研究将信用体系建设工作纳入保险业年度责任考核和效能监察范围。由此，保险实名登记制度是保险业正在推进中的信用体系建设工作中的核心要点，通过此举，既能严肃追责违法违规失信行为，又能积极稳妥地防范和处置各种信用风险，加大行业透明度。

在互联网金融市场中，2016 年人民银行发布《非银行支付机构网络支付业务管理办法》，进一步强化支付账户实名制是互联网金融平台的经营底线，支付账户作为客户在支付机构开设的"资金户头"，是记录客户资金变动的重要凭证。实行支付账户实名制能从法律上保护客户的财产权利，明确债权债务关系，同时促进监管机构有效开展反洗钱、反恐怖融资活动，维护正常的金融秩序。

2. 实施账户分类管理，注重客户财产的独立性与风险隔离

为有效遏制买卖账户和假冒开户的行为，强化个人对本人账户的管理，进一步巩固个人账户保护机制，同时有效落实金融风险隔离、节约金融资源，账户的分类管理与账户财产独立管理成为必然。

人民银行《关于改进个人银行账户服务加强账户管理的通知》指出，自 2016 年 12 月 1 日起，银行为个人开立银行结算账户的，同一个人在同一家银行（以法人为单位，下同）只能开立一个 Ⅰ 类户，已开立 Ⅰ 类户，再新开户的，应当开立 Ⅱ 类户或 Ⅲ 类户。个人客户在同一家银行开立多个 Ⅰ 类户的，银行应核实其合理性，要求存款人做出说明，如无法核实合理性的，银行应引导存款人撤销、归并或降低账户。进一步发挥银行账户在支付领域的作用，以满足社会公众日益增长的多样化、个性化支付需求，充分发挥个人银行账户分类制度隔离风险、保护社会公众资金安全的作用。

目前，中国证券登记结算有限责任公司设立并管理的证券账户主要有以下几类：A 股账户适用于 A 股、基金和债券等在证券交易所撮合系统交易的证券的登记；B 股账户适用于 B 股证券的登记；基金账户适用于在证券交易所撮合系统交易的基金和国债的登记；股份转让账户适用于代办股份转让系统、全国中小企业股份转让系统（"新三板"）交易的证券的登记；开放式基金账户适用于通过中国证券登记结算有限责任公司开放式基金系统的开放式基金的登记。对于分设证券账户管理资产，证券公司在办理定向资产管理业务时，均以对应不同客户的资产分别设置账户、独立核算、分账管理为前提。

信托财产的独立性要求信托业务账户必须单独设立且分账管理。信托公司通常会对受托的信托财产在商业银行依据信托文件的约定，设置一个专门账户作为该项信托财产的信托财产专户。在单个信托或信托计划受托人发生变更的，需办理信托财产专户的信息变更。

3. 及时准确的账户信息披露

受金融交易多元化、复杂化及政府人力、财力、物力等多重因素的制约，监管部门不可能独立担负起金融消费权益保护的重任，必须将其所掌握的信息交给市场，由各市场主体对信息加以判断、选择、决策。在市场经济条件下，市场主体在实施金融交易时会结合自身实际寻找最安全、经济、有效的交易对象来完成交易。在实际的金融活动过程中，由于金融机构在金融交易过程中占据绝对优势地位，其与消费者的地位不对等（其中最突出的就是信息不对称），因此必须通过对于账户信息的及时、完整披露来最大限度地消除此等信息不对称。为此，中国人民银行会同中国银监会、中国证监会、中国保监会、外管局等部门共同发布的《关于规范金融机构资产管理业务的指导意见》在整体上对金融机构按类别对不同产品的应披露事项进行了具体的规定，要求金融机构应向投资者主动、真实、准确、完整、及时披露资产管理产品的募集信息、资金投向、杠杆水平、收益分配、托管安排、投资者账户信息和主要投资风险（国家法律法规另有规定的，从其规定）。

证券业同样对有关客户账户的信息披露做出了细致的规定。《证券公司客户资产管理业务管理办法》第四十条指出，证券公司应当至少每季度向客户提供一次准确、完整的资产管理报告，对报告期内客户资产的配置状况、价值变动等情况做出详细说明。证券公司应当保证客户能够按照资产管理合同约定的时间和方式查询客户资产配置状况等信息。发生资产管理合同约定的、可能影响客户利益的重大事项时，证券公司应当及时告知客户。

信托业对客户账户信息披露的规制体现在《中国银监会办公厅关于规范信托投资公司证券业务经营与管理有关问题的通知》中，其规定：信托公司应当将开立专户的情况及时向委托人、受益人进行披露，并将开立信托专用证券账户和信托专用资金账户的情况向直接监管的银行业监督管理部门报告。对原证券业务逾期未开立专户的，应当报告未开立的原因和事由。

根据中国保监会的相关规定，在保险合同缔约后，保险公司每年应当至少向投保人提供一份保单状态报告。现行保险监管规范中有关信息披露的规定体现了对于金融消费者的倾斜保护，明确要求保险销售文件和保险合同的信息披露应当采用通俗易懂的语言，准确描述与产品相关的信息。相关规定还要求金融机构应当采取持续的客户身份识别措施，关注客户及其日常经营活动、金融交易情况，及时提示客户更新资料信息。

互联网金融对涉及产品或服务的费用、利率等重要信息的信息披露义务和说明义务等，体现在一系列法律文件中。如《中国人民银行金融消费者权益保护实施办法》第十五条提到"对涉及利率、费用、收益及风险等与金融消费者切身利益相关的重要信息，应当根据金融产品和服务的复杂程度及风险等级，对其中关键的专业术语进行解释说明，并以适当方式供金融消费者确认其已接收完整信息"。中国互联网金融协会《互联网金融个体网络借贷资金存管业务规范》在客户服务条款中规定，"委托人在上线存管系统后，存管人应根据客户需要及时提供存管额度查询、客户交易流水查询、信息变更、咨询答复、投诉处理等服务。"关于产品或者服务、条款变化等相关信息，互联网金融服务提供商负有告知义务，但对于告知的具体形式法律并没有做出规定。

（二）客户账户维护管理的差异性要求

1. 银行业

银行作为承担基本金融业务的金融机构，因其业务的高普及度，更易出现侵犯金融消费者合法权益的纠纷。因此其账户管理在趋同于证券、保险类金融业务的客户账户维护管理制度的同时，势必应该具备个性化管理的特性。

比如，银行账户操作往往分柜面业务与非柜面业务，对于非柜面业务进行限额管理，在注重便利性的同时，还应当通过限额方式加强对安全操作的重视。按照与存款人的约定，设置存款人通过网上银行、手机银行等电子渠道办理的非同名银行账户转账、消费和缴费支付业务的限额。银行还需根据存款人风险等级、日常交易行为、资产状况等因素，在存款人设定的交易限额内确定交易风险提示额度，并对交易风险提示额度进行动态管理。

2. 证券业

因证券市场操作的灵活性程度较其他金融业态更为明显，故而其账户规制多以信息披露的完整性和账户分类设立的风险防控作为考量。通过信息的详尽披露，减少客户的风险交易可能，最大限度地保障证券业金融消费者的合法权益。

如《证券投资基金信息披露管理办法》第十七条规定：基金管理人应当在开放式基金的基金合同、招募说明书等信息披露文件上载明基金份额申购、赎回价格的计算方式及有关申购、赎回费率，并保证投资人能够在基金份额发售网点查阅或者复制前述信息资料；第三十一条规定：招募说明书公布后，应当分别置备于基金管理人、基金托管人和基金份额发售机构的住所，供公众查阅、复制。上市交易公告书公布后，应当分别置备于基金管理人的住所和基金上市交易的证券交易所，供公众查阅、复制。基金定期报告公布后，应当分别置备于基金管理人和基金托管人的住所，以及基金上市交易的证券交易所，供公众查阅、复制。

3. 保险业

就传统商业保险而言，主要归为人身和财产两个大类，保险合同双方当事人的权利义务相对确定，现金流操作不多，账户管理相对保守。但在投资型保险日趋成熟且作为保险公司新的业务方向后，对保险业态的账户管理提出了更高的要求。目前，中国还没有建立保险机构市场退出机制，基本由政府来为保险公司进行隐形担保，这实际在某种程度上不利于遏制保险公司盲目增资扩建，甚至违规经营，账户监管错综复杂，寻求建立符合中国市场经济情况的保险公司退市制度以完善消费者资金安全保障显得尤为重要。

4. 信托业

基于信托财产独立性的要求，信托业账户保护更加倾向于财产独立性和账户隔离的制度安排。如《中国银监会办公厅关于规范信托公司证券业务经营与管理有关问题的通知》规定：信托公司应当将开立专户的情况及时向委托人、受益人进行披露，并将开立信托专用证券账户和信托专用资金账户的情况向直接监管的银行业监督管理部门报告。对原证券业务逾期未开立专户的，应当报告未开立的原因和事由。

与此同时，互联网信托相较于网上银行和证券投资网络系统的成熟体系，其发展相对迟缓，尚处于模式有益探索的阶段，网上信托账户的维护管理，需以银行、证券等业的账户维护安排为参考指引。

5. 互联网金融

互联网金融市场的新兴，一方面提供给金融市场更大的操作空间和更低的机会成本，另一方面也对金融行业的规制提出了新的挑战。互联网金融尽管融合了诸多互联网技术的特征，但其创新发展仍离不开金融的基本功能和属性，互联网金融的本质还是"金融"。

不同于其他金融业态的严格信息披露要求，在互联网金融市场中，无论是具有行业指引性功能的行业规范还是相关用户服务协议，都没有明确要求向每个客户定期提供其账户交易情况的主要财务报表。在征信业中，对记录访问方式的规定较为完善，在明确规定客户可查询自身信息后，更进一步规定"个人信息主体有权每年两次免费获取本人的信用报告"；此外，针对查询他人信息的情形，规定除法律另有规定外，经信息主体本人书面同意并约定用途后即可查询。对于保管主体"死亡"后的记录处理方式，《金融机构客户身份识别和客户资料及交易记录管理办法》中规定，金融机构破产或解散时，应将客户身份资料和交易记录移交给银监会、证监会或保监会指定的机构。

五、客户账户管理存在的问题

(一) 账户实名制管理仍存在薄弱环节

在实践操作层面，对于原有使用军人身份证件、护照、通行证等其他身份证件开立的存量账户，虽然金融机构要求开户人进一步提供辅助证件以进行身份核实，但在客户不配合的情况下，金融机构无法从其他途径获得履行主动性询证的机会。同时，除了与公安部门联网的居民身份证查验系统外，对于这些辅助证件，金融机构缺少一个权威的、较为完整的、且数据实时更新的全国个人信息数据库供其核验，增加了辨别真伪的难度。

(二) 模式化的规定缺乏灵活性

随着金融交易产品和服务的多样化和便捷化发展，金融交易规则中常常为保证中小型金融消费者金融交易的权利与自由而降低交易门槛，或在设定规则时仅做出简单的类别划分而未有明确的类型化分析。此种做法虽然能够在一定程度上保障金融交易链的完整性和多元化，满足中小型投资者的投融资需求，然而一旦相应规则制定缺乏科学合理的依据，不仅可能导致制度要求缺乏弹性考量，既无法根据金融消费者自身的不同状况做出不同的交易安排，也无法将其余金融消费者从金融市场风险中解脱出来。

(三) 账户管理制度分散使风险责任难以落实

当前，各部门针对账户管理工作存在的现实问题先后出台了一系列补充规定。这些文件对账户管理的制度进行了有力补充，但也导致账户管理制度架构的分散，政出多门，对账户管理制度的执行效果造成不利影响。

(四) 账户违规操作行为难以得到有效改善

在实际工作中，存在金融机构由于业绩或其他考量不愿意向人民银行反映和报告个别金融消费者违规操作账户的情况，而相关主管部门因不与金融消费者发生业务关系，不能获得其违规行为的信息，从而无法进行处罚。而且部分违规行为因为不存在对应的直接法律条款，使得无法进行针对性的处罚，影响执法效力，不能起到有效的打击和防范违法行为的作用，进而损害到金融消费者的合法权益和金融交易市场的安全稳定。

六、金融机构客户账户管理的完善建议

（一）加强个人账户实名制管理

个人账户分类管理机制落地实施应尽快形成统一标准，实现全行业统筹，建立客户生物识别基础信息数据库，并在一定的安全防控措施下实现数据的共享。同时应当不断完善身份注册和身份鉴别技术方案，提高身份认证确信等级。充分整合利用政府部门数据库、金融系统账户信息、其他商业化数据库等资源，通过大数据应用及解决方案，开展多重交叉验证，构建全方位的客户身份识别机制。与此同时，明确个人信息的采集和使用规则，维护金融消费者的账户信息安全。

（二）建立客户账户分级分类控制措施

应根据客户的身份背景调查的结果提供账户限额、可交易数量的选择，在监管上不宜做僵硬的统一规制。对于个人客户，可以根据个人客户的年龄、文化水平、交易流水等指标，建立金融各业与客户之间的风险协议，按照客户承受能力划分风险等级，提供账户的限额供客户选择；对于单位客户，可根据单位的经营规模、营业额度、交易流水等指标建立单位客户信息系统，根据单位客户的相关信息及以往交易习惯和信用记录，对其账户内应留存保证金划定不同程度的应缴额度，防范金融机构因客户的呆账坏账扎堆所引发的系列金融风险。

（三）建立完善的风险管控体系

现有账户分类管理改革是金融产业发展的里程碑，基于交易风险实施远程身份认证正在成为主流趋势，账户分类改革必将对银行业依托互联网实现金融业务跨地域拓展起到极大的促进作用。因此，为了保障移动金融业务的安全与快捷，应建立完善的风险管控体系，在制度上明确由开户信息真实性问题引发的风险事件责任认定规则。对于因金融机构责任导致的客户损失，应及时触发风险处置和赔偿机制，有效控制可能引发的监管风险和声誉风险。

（四）发挥行业自律效能

行业自律是市场经济体制的必然产物，我国金融业账户体系建立的目

标是适应和促进市场经济的发展，因而发挥行业自律组织互相交流、互相监督的功能是客户账户管理体系发展的必然结果。建议建立银行业协会、证券业协会、保险业协会与各金融机构保持充分的信息沟通机制，进行非涉密信息的有效交互，减少由于跨行业所致的信息阻塞；以商业信用降级、市场限入作为约束手段，通过全行业交叉监管实现对金融机构隐瞒账户违规操作等事项的规制；实行全业态式账户监管，防范金融风险的进一步蔓延，从而推动账户管理制度不断更新。

第七部分　个人金融数据保护

一、我国个人金融数据保护的法律规范及监管现状

（一）个人金融数据保密和安全的法律规范及监管现状

关于个人金融数据的界定范围，在《中国人民银行关于银行业金融机构做好个人金融信息保护工作的通知》中存在具体的界定：个人金融信息是指银行业金融机构在开展业务时，或通过接入中国人民银行征信系统、支付系统以及其他系统获取、加工和保存的以下个人信息：（一）个人身份信息；（二）个人财产信息；（三）个人账户信息；（四）个人信用信息；（五）个人金融交易信息；（六）衍生信息；（七）在与个人建立业务关系过程中获取、保存的其他个人信息。

个人数据所包含的财产价值在不断地提升，因此无论是监管部门还是理论学界都在研究个人数据权利的性质和保护方式，部分学者认为在个人信息保护的基础上需要针对不同的情况遵循效率优先及隐私保护相结合的双重原则分别设立不同的个人数据保护程序。[①]

从法律层面来看，目前我国法律对网络平台运营者在维护数据安全性和保密性方面提出了较为严格的要求，不管是《中华人民共和国消费者权益保护法》第二十九条中要求作为经营者的网络运营者应当采取技术措施对消费者的信息采取保密措施，还是 2017 年生效实行的《中华人民共和国网络安全法》第二十一条对网络运营者的数据安全维护所做的要求，法律均明确网络运营者对个人数据的安全保护义务，负有防止网络数据泄露或者被窃取、篡改的义务，同时在上位法层面对数据的保密和安全维护做出了事前要求和事后保护补救的要求。除此之外，在个人数据保护方面，还有《全国人民代表大会常务委员会关于加强网络信息保护的决定》《电信和

---

① 刘锐. 个人信息立法保护的路径选择［N］. 大庆师范学院学报，2017（2）.

互联网用户个人信息保护规定》以及各部委出台的个人数据保护的具体细则。

在银行业中，《商业银行法》第二十九条第一款、第二款和第三十条规定了商业银行办理个人储蓄存款业务时应该遵循为存款人保密的原则，商业银行有权拒绝非法查询个人储蓄存款等。2011 年，人民银行首次针对银行业消费者隐私权专门做出规定，印发了《关于银行业金融机构做好银行业金融消费者隐私权保护工作的通知》，要求银行业金融机构应当严格遵守法律规定，在收集、保存、使用以及向外提供银行业金融消费者隐私信息的过程中，采取有效措施，加强对银行业金融消费者隐私权的保护工作，以确保信息安全，防止信息泄露和滥用等问题发生。

在证券业中，《期货公司管理办法》第六十三条要求期货公司为客户建立专门的资料档案并保密；第四十九条要求期货公司制定信息技术管理制度和信息系统，设立专门人员和部门保障用户信息安全。《证券期货投资者适当性管理办法》第三十二条要求"经营机构应当按照相关规定妥善保存其履行适当性义务的相关信息资料，防止泄露或者被不当利用，接受中国证监会及其派出机构和自律组织的检查。对匹配方案、告知警示资料、录音录像资料、自查报告等的保存期限不得少于 20 年"；2018 年《证券期货经营机构私募资产管理计划运作管理规定》第十条规定："份额登记机构应当妥善保存登记数据，并将集合资产管理计划投资者名称、身份信息以及集合资产管理计划份额明细等数据备份至中国证监会认定的机构。其保存期限自集合资产管理计划账户销户之日起不得少于 20 年"。《证券期货业信息安全保障管理办法》第三条规定证券期货业信息安全保障工作实行"谁运行、谁负责，谁使用、谁负责"、安全优先、保障发展的原则，第四条规定证券期货业信息安全保障的责任主体应当执行国家信息安全相关法律、行政法规和行业相关技术管理规定、技术规则、技术指引和技术标准，开展信息安全工作，保护投资者交易安全和数据安全，并对本机构信息系统安全运行承担责任。

在保险业中，有关保险业的监管规章中关于保险人对被保险人和投保人个人数据的保密和安全保障义务的规定较为完善。如《人身保险业务基本服务规定》第二十八条要求：保险公司应当建立保护投保人、被保险人和受益人个人隐私和商业秘密的制度。《人身保险业务经营管理规定（征求意见稿）》第七十六条规定保险公司应当建立客户信息保护机制，对投保人、被保险人和受益人信息严格保密，不得非法获取、使用或倒卖客户信息资料，防止客户信息泄露。除此之外，《保险专业代理机构监管规定》（2015年修订）、《保险经纪机构监管规定》（2015年修订）、《保险公司保险业务转让管理暂行办法》《保险销售从业人员监管办法》《旅行社责任保险管理办法》等部门规章也都规定了未经投保人、被保险人和受益人同意，保险公司不得泄露其个人隐私和商业秘密。《中国银保监会关于切实加强和改进保险服务的通知》（2018年发布）第三点要求中明确指出严格防控消费者信息泄露风险，保障消费者隐私权、信息安全权。加强对所委托第三方网络平台的管控，对违反保险监管规定且不改正的第三方网络平台，终止与其合作。而针对互联网时代的保险展业新情况，《互联网保险业务监管暂行办法》规定：保险机构应加强业务数据的安全管理，采取防火墙隔离、数据备份、故障恢复等技术手段，确保与互联网保险业务有关交易数据和信息的安全、真实、准确、完整。在监管权限上，原中国保监会对侵犯保险消费者隐私行为和数据保护方面明确了监管权。值得一提的是，互联网保险业务中对个人数据的保护更上了一个台阶，要求采用防火墙隔离、数据备份等技术手段保护用户个人的数据。

在信托业中，《信托法》《信托公司管理办法》《信托登记管理办法》《信托业保障基金管理办法》对个人数据和个人隐私的保护也均有涉及。其中《信托法》第三十三条第三款规定"受托人对委托人、受益人以及处理信托事务的情况和资料负有依法保密的义务"；《信托登记管理办法》第三十二至第三十四条分别从保密制度、限制查询权、信息保存等方面对信托登记公司的保密义务做了较为翔实的规定，尤其是《信托登记管理办法》第三十四条规定信托登记公司应当根据法律法规及信托文件约定的信托登记信息保密要求，设置不同级别的查询权限：（1）委托人和受益人可以查询与其利益相关的信息；（2）信托机构可以查询与其业务相关的信息；（3）其他机构在其法定职责范围内查询信息。可以说，分级查询制度是信托业针对数据保护的一大重要举措。

在新兴的互联网金融领域，针对用户个人数据保密的条文是相关行政法规和部门规章的核心。2016年4月国务院印发的《互联网金融风险专项整治工作实施方案》第四部分提到"公安部负责监督指导互联网金融网站依法落实网络和信息安全管理制度、措施，严厉打击侵犯用户个人信息安全的违法犯罪活动"。此类规定包括但不限于：2010年人民银行针对第三方支付领域颁布的《非金融机构支付服务管理办法》第三十四条规定"支付机构应当按规定妥善保管客户身份基本信息、支付业务信息、会计档案等资料"；银监会针对消费金融颁布的《消费金融公司试点管理办法》第三十一条规定"消费金融公司对借款人所提供的个人信息负有保密义务，不得随意对外泄露"；《关于做好 P2P 网络借贷风险专项整治整改验收工作的通知》中要求的"对于缺乏合规的网络安全设施的网贷机构，应于本次专项整治结束前，提升安全防护和开发能力，确保系统能够满足保护客户资金信息安全、防止黑客攻击和系统中断等信息科技安全要求"；以及 2011 年保监会在互联网保险领域颁布的《互联网保险业务监管规定（征求意见稿）》第十五条第八款规定保障投保人（被保险人或者受益人）身份信息、投保交易信息和投保交易安全保障措施等要求。

（二）　个人金融数据使用和共享的法律规范及监管现状

在对数据使用和共享的鼓励流通性方面，我们国家在近年来也制定了相应的规划和具体的法规。《中华人民共和国国民经济和社会发展第十三个五年规划纲要》第 27 章中提到要加快政府数据开放共享，深化大数据在各行业的创新应用，使得大数据在各个行业都能够共享使用，完善公共服务体系的建设。2013 年 7 月 16 日工业与信息管理部（简称工信部）发布了《电信和互联网用户个人信息保护规定》，其中第八条规定：电信业务经营者、互联网信息服务提供者应当制定用户个人信息收集、使用规则，并在其经营或者服务场所、网站等予以公布。2012 年 12 月 28 日第十一届全国人民代表大会常务委员会第三十次会议通过《全国人民代表大会常务委员会关于加强网络信息保护的决定》，其中第二条第二款规定：网络服务提供者和其他企业事业单位收集、使用公民个人电子信息，应当公开其收集、使用规则。

在银行业中，2018 年中国银监会发布了关于《银行业金融机构数据治理指引（征求意见稿）》，公开征求意见的公告中提到银行业金融机构应当加强数据采集的统一管理，明确系统间数据交换流程和标准，实现各类数据有效共享。强化银行业之间数据共享的标准和流程。2019 年发布的《中华人民共和国银行业监督管理法》第六条规定国务院银行业监督管理机构应当和中国人民银行、国务院其他金融监督管理机构建立监督管理信息共享机制。

在保险业中，中国保监会、国家发展改革委关于印发《中国保险业信用体系建设规划（2015—2020 年）》的通知中提到要加强鼓励保险企业参与相关产业链整合，实现资源与信息数据共享，扩大保险服务的深度和广度。2015 年《互联网保险业务监管暂行办法》第八条也对互联网保险业务的网站信息披露做了详尽的规定。2016 年《中国保监会关于加强互联网平台保证保险业务管理的通知》第八条规定保险公司应当加强信息系统管控，与合作的互联网平台及合作的金融机构实现信息系统有效对接。目前我国保险服务机构大多开展了互联网保险业务，必须要受上述部门规章和规范性文件的约束。

在互联网金融行业，数据的使用和共享理念构成互联网金融领域法规体系的其中一大特征，支持数据流通和使用的理念在条文中随处可见，如 2015 年国务院下发的《推进普惠金融发展规划（2016—2020 年）》要求建立健全普惠金融体系，建立全国统一的信用信息共享交换平台及地方各级信用信息共享平台，推动政务信息与金融信息互联互通。具体来看，在第三方支付领域中，2010 年人民银行颁布的《非金融机构支付服务管理办法》第二十六条要求支付机构应当向所在地中国人民银行分支机构报送备付金存管协议和备付金专用存款账户的信息资料；在互联网征信领域，《征信机构管理办法》第二十八条明确规定个人征信机构应当在每年第一季度末，向中国人民银行报告上一年度征信业务开展情况。同样地，在借贷众筹领域，2016 年发布的《网络借贷信息中介机构业务活动管理暂行办法》第三十条规定"网络借贷信息中介机构应当在其官方网站上向出借人充分披露借款人基本信息、融资项目基本信息、风险评估及可能产生的风险结果、已撮合未到期融资项目资金运用情况等有关信息"；在互联网保险领域，2011 年《互联网保险业务监管规定（征求意见稿）》规定保监会开设信息披露专栏，各个互联网保险公司需要将相关信息与保监会和保险业协会传输流通。

总体而言，我国金融行业在针对数据的共享和流通上都还处于早期的原则性和政策性指引阶段，具体各行业的数据共享规范还有待根据实际情况不断细化。

（三）征信报告机构保护个人数据的法律规范及监管现状

近年来，从人民银行开始面向商业银行推行建立银行内部用户征信系统，证券业、保险业、信托行业以及互联网金融行业都将征信体系的建设纳入行业发展的进程中。

2013 年 3 月 15 日，国务院正式颁布施行了《征信业管理条例》，标志着国家正式开启全行业的征信体系建设，其中专门用"征信业务规则"一整章的内容对征信机构采集个人用户信息的范围和原则进行了框架性的规定，其中最重要的原则是"用户事前同意原则"①，同时对禁止采集的信息范围、不良信息的存储、信息的查询和信息的安全性保障均有做出相应的规定。同年 11 月，《征信机构管理办法》颁布后，民间征信机构如雨后春笋般涌现。

2014 年相继发布的《征信机构信息安全规范》中提到个人信息在征信系统中应具有保存期限。《金融信用信息基础数据库用户管理规范》从安全管理方面具体规定了个人信用信息基础数据管理的规定，要求征信服务中心应当建立个人信用数据库内部运行和外部访问的监控制度，监督个人信用数据库用户和商业银行用户的操作，防范对个人信用数据库的非法入侵，建立灾难备份系统，采取必要的安全保障措施，防止系统数据丢失。2018 年《中国人民银行关于进一步加强征信信息安全管理的通知》加强了金融信用信息基础数据库运行机构和接入机构的征信信息安全管理。规定健全征信信息查询管理制度，严格授权查询机制，完善征信异常查询监控机制。建立征信信息安全情况报告制度，运行机构和接入机构按月定期向人民银行报送异常查询、违规查询、非法提供、违规使用、信用报告泄露等征信信息安全情况统计表。2014 年 6 月发布的《社会信用体系建设规划纲要（2014—2020 年）》标志着我国社会信用体系建设进入全面推进时期。在此背景下，2014 年底 50 多家企业征信机构完成备案，2015 年初 8 家机构获准开始个人征信业务准备工作，我国征信事业迎来了快速发展的春天。②

互联网技术的发展使得互联网征信业务也逐渐火热起来，2015 年 1 月 5 日，人民银行下发《关于做好个人征信业务准备工作的通知》（以下简称《通知》），要求芝麻信用、腾讯征信等八家机构做好个人征信业务的准备工作，《通知》的出台表明人民银行对互联网征信机构及业务模式的肯定。2015 年 12 月，人民银行下发针对个人征信机构、企业征信机构的《征信机构监管指引》，最大的亮点就是人民银行强化了对互联网征信机构的审慎监管，同时建立了具体的现场监管和非现场监管并行制度，对互联网征信机构采集，使用用户数据的规范性进行全程监控及定期要求上交备案。2018 年初，人民银行为百行征信有限公司（即业内俗称的"信联"）颁发了首

---

① 《征信业管理条例》第十三条："采集个人信息应当经信息主体本人同意，未经本人同意不得采集。但是，依照法律、行政法规规定公开的信息除外"。

② 中国人民银行征信中心《征信系统建设运行报告（2004—2014）》［EB/OL］.［2018-7-5］. http：//www. pbccrc. org. cn/zxzx/zxzs/201508/f4e2403544c942cf99d3c71d3b559236. shtml.

张个人征信业务牌照，标志着我国的个人征信进入了新的阶段。

二、现行征信法律规制存在的问题

虽然我国全社会的征信体系在不断地建设和发展，但是无论是在法规制度的建设上，还是在行政机关的监管手段上，以及社会上征信机构内部的建设上，我国依旧停留在以征信机构为视角去对数据进行保密和存储的思维中，对个人数据保护仍存在以下几方面的问题。

（一）个人金融数据保护的法律规范尚未体系化

我国对个人金融数据的保护的立法启动得较早，除了早期中国人民银行等部委出台的专门针对行业内部的金融数据管理规范外，系统性的规范一直处于空缺状态，直到近几年才逐渐重视对于个人数据的保护。2017 年个人信息的保护在立法和行政层面获得了高度重视。《网络安全法》的实施再度重申信息采集的"知情同意"原则。与此同时，《民法总则》强调了"自然人的个人信息受法律保护"。2017 年底实施的《信息安全技术个人信息安全规范》作为《网络安全法》的详细配套推荐性指标，将个人信息保护推向实地落实。但是总体而言，个人数据保护的规范依旧散见于部门法规中，且数量较少，专门的个人数据保护规范依旧未出台，监管规范的低层级法律层次也带来了不同行业之间保护模式的分歧与标准的差异化。

（二）个人数据缺乏针对性保护，监管方式较为滞后

目前，我国法律法规和行政监管对于个人数据的保护依旧停留在以前的模式中，具体可以体现在以下几个方面：第一，监管模式和保护手段单一。我国一直以来重"刑事处罚"和"行政管理"，轻"民事确权"与"民事归责"，导致个人信息遭受侵害后，即使侵权行为人最终受到刑事处罚或行政处罚，但信息主体的财产及非财产损失却得不到任何实质性的补偿。这样的现象导致我国的行政机关和司法机关面对个人数据权利遭受侵害时只是单纯地使用行政处罚和刑事处罚等方式解决个人信息违法行为，但受限于个人信息权利的财产属性争议而缺少具有针对性的民事救济保护措施。这样的救济现状导致权利人因个人信息泄露而遭受较大损失时无法获得足够的经济赔偿。第二，相关规章及管理标准多为指导性，并无强制性。虽然《信息安全技术个人信息安全规范》（2017）已经正式实施，但该

等规范仅是一份推荐性指标，没有强制约束力，其实施取决于相关行业主体的自愿配合。虽然目前许多行业内也已出台对数据保护的细则，但是适用范围较为狭窄，对整体个人数据的保护力度依旧是杯水车薪，急需统一的《个人信息安全法》的制订出台。

（三）个人信息的法律属性不明确，法律保护手段滞后

信息作为个人权益的属性没有得到明确，"个人信息"作为一个法律概念首次出现于 2009 年 2 月 28 日通过的《刑法修正案（七）》，该法案第七条增加了"出售、非法提供公民个人信息罪"和"非法获取公民个人信息罪"两项罪名，但并未对"个人信息"做出法律上的定义。2012 年 11 月工业和信息化部颁布了我国首部个人信息保护国家标准和指导性技术文件——《信息安全技术公共及商用服务信息系统个人信息保护指南》（以下简称《保护指南》）。《保护指南》将个人信息界定为"为信息系统所处理、与特定自然人相关、能够单独或通过与其他信息结合识别该特定自然人的计算机数据"。该标准最显著的特点，就是将个人信息分为个人一般信息和个人敏感信息，但是该标准依旧局限于个人信息的内容本身，而没有考虑个人信息的经济利益属性。由于个人信息在大数据的背景下存在着财产性的属性，如果经过合理的开发和使用也会带来一定的经济收益，因此，大数据时代法律对个人信息的保护，不应局限于对人格权的保护，也应包括对财产权的保护。目前我国许多法规都没有将财产权利益保护纳入对个人数据保护的范围内，也没有相应的民事赔偿责任。如若个人信息安全受到不法侵害，不仅应当视情节轻重要求侵权方赔礼道歉、恢复名誉，直至追究其刑事责任，而且可以要求获得适当的经济赔偿。

这种法律保护手段滞后还体现在监管手段的滞后上。例如，《征信业管理条例》制定在国内互联网发展初期，其立法的理念应符合当时的现实情况：个人能够有效地做出知情并且自愿同意收集本人信息的决定。但在大数据技术迅速腾飞的当今，市场主体对个人数据的收集利用已成为常态，信息主体仅依据"知情同意"根本无法控制信息的不当利用。《征信业管理条例》仅用第三章"征信业务规则"和第四章"异议与投诉"两章十四个条文对征信监管和消费者权益保护做出规定，在涉及个人信息采集的关键问题上，也只是简单提出"本人同意"作为条件，而这种同意在互联网服务提供商采取"同意前置"作为加载运行软件的普遍做法下，已经不能显示出用户"客观同意"的内心真实意思表示了，大数据时代下用户迫不得

已地用"数据换服务"的情形不在少数，这就导致"知情—同意"制度的僵化。而且，现行立法中并未区分对用户的数据分级保护，也缺乏对敏感信息进行特殊保护的细致规定，对个人数据保护的监管方式也仅仅局限于现场检查和非现场监管，大数据虚拟化的数据搜索和整合使得现场检查的手段缺乏着力点。

（四）金融消费者缺乏有效的维权和争议解决机制

最早在《消费者权益保护法》中明确了五种消费者争议解决的方式：自行和解、调解、投诉、仲裁和诉讼。[①] 但内部的自行和解机制中，个人信息控制者既是选手又是裁判，很难得到公平公正的结果。在调解和投诉机制中，由于金融分业监管的现状，监管主体不一致，而且在不同金融行业依据的法律规范及其标准也有所差异，这也会导致监管效率低下和监管职责相互推诿的问题；同时，保障金融消费者最后的司法程序耗时长，当个人信息遭到侵害时存在取证困难。由此，有关争议解决机制的创新刻不容缓。以征信业为例，在现有以人民银行为中心的信用报告体系中，信用报告制度的整体法律和监管框架并未完善，其表现为尚未形成有效的诉讼和非诉讼争端解决机制，在查询中发现只有征信局受理业务投诉，缺少信用报告的申诉和司法解决途径。一旦存在错误的征集信息，金融消费者缺乏对于错误登记异议或者更正、删除错误信息的合理路径。

（五）监管机制缺乏对金融消费者保护的协调和统一

在消费者保护监管上，我国的个人数据保护体系建设缺少全国统一的协调指导机构和建设规划，缺乏统一、明确的监督管理机构和管理职能。国务院互联网信息办公室、工业和信息化部、公安部等部门和地方权力机关都对个人信息保护做出要求，但是各监管部门的监管目标略有不同，对企业指定的专项要求便会产生不同标准的结果，不仅增加了企业的合规成本也加剧了监管的低效率，形成监管交叉和对数据主体权利保护的空白。

仍以征信业为例，按照我国《社会信用体系建设规划纲要（2014—2020年）》的要求，各地政府相互合作，搭建了信息平台，各行业主管部门也根据各自工作需要收集了大量信息数据。此类由政府部门掌握的信息不属于《征信业管理条例》的管辖范围之内，其往往是通过内部管理制度

---

① 参见《中华人民共和国消费者权益保护法》第三十九条。

及公务人员的道德操守来保证本地区或本部门的信息安全，但无论是从技术上还是人员管理上来看，现有的体制都存在个人信息泄露的重大风险隐患。现阶段对因政府或政府部门造成的信息泄露或信息滥用造成的损失无法追责。没有专项的法律法规对政府或政府部门作为数据控制者或处理者的行为进行监管，存在监管失位和缺位。①

从人民银行的征信系统来说，目前数据收集行为涉及的行业较为单一，以银行业为主，同时信用评估结果的场景应用行为领域少，评估的人群也较少。暴露了较为突出的信息采集上的道德性风险以及数据孤岛问题。

（六）监管机构执法力度有限，侵害个人信息权益的违规成本过低

根据中国人民银行发布的《关于银行业金融机构做好个人金融信息保护工作的通知》，对于银行业金融机构未履行个人金融信息保护义务的违规行为，只是采取约见谈话、责令整改、予以通报、建议处分等措施。同时，《反洗钱法》《商业银行法》《征信业管理条例》等法规虽然对商业银行泄露特定信息制定了相应的处罚条款，但整体上缺少对商业银行违规进行行政处罚的统一法律、法规。可以看出，监管机构的这些软性约束手段缺少强制性和威慑性，难以有效督促商业银行更好地改进工作。而且对于个人信息保护的监管检查范围存在交叉和真空，检查方式注重表面化事项，难以取证核实，检查内容不够深入。此外，在惩处上仅能做出最高 50 万元的罚款，处罚的收效甚微。

（七）行业自律软约束尚未形成

此外，相关金融行业对于个人信息保护的自律监管等柔性监管措施尚未成型。由于金融市场制度规范、组织形式、业态创新、运行环境等都还处于不断变化中，监管部门与金融市场、金融机构与金融机构之间一直存在着动态调整、探索和博弈的过程。虽然也有互联网知名企业试图发起《个人信息保护倡议》的自律性公约，但仅通过企业之间自行承诺而缺少外部监管确实无法有效保障个人信息的安全，倡议发起后仍然猖獗的个人信

---

① 笔者根据安徽《新安晚报》2019 年 4 月 8 日的一则报道内容整理所得。河南信阳市一派出所女协警私自查询公安内网的车辆登记及驾驶员信息，并在微信上出售给他人用于违规注册网约车牟利的违法事件。

息倒卖更是给倡议的前景抹下阴影。因此，在个人数据泄露和倒卖不断，数据黑市屡见不鲜的情形下，对个人数据非法利用的黑色产业链条的打击不仅需要刑法的规制，更需要加强对行业内部人员的自律管理，从而形成良好的自律软约束。

三、有关域外监管经验的借鉴

（一）美国征信模式和个人数据保护经验

在美国，采用的是市场型的征信模式，在美国的私营征信机构模式中，征信业链条是完全分隔的，从个人、企业和政府不同层面归集的信用数据被传递给征信机构，征信机构进行采集、整理和加工，去掉敏感和隐私的信息，再传递给信用评分机构。信用评分机构依照过滤后的信息进行信用评估，然后将评级结果输送给金融机构等需求方。在此过程中，数据采集、数据加工和信用评估以及数据产品使用被切割成三部分，这既保证了信用评估的公正与客观，也能有效防止利益冲突、信息滥用以及隐私侵犯。[1]

《公正信用报告法》《金融服务现代化法》作为美国个人征信体系中最重要的两部法律，为征信机构设置了一系列义务，起到保护消费者的个人隐私权的作用。同时，《公平信用报告法》《公平债务催收作业法》《公平信用结账法》《平等信用机会法》等 16 部法律涵盖了所有信用关系、信用方式和信息交易全过程的成文法律，构成了美国信用体系正常运行的法律环境。此外，《信息保护和安全法》《网上隐私保护法》《消费者隐私保护法》等法律，也对公民个人信息提供了强有力的保护。[2]

在个人数据收集方面，《公平信用报告法》是保护个人信息权益最重要、关键的法律。该法从信用报告使用目的、信用报告机构和个人的义务、消费者权利及法律责任等方面做了详细的规定和要求。美国于 1974 年通过《隐私权法》，这是美国行政法中保护个人隐私的重要法律，对政府机构收集、使用、公开个人信息和个人信息保密等方面确定了详细的规范，尤其是明确了"隐私权为联邦宪法所保障的基本人权"这一核心要点。除《公平信用报告法》之外，美国还于 2015 年发布了《消费者隐私权利法案（草案）》的政府讨论稿，其中规定，机构只能在相应场景中通过合理的手段

---

① 赵志勇. 个人大数据征信——模式困境与出路探析 [J]. 上海金融，2017（7）.
② 张军发. 我国个人信用信息安全保护研究 [N]. 山西财经大学学报，2016（2）.

收集、留存及利用个人信息，限制对个人信息包括信用信息的肆意采取和滥用。

在个人数据安全性保护方面，《金融服务现代化法》着重强调银行等金融机构保护金融隐私所必须遵守的五项原则。该法第五章的隐私条款规定了对非公开的个人信息的保护，即金融机构有尊重客户隐私的义务，应该保护客户非公开个人信息的安全性和机密性。该法规定了金融机构的安全注意义务，要求金融机构必须提高警惕，保证客户信息和记录的安全和秘密性，防范那些可以预见的针对记录的安全和完整性的威胁和危害，防止那些会对消费者产生实质损害和未经授权而获取、使用此类记录的违法行为。

在个人数据共享方面，1999 年通过的格雷姆—里奇—比利雷法案（Gramm-Leach-Bliley Act，GLB Act）为确保金融机构保护非公共个人金融信息的安全与保密做了详细规定，同时设置了一种"选择退出"（opt-out）的新规定。该法案规定，获取消费者信用报告的金融机构可以用信用文件中的信息作为依据向潜在消费者主动发送提供新产品或服务的广告，但消费者有权利拒绝这种单向的发送，只要通过简单方便的程序就可要求机构删除关于自己的数据，获得免被打扰的权利。这一制度使非公共个人金融信息共享必须事先征得当事人同意，转变为"未选择退出即为同意"，或者说不同意必须明确提出。在此基础上，2010 年的《金融服务现代化法》也吸收了该法案有关"选择退出"的做法。[①]

在征信报告机构保护个人数据的监管方面，美国在个人信用权益保护监管上的分工非常明确：美国联邦贸易委员会是个人信用体系的主要监管部门，司法部、财政部、联邦储备系统配合联邦贸易委员会负责相关业务的监管。美国的行业协会自律监管也极大地促进了征信行业的规范化。除了依靠完善的法律制度外，美国个人信息的保护在很大程度上还要充分发挥市场的积极作用，鼓励市场、行业形成独立、第三方的用户个人信息保护组织，加强与政府部门的协调配合，促进个人信息安全的维护。

（二）欧盟征信模式及个人数据保护经验

欧盟国家公共征信模式，又被称为政府主导型征信模式或者公益型征信模式，是指以依靠国家和政府力量组建的公共征信机构和公共征信系统

---

① 李朝辉. 个人金融信息共享与隐私权保护 [J]. 特区实践与理论，2008 (3).

为主体的征信模式。在这种模式下，征信的信息内容范围较窄，信用信息来源也具有强制性。

在欧盟国家的监管体系中，通常会有专门的独立的政府监管机构，如德国的联邦数据保护委员会、法国的国家信息与自由委员会等机构专职个人数据保护。同时欧盟的个人数据保护指令对整个欧洲都产生了较为深远的影响，处理个人数据必须事先获得批准或登记这一原则在各国的立法和实践中都有明显体现。

针对时代的需要和技术的发展，欧盟在不同阶段通过了不同的数据保护修正指令，包括 1995 年的《数据保护指令》、2002 年的《隐私与电子通讯指令》、2009 年的《欧洲小型文本指令》，以及著名的《一般数据保护条例》（以下简称 GDPR）。可以看到在 GDPR 中，监管机构的监管力度显著增强，立法上 GDPR 的效力优先于各国国内法，而且 GDPR 中的监管机制也有相当程度的优化，解决了各国数据保护执行方面存在的不协调，提出"一站式监管"以对原有监管机制进行优化，明确了各成员国的管辖权及监管规则，极大地提高了监管效率，降低了企业的监管成本。① 再者，通过设置欧盟数据保护理事会，赋予其欧盟数据监管的最高监管地位，保障其权力行使的独立性。另外，值得一提的是，GDPR 处罚条款的共同特点是处罚金额巨大，且不论这些违规行为是否是主观上的故意或是疏忽。

在个人数据收集方面，GDPR 相较于 1995 年的《数据保护指令》对机构收集个人数据更加严格，恪守个人用户的"知情同意"原则，并有强化趋势。机构只能通过相应场景中合法的手段收集个人信息。

在个人数据安全性保护方面，GDPR 规定数据控制者和处理者的相对义务，包括处理活动的记录义务和与监管机构的合作义务，数据处理过程的安全性保障，数据主体的个人数据交流义务。在 GDPR 第二节个人数据的安全性要求中包含了 3 大主要条文：数据处理的安全性，个人数据泄露时对监管机构的通知和个人数据泄露时的补救。

在个人数据共享方面，GDPR 第 14 条规定，若个人数据并非从数据主体处获取，控制者应向数据主体提供以下信息：（1）控制者或者控制者代表的身份证明和联系方式；（2）数据保护专员的联系方式；（3）个人数据处理的目的和处理数据的法律依据；（4）个人数据类别；（5）个人数据接

---

① 彭星. 欧盟一般数据保护条例浅析及对大数据时代下我国征信监管的启示［J］. 武汉金融，2016（9）.

收方或接收方类别。控制者还应当向数据主体提供确保公正透明处理所必需的信息。控制者披露信息的期限应在获取个人数据之后的合理期限披露，最迟不得超过一个月。

在征信报告机构保护个人数据方面的监管要求方面，GDPR 通过提高用户同意的要求及新增"被遗忘权""数据可携带权"等规定强化了数据主体的权利，为数据控制者增设了数据泄露告知、任命数据保护官员（DPO）、进行隐私影响评估（DPIA）等义务，与此同时，大幅扩展了条例的适用范围，加大了对违法行为的惩处力度，强化了对数据保护的监管及起诉机制。在征信领域则是个人对个人的数据收集拥有更强的控制力，尤其是数据的删除权更体现了欧盟对个人信息保护的中心思想——回归个人对个人信息的控制。

在欧盟的 GDPR 中，其创新性地提出要求数据控制者应在企业内部设立数据保护专员（以下简称 DPO）作为企业内部数据保护的专职人员。DPO 作为企业内部雇员应具有相当的独立性，一方面 DPO 要确保本企业遵守各项规定，与监管机构进行沟通合作；另一方面数据主体也可以通过 DPO 与企业就自身的数据问题进行联系。

此外，GDPR 还就数据主体向监管机构提出异议的权利、对监管机构的监管决定申请司法救济的权利、对数据控制者或处理者的违规行为申请司法救济的权利等进行了明确的原则说明。

四、相关个人数据监管制度的改进和完善

美国和欧盟的征信监管在个人信息保护上都有着鲜明的特点，尤其是 GDPR 给我国目前的个人信息保护和征信监管有很大的启示。已经生效的 GDPR 具有一元化的立法格局，体现了信息处理规划的全面性。首先，GDPR 所规定的个人数据范围广，几乎涵盖所有类型和所有行业的个人信息，及任何与其身份已被识别或者可被识别的自然人有关的信息都属于 GDPR 保护的范围；其次，GDPR 对个人信息处理规制的全面性还表现在其对公共部门和私人部门处理个人信息进行统一的规制，确立了采用综合方法保护隐私和数据的制度，即数据保护法对所有部门以及所有数据处理都发生效力，对公共部门和私人部门处理数据采用同样的处理规则。[①]

受此启发，我国在个人信用征信及个人数据保护方面可以借鉴的保护

---

① 姚朝兵. 个人信用信息隐私保护的制度构建——欧盟及美国立法对我国的启示 [J]. 情报理论与实践, 2013（3）.

方式包括以下几个方面。

（一）搭建完整的个人信息保护法律体系

目前，我国的个人信息保护法律已经有《网络安全法》《消费者权益保护法》《刑法》《民法总则》等从一般法到特别法的原则性支撑，基本形成了民事、刑事和行政责任。但是在征信领域的个人信息保护法律规范以及指导原则仍然不够充分和支撑，对个人信息的界定，权属争议的明确以及相关权利义务配置的明确是未来研究的重要课题，全国人大常委会也建议加快个人信息保护法立法进程。① 因此，在目前的法律框架下，个人信息保护法律体系的形成将会促进个人权利的保障，协调个人信息保护和信息流动之间的关系，同时加大对侵害个人信息权利行为的处罚力度。

（二）信息保护条款的具体设计

近年来，我国在立法上对个人信息的保护有所侧重，无论是《消费者权益保护法》最早提及尊重和保护个人信息，还是《民法总则》的个人信息权利的确认，以及《网络安全法》的实施，都是对个人信息保护的法律层面确认。但是，具体的制度设计没有突出解决实际中个人信息泄露的问题。以征信业为例，随着大数据时代的不断发展，对个人信息权利保护的新变化也应当在征信监管中体现，比如应该赋予个人信息主体更全面的权利以抵抗大数据时代征信机构和其他的信息控制主体对个人信息的随意收集和处理、共享的行为。同时，应该更新对征信监管中个人信息保护的理念，应当转变原先固守的"知情同意"的监管思路。大数据利用下的个人信息的运转和交换速度难以测算，"知情同意"难以真正做到保护个人信息的正常合理使用，积极地运用监管科技，例如，区块链技术等新技术可以带动征信行业个人信息的保护力度，可以借助区块链不可篡改、高可信度等的特点保留了信息主体对于其上传数据的控制力，确保信息主体得以在保护隐私且不被篡改的情况下真正地控制其上传的个人数据。② 从这个意义上来讲，个人信息问题起源于科技，最终也要依赖科技保护。

---

① 全国人大常委会建议：加快个人信息保护法立法进程 ［EB/OL］. ［2018-8-8］. http：//finance. sina. com. cn/chanjing/cyxw/2017-12-25/doc-ifyp.
② 杨东. 百行征信发展的几点思考 ［J］. 中国信息安全，2018（2）.

（三）　明确统一有效的信息保护监管机构，完善信息主体救济路径

目前，涉及对个人信息的保护和监管监察的行政职能部门较多，例如，国务院互联网信息办公室、工业和信息化部、公安部以及各个地方的相关部门对个人信息都有可能行使监管职责，不同执法部门对同一单位、同一事项重复检查且检查标准不一等问题，往往会增加经营者的成本。① 因此，需要参考欧盟数据安全保护委员会的顶层设计，对个人信息保护的监管职能进行统一规划，最好能在各部门之外单独设立一个机构来扮演统一监管者的角色，统一负责管理个人信息保护方面的事项。此外，考虑到人民银行在数据保护实践中的人力、物力和较为丰富的监管实践经验，也可以将人民银行征信管理部门单独列出，成立数据保护局，履行数据保护职能。② 并且协调和有效发挥消费者协会的作用，统筹对侵害个人数据的信息救济和管理。

（四）　统一和加强行政执法力度

从目前的行政处罚来看，对征信机构等利用个人数据的企业的震慑力度不够，2018 年初由支付宝年度账单事件引起的监管关注，中国人民银行和国家网信办虽然约谈了支付宝和芝麻信用③，认为其违背了曾签署的《个人信息保护倡议》，并要求其全面按照《网络安全法》的要求进行整改。但由于缺少后期的监管和排查，完全依赖平台自身的排查，仍会产生平台故意或者放任个人信息使用的道德风险。由于个人数据监管存在多方监管主体，且处罚力度过轻等问题，我们认为需要针对下列问题进行逐一完善：第一，应该统一个人数据保护的监管主体。在目前的监管格局中，监管交叉和监管空白仍然存在，相关平台容易在其中形成监管套利。并且多部门的监管又会额外增加平台自身的合规成本。应当在国家层面组成专门的个人数据保护部门，对被监管者的违法行为、损害金融消费者数据权利的行

① 全国人大常委会建议：加快个人信息保护法立法进程［EB/OL］．［2018-8-8］http：//finance．sina．com．cn/chanjing/cyxw/2017-12-25/doc-ifypy．

② 彭星．欧盟一般数据保护条例浅析及对大数据时代下我国征信监管的启示［J］．武汉金融，2016（9）．

③《中国人民银行约谈支付宝和芝麻信用》［EB/OL］．［2018-7-6］http：//www．cqrb．cn/content/2018-01/09/content_137625．html；《国家网信办约谈支付宝、芝麻信用》［EB/OL］．［2018-7-6］http：//www．zx0472．com/news/show-25470．html．

为进行监管和处罚。第二，目前对被监管者的行政处罚的力度和震慑力与被监管者的违法成本相比遥不可及，因此，对被监管者的行政处罚力度需要加强。现有《行政处罚法》中对行政处罚的规定包含警告、罚款、没收违法所得、责令停产停业，暂扣或者吊销许可证，以及行政拘留的处罚种类，而征信监管中目前最高效力的规范性文件仅是作为行政法规的《征信业管理条例》，作为行政法规的《征信业管理条例》虽然可以规定除限制人身自由以外的各种类行政处罚，但其不得不受限于现有最高 50 万元人民币的行政处罚金额上限。因此，未来应该加大对于违反个人信息保护违法行为的惩处力度，尤其是在被监管者严重损害消费者权益时，不仅可以要求返还违法所得，还可以根据情节严重程度吊销许可证。第三，要注重对被监管机构违法后改正的后续监督，对被监管机构予以行政处罚并不是终点，处罚之后仍需要监管部门对被监管者的行为进行监管和排查，确保其彻底消除违法行为，恪守法律要求和行业准则。对行政处罚后屡教屡犯的被监管者应列入信用黑名单并在后续违法行为中加重处罚。第四，明确某些侵害数据主体权利的行政处罚幅度。大数据时代侵害个人信息的形式多种多样，刑法并不能将其全部包含在内，大量侵害数据主体权利的行为还是要被归入行政处罚范围之内，目前侵犯数据主体成本极低情况下，对侵犯数据主体各类权利的行为处罚幅度的设定，有利于事前的预防。

（五）应强化行业自律监管

在《中国人民银行、银监会关于加大对新消费领域金融支持的指导意见》中，提出引入社会征信机构或者吸收社会资本成立独立的第三方机构，加强信用建设，保护金融消费者权益，形成以尊重用户的知情权、控制权和用户授权，强化自我约束、保障用户的信息安全、联合抵制黑色产业链、接受社会监督的自律目标，同时营造良好的数据隐私生态环境。

因此，作为自律组织的相关行业协会需要承担起行业个人信息保护标准制订和自律管理的责任。以征信业为例，行业协会应对征信机构进行自律管理，发挥协会教育功能，督促征信机构承担社会责任，恪守对金融消费者的信息保密义务并且维护其信赖利益，确保征信机构仅在用户授权范围内使用、收集和共享个人信息。同时也可考虑将监管机构的部分行政监管权限下放给相关的行业协会，充分发挥协会的自律监管作用。鼓励市场或者行业形成独立的个人信息保护组织，通过制定行业章程和专业技术标准、促进会员之间的交流、开展专业教育和培训、举办从业人员资格考试等行业自律管理方式，加强与政府部门的协调配合，促进个人信息安全的维护。

（六）构建完善的数据跨境移动规则

《网络安全法》确立了关键信息基础设施运营者收集的数据以境内存储为原则，安全评估后向境外传输的跨境数据传输制度。此外，对于一些特殊信息也要求留在境内。① 参考 GDPR 中充分性标准和适当保护措施制定更为详细的跨境数据流动条款，在维护我国信息安全的前提下，鼓励限定范围内数据的流动，支持我国企业开展大数据贸易，细化安全评估具体程序，避免监管成本或损失。同时，这也是我国在国际上维护数字主权的需要。

---

① 网信办起草了《个人信息和重要数据出境安全评估办法（征求意见稿）》，其第十五条规定个人信息和重要数据出境的条件和禁止出境的情形等内容。

第八部分　金融消费争议的 ADR 解决机制

一、金融消费争议的 ADR 解决机制的制度价值

金融消费纠纷解决机制是解决金融消费纠纷的各种具体方式和程序的总称。金融消费纠纷非诉讼替代性解决机制（Alternative Dispute Resolution，即 ADR，以下简称金融消费 ADR 机制）是解决金融消费纠纷的各种具体方式和程序的总称，是一般 ADR 机制运用于金融领域而形成的一种具有专业特色的 ADR 机制，[①] 具有多元化和共存性的特点。金融消费 ADR 机制作为金融消费纠纷诉讼解决机制的必要补充，二者共同构成一个完整的金融消费纠纷解决体系。

金融消费 ADR 机制是相对于诉讼解决机制而言的，其具有多样化的形式。广义的金融消费 ADR 机制包括投诉、协商、调解、仲裁等一切非诉讼形式，以及上述两种或几种方式的有机组合。结合中国金融消费者保护的实践，我们认为中国金融消费 ADR 机制主要包括投诉处理、金融调解、金融仲裁等非诉讼纠纷解决形式，是金融诉讼之外保障金融消费者权益的重要制度。非诉讼解决机制在化解金融纠纷过程中有其自身的功能价值与优势，具体而言主要有以下几点：从解决金融消费纠纷的方式来看，金融消费 ADR 机制方式灵活多样，这与多样化、复杂的金融纠纷之间具有契合性。针对不同类型的金融纠纷，当事人可以根据自己的意愿有针对性地选择纠纷解决方式，缓解法院金融纠纷审判工作压力之余，也可适应中国民众息诉止讼的社会心理。从解决纠纷的过程来看：一方面，高效便捷和自主是金融消费 ADR 机制的一大特点。通常而言，ADR 机制的程序较诉讼程序更简单灵活，不囿于传统诉讼机制的严格程序，可节省争端解决的时间成本。另一方面，金融消费 ADR 机制中当事人高度自主，当事人的合意和自助处

---

① 陈华明. 从境外经验看我国第三方金融消费 ADR 机制建设 [J]. 货币时论，2014 (12).

分权得到了更好的尊重，金融消费者的可参与程度较高，也有助于增强金融消费者维权意识，督促金融机构健康有序发展。从纠纷解决的结果来看：第一，金融消费 ADR 机制避免了诉讼中"零和博弈"的诉讼结果，而力图实现各方当事人的共赢效果；第二，当事人通过金融消费 ADR 机制达成的合意，通常是基于双方一致协商，因此更容易得到当事人的认可和执行；第三，金融消费 ADR 机制的纠纷解决成本相对低廉，内部投诉等无须付费，能够更有力地保护消费者权益。

总体而言，金融消费 ADR 机制与金融诉讼之间不是对立、不可兼容的，而是一种功能互补、相互衔接的良性互动关系，诉讼程序需要非诉讼程序作补充，非诉讼程序需要诉讼程序作保障，二者结合可以满足不同层次主体对金融纠纷解决方式的需要，以共同服务于金融消费纠纷的解决。

二、我国金融消费 ADR 机制的现行规定

就我国现有的金融消费 ADR 机制而言，不仅理论层面给予高度关注，提出了许多解决纠纷的制度建议；在法律规定层面也得到了高度重视和肯定，通过对建立金融消费 ADR 机制的原则性指导，以及对银行、证券、保险等具体领域的纠纷解决机制予以明确规定，相关法律规定和政策文件为金融消费 ADR 机制的构建奠定了制度基础。

（一）构建金融消费 ADR 的总体思路

从整个金融体系来看，2015 年国务院办公厅发布的《关于加强金融消费者权益保护工作的指导意见》中，就明确要求"建立金融消费纠纷多元化解决机制"，"建立金融消费纠纷第三方调解、仲裁机制，形成包括自行和解、外部调解、仲裁和诉讼在内的金融消费纠纷多元化解决机制，及时有效解决金融消费争议"。同年，中共中央办公厅发布《关于完善矛盾纠纷多元化解机制的意见》，指出要推动各种矛盾纠纷化解方式的衔接配合，建立健全有机衔接、协调联动、高效便捷的矛盾纠纷多元化解机制。《国务院关于印发推进普惠金融发展规划（2016—2020 年）的通知》中又强调，要畅通金融消费争议解决渠道，"试点建立非诉讼第三方纠纷解决机制，逐步建立适合我国国情的多元化金融消费纠纷解决机制"。

从行业监管来看，《中国人民银行金融消费者权益保护实施办法（银发〔2016〕314 号）》针对银行业金融消费 ADR 机制，指出要"鼓励金融机

构充分运用调解、仲裁等非诉讼方式解决与金融消费者之间金融消费纠纷";针对证券期货纠纷,《最高人民法院、中国证券监督管理委员会关于在全国部分地区开展证券期货纠纷多元化解机制试点工作的通知》指出要在全国试点地区建立、健全有机衔接、协调联动、高效便民的证券期货纠纷多元化解机制;在保险行业,国务院在 2014 年发布《关于加快发展现代保险服务业的若干意见》(国发〔2014〕29 号),明确提出了探索建立保险消费纠纷多元化解决机制的要求。这些原则性规定为各行业金融消费 ADR 的构建做出了方向指引。

(二)银行业金融消费 ADR 机制的具体规定

就银行业纠纷投诉机制而言,中国人民银行在 2013 年发布的《中国人民银行金融消费权益保护工作管理办法(试行)》(银办发〔2013〕107 号)中指出,中国人民银行各级分支机构应当受理、处理法定职责范围内的金融消费者投诉,以及涉及跨市场、跨行业类交叉性金融产品和服务的金融消费者投诉。2016 年,中国银监会通过了《关于加强银行业消费者权益保护解决当前群众关切问题的指导意见》(银监办发〔2016〕25 号),强调"要推动银行业金融机构加强对基层单位投诉处理工作的系统管理和指导,按照先机构、后监管的工作流程,妥善处理消费者与银行业金融机构之间的各类业务纠纷……"。中国人民银行在《中国人民银行金融消费者权益保护实施办法》(银发〔2016〕314 号)中对金融消费者投诉机制再次予以了规定,并且对金融消费者投诉处理机制的投诉受理范围、受理机构、处理期限及不予受理等细节进行了详细规定;中国银监会也发布了《关于完善银行业金融机构客户投诉处理机制切实做好金融消费者保护工作的通知》,规定银行业金融机构应当完善客户投诉处理机制,设立或指定投诉处理部门,增强了制度的可行性。

在调解和仲裁机制方面,《关于加强银行业消费者权益保护解决当前群众关切问题的指导意见》(银监办发〔2016〕25 号)强调"要不断总结前期金融消费纠纷调解、仲裁机制试点工作相关经验,积极探索设立具有独立性和公信力的第三方机构,引导消费者通过第三方调解机构化解矛盾纠纷,实现纠纷解决途径的多元化";《中国人民银行金融消费者权益保护实施办法》(银发〔2016〕314 号)指出,应"鼓励金融机构充分运用调解、仲裁等非诉讼方式解决与金融消费者之间的金融消费纠纷"。

（三）证券业金融消费 ADR 机制的具体规定

就证券纠纷的投诉处理机制，《国务院办公厅关于进一步加强资本市场中小投资者合法权益保护工作的意见》要求证券监管部门建立健全登记备案制度，将投诉处理情况作为衡量相关主体合规管理水平的依据；此外，《中国证券投资基金业协会投诉处理办法（试行）》对基金业协会投诉处理监督工作制度做出专门规定。

在调解机制方面，《国务院办公厅关于进一步加强资本市场中小投资者合法权益保护工作的意见》支持自律组织、市场机构独立或者联合依法开展证券期货专业调解，为中小投资者提供免费服务。中国证监会指导中国证券业协会成立证券纠纷调解中心，公布《证券纠纷调解工作管理办法（试行）》《证券纠纷调解规则（试行）》《调解员管理办法（试行）》等三项证券纠纷调解规则，着力推进证券纠纷调解机制建设。

此外，《国务院办公厅关于进一步加强资本市场中小投资者合法权益保护工作的意见》鼓励开展证券期货仲裁服务，培养专业仲裁力量。支持投资者与市场经营主体协商解决争议或者达成和解协议；发挥第三方机构作用。针对适当性相关的纠纷，《证券期货投资者适当性管理办法》指出经营机构应当与投资者协商解决争议。

（四）保险业金融消费 ADR 机制的具体规定

中国保监会于 2007 年专门出台了《关于推进保险合同纠纷快速处理机制试点工作的指导意见》，为保险纠纷非诉讼解决机制的基本制度框架和流程设计提供了最早的法律依据，并在机构建设、机制运行、流程规范等方面做出了规定。针对具体的保险消费投诉和纠纷处理问题，2013 年中国保监会针对性地出台了《保险消费投诉处理管理办法》，对监管机关、行业协会、保险公司、保险中介机构在内的全行业各单位在投诉处理的职责分工、处置流程及处置时限等方面做出了统一规范。在调解机制方面，中国保监会与最高人民法院于 2012 年联合下发《关于在全国部分地区开展建立保险纠纷诉讼与调解对接机制试点工作的通知》（法〔2012〕307 号），并在 2016 年发布《关于全面推进保险纠纷诉讼与调解对接机制建设的意见》（法〔2016〕374 号），就调解平台、调解组织和调解员队伍的建设做出规定，全面推进建立"诉调对接"机制。

（五）其他金融业金融消费 ADR 的具体规定

针对互联网金融行业的纠纷解决，《关于促进互联网金融健康发展的指导意见》第十六条要求构建在线争议解决、现场接待受理、监管部门受理投诉、第三方调解以及仲裁、诉讼等多元化纠纷解决机制。《网络借贷信息中介机构业务活动管理暂行办法》第三十四条也规定中国互联网金融行业协会（行业自律组织）拥有受理相关投诉和举报、开展自律检查的职责。

三、我国金融消费 ADR 机制的实践情况

（一）金融消费 ADR 机制的实践经验

总体来看，当前我国的金融消费纠纷的 ADR 解决机制框架已经初步成型，金融纠纷的投诉处理、调解和仲裁机制之间尝试有效衔接，呈现出先投诉处理、后调解、再仲裁（或诉讼）的递进式纠纷解决系统。

1. 投诉处理机制

银行业的投诉处理机制分为内部投诉处理机制和向监管机构投诉处理机制两个部分。根据《中国人民银行金融消费者权益保护实施办法》第三十五条的规定，金融消费者与金融机构产生金融消费争议时，原则上应当先向当事的金融机构投诉。金融机构对投诉不予受理或者在一定期限内不予处理，或者金融消费者认为金融机构处理结果不合理的，金融消费者可以向金融机构住所地、争议发生地或者合同签订地中国人民银行分支机构进行投诉。就内部投诉而言，目前国内各主要政策性银行、大型商业银行、股份制商业银行等金融机构均建立了客户投诉处理机构。如中国农业发展银行公布了客户投诉的投诉邮箱和投诉电话；中国建设银行、交通银行、中国工商银行设置和公布了投诉邮箱、投诉热线、投诉"留言板"等投诉通道；光大银行、华夏银行、招商银行等股份制商业银行也公布了投诉方式和投诉流程。人民银行专门开设了"12363"金融消费权益保护咨询投诉电话，受理金融消费者的咨询和投诉。

就证券类金融产品纠纷的投诉处理机制而言，投资者也需先向证券类金融机构进行投诉，由金融机构的服务热线接受金融消费者的投诉并进行内部调查；若金融消费者不满意金融机构内部调查意见，再向中国证监会或者其派出机构的投资者保护局（处）投诉，投保局（处）接到金融消费

者投诉后转交被投诉金融机构所对应的监管处室进行调查。当前中国证监会也开通了"12386"中国证监会热线，受理金融消费者对证券期货市场投资者的投诉、咨询、建议等。

保险行业的投诉处理机制也遵循先向保险机构进行投诉、再向监管机构投诉的程序。根据监管要求，当前国内经批准成立的保险机构、保险中介机构在官方网站和营业场所都公布了本单位的保险消费投诉电话号码、传真号码、信函邮寄地址、接待场所地址和电子邮箱等信息；自 2012 年 4 月 26 日起，保监会开通"12378"保险消费者维权投诉热线，接受保险消费者维权投诉以及对保险机构及其从业人员违法违规行为的举报。

此外，国内主要的基金公司、信托公司、互联网金融平台和互联网金融公司都通过相关网站、应用平台等渠道公布本单位的投诉电话、联系地址等投诉渠道，金融消费者可以在此进行咨询和维权。

2. 调解机制

在银行业的纠纷调解实践中，2013 年中国人民银行在上海、广东、陕西、黑龙江等地进行了省（市）级金融消费纠纷调解组织建设试点，其中包括了在行业协会内部设立调解机构等措施。2016 年 5 月 10 日上海银监局指导上海市银行同业公会发起上海银行业纠纷调解中心，其调解案件类型涵盖信用卡纠纷、个人及公司贷款纠纷、代销保险、基金纠纷等领域。同时，上海市高级人民法院与上海银监局联合签署《关于建立银行业纠纷诉调对接工作机制的合作备忘录》，确定上海银行业纠纷调解中心所达成的调解协议可以申请法院进行司法确认。总体而言，第三方调解机构的调解成效是颇为显著的，大大缓解了监管部门的信访压力。以深圳市银行业消费者权益保护促进会为例，自其 2015 年成立截至 2017 年，总共接到并受理各类纠纷 1941 件，经促进会调解中心居中协调，调解成功 1649 件，调解成功率达到了 85%。①

在证券行业相关纠纷的调解工作中，中国证券业协会、中国证券投资基金业协会等行业自律组织发挥了不可或缺的作用。2013 年 9 月，深圳国际仲裁院及证券、期货、基金等资本市场行业协会和自律组织共同发起设立了深圳证券期货业纠纷调解中心。截至 2017 年 8 月 31 日，该调解中心已

---

① 叶良才，文雪冬等. 金融消费者权益保护第三方调解机构建设实践与思考——以深圳市银行业消费者权益保护促进会为例［J］. 中国银行业，2017（3）.

办结案件 513 宗，其中调解成功 477 宗，调解成功率接近 93%。① 此外，中证中小投资者服务中心在证券纠纷调解工作中地位逐渐凸显，当前投资者服务中心已在山西、贵州、宁波等地设立专门调解工作室或调解工作站，分别负责辖区内的纠纷调解工作。

在保险行业，最高人民法院与中国保监会联合发布了《关于全面推进保险纠纷诉讼与调解对接机制建设的意见》来推动保险纠纷调解解决机制的建设。在收到保险纠纷起诉状或者口头起诉之后、登记立案之前，人民法院立案部门会引导当事人选择调解方式解决纠纷。当事人明确表示不同意调解的，人民法院予以登记立案。在调解人员方面，相关地区法院可以建立特邀调解组织名册、特邀调解员名册，提供专门处理保险纠纷的调解室，供特邀调解组织、特邀调解员开展工作。

3. 仲裁机制

近年来，我国的仲裁机构比较关注金融仲裁，金融消费纠纷的仲裁解决机制也取得了较大发展。

在仲裁规则层面，2003 年 5 月，中国国际经济贸易仲裁委员会（以下简称中国贸仲）制定了《金融争议仲裁规则》，随后分别于 2005 年和 2008 年对其进行了修订。该规则是中国贸仲唯一一套针对特定案件的专门的仲裁规则。2007 年 12 月全国首个金融仲裁院在上海市仲裁委内成立，并制定了相关的金融仲裁规则；武汉仲裁委在 2008 年成立了专门解决金融商事争议的专业部门；2009 年，珠海仲裁委与中国人民银行珠海市中心分行合作，设立了珠海市金融纠纷仲裁中心；重庆、杭州、深圳、广州、长沙、温州、成都、天津等地也纷纷设立了专门解决金融争议的金融仲裁中心和金融仲裁小组，并制定了相应的独立的金融争议仲裁规则。由此可知，我国的金融仲裁在制度规则和机构建设上已初具规模。

（二）金融纠纷 ADR 机制存在的问题

从一般意义上来讲，通过诉讼途径解决金融纠纷本应是金融消费者的最后选择，但实践中往往成了金融消费者的第一选择，这是我国金融纠纷解决制度尚不完善的直观体现，侧面反映出我国金融消费 ADR 机制的制度缺陷。

---

① 和讯新闻. 深圳证券期货业纠纷调解中心 ［EB/OL］. ［2018-7-20］. http：//futures. hexun. com/2017-09-28/191046529. html.

1. 投诉处理机制存在的问题

虽然各行业金融机构内部以及相关监管部门都已开放了投诉渠道，但从实际效果上看，投诉处理机制并未实际成为金融纠纷得以解决的首道程序。当前，金融消费纠纷的投诉处理机制尚存在以下几方面的问题：第一，从金融机构内部投诉的方面来看，尽管通过内部协商解决具有直接性、经济性、及时性的特点，但是从实践角度来看，部分金融机构内部并未设立专门的消费者投诉处理部门，而部分金融机构虽在内部设置了消费者投诉处理部门，但其在战略定位中并未受到充分重视，可能难以妥善解决消费者投诉的问题；第二，从向监管部门投诉的方面来看，目前处理方式主要是转交金融机构处理，监管部门负责督办。在此机制下，监管部门在纠纷的解决问题上并未发挥应有的作用；金融机构可能为了应对监管部门的考核，会采用结果导向的处理方式，忽略处理程序和处理方式；从本质上来看，消费者的投诉实际又回到金融机构内部，徒增纠纷处理的时间成本。

2. 调解机制存在的问题

对于金融纠纷的调解机制而言，原"一行三会"都在进行调解组织的试点工作，但在实践中也反映出不少问题：

在调解机构的设置方面，囿于缺乏协调和统一规划，当前金融纠纷调解机构的设置和发展存在散、乱和发展不平衡的现象。调解组织设立较为散乱，一些地方存在业务与功能重叠的多个调解组织，而一些地区则尚未设立类似的调解组织。以银行业调解机构的设立为例，上海地区既有人民银行主导的金融消费调解中心，又有银监局主导的调解机构；而福建、浙江这些省份，该类机构则比较少。

在调解的程序方面，当前金融纠纷的调解机制尚无规范性的调解程序和处理规程，金融纠纷的调解组织大多沿用传统婚姻家庭矛盾的人民调解模式。当事人在调解员的主持下进行磋商和沟通，调解程序由当事人主导，调解过程冗长；从结果来看，人民调解员居中调解的作用主要是解释、劝解，纠纷能否和解取决于当事人是否愿意妥协，而调解员在程序中处于被动地位，不拥有提出解决方案的裁断权，从而无法有效定纷止争。金融消费纠纷本身具有当事人地位的不平等性、金融交易的专业性、消费者保护理念的倾斜性等特点，这决定了人民调解模式的具体流程、调解理念和调解技巧等可能不适用于金融纠纷调解，因此需要一套专门程序来加以规范。

在调解协议的执行情况方面，金融机构和金融消费者在调解下达成的和解协议，本身不具有强制执行力，实际效果有赖于双方当事人的自觉履行。金融消费纠纷调解协议的效力在缺少专门规则的情况下，按照一般民事调解协议的效力认定和执行，双方达成调解协议后，除非经当事人申请、法院确认该调解协议的效力；否则当事人反悔，可以再向法院起诉。由此，现有的调解机构和规则设置都不能确保调解协议得以确实履行，无法实现制度价值，造成调解资源的浪费。

3. 仲裁机制存在的问题

相较投诉处理和调解机制，虽然我国的仲裁机构和仲裁规则有较好的制度基础，但用仲裁机制处理金融消费纠纷的实际应用频次更低，主要是因为当前金融仲裁的制度设计与金融消费纠纷之间尚存在不适性。

首先，当前的金融仲裁仍沿用一般的仲裁规则，对金融消费纠纷的针对性不足：一般的仲裁机构毕竟并非针对金融纠纷所设，也向其他类别的消费者提供仲裁服务，其仲裁规则、仲裁程序未针对金融消费纠纷做出特殊规定，所以其仲裁规则不能有针对性地贯彻倾斜保护金融消费者的理念和目的；在管辖方面，一般仲裁机构的管辖权是非强制性的，而且只有存在仲裁协议的前提下，仲裁机构才有权裁决争议。在实践中，金融消费者与金融机构之间极少签订仲裁条款，这就直接限制了仲裁方式解决金融消费纠纷的适用。其次，高昂的仲裁费用并不适合处于弱势的金融消费者。以上海金融仲裁院为例，如争议金额为 200000 元，案件受理费为 4550 元加收争议金额 100000 元以上部分的 3%，即为 7550 元，案件处理费为 3000元，共计 10550 元，[①] 相较诉讼成本更高。更重要的是，金融机构和消费者之间应当如何负担该等仲裁费用，当前并无明确规定，若由消费者分担对金融消费者而言并不经济，由金融机构一体承担也难言公平，因此需要进一步协调和明确仲裁收费规则。最后，实践中金融仲裁程序与诉讼方式几无差异，与金融消费纠纷快速解决的理念并不相适应。大部分金融消费纠纷具有事实清楚、案件标的不大的特点，实际裁断并不复杂，但缺少针对此类简单纠纷的仲裁程序规则，沿用普通金融仲裁的思路裁断纠纷，造成当事人和仲裁机构的资源浪费。

四、境外金融消费 ADR 机制的经验借鉴

面对日益增多的金融纠纷，各国纷纷探索适合本国国情的金融消费

---

① 上海金融仲裁院. 申请仲裁收费标准［EB/OL］.［2018-8-1］. http：//www. accsh. org/index. php？ m＝content&c＝ index&a＝lists&catid＝30&menu＝7-28-30.

ADR 路径，从全球来看，关于金融消费纠纷解决的法律实践已经有较长的发展历史，部分国家和地区的金融消费 ADR 机制也取得了良好效果，结合我国金融消费 ADR 实践中存在的问题，可以学习借鉴全球范围内先进的金融消费纠纷解决机制。

（一）美国的金融消费保护局

在 2007 年之前，美国的银行面对金融消费者投诉一般能都自行解决，无法直接解决的才交给其他监管机构解决，而司法途径则是最后一根救命稻草。在金融风暴下，美国体会到了金融消费者保护的重要性，在《华尔街改革法案》中设立消费者保护局（简称 CFPB）。CFPB 的职能之一就是收集消费者的投诉情况，并做出相应举措。

首先，在运作机制上，CFPB 改善了投诉渠道，消费者可以通过互联网、电话等各种途径就有关金融侵权纠纷向 CFPB 投诉；其次，CFPB 在接到金融消费纠纷后，会要求金融机构在 15 日内做出相应回应，60 天内将所有投诉处理完毕，CFPB 还可以举行听证，下达临时命令要求中止违法行为，还可以直接对违法行为人提起民事诉讼；再次，CFPB 需要将相关信息整合，向局长和监管机构报告，并建立数据库，定期研究投诉情况，不定期发布反馈报告，向民众公布并接受部门监督；最后，CFPB 与联邦储备体系设立的"消费者金融民事处罚基金"相互合作，将源自司法或行政处罚的罚金纳入该基金，救助在金融交易中因违法行为受到损害而维权困难的消费者。

（二）英国的金融申诉专员机构

英国的金融申诉专员（Financial Ombudsman Service，FOS）制度，开辟了独立的第三方解决途径，在实际操作时民众及机构的认知程度比较高，是国外金融 ADR 制度的典型范本，被澳大利亚、新西兰、法国、德国等多个国家在改革本国制度时引用借鉴。

FOS 机构属于保证责任有限公司，经济上不依赖英国当局，而由如下途径自主解决：一方面，由被投诉机构承担小部分投诉处理费，且一年的前三件投诉不收取该费用，之后按照低于法庭审理的费用来收取；另一方面，由受管辖的金融机构支付年度费用，收取标准由机构规模和业务上的差异分类进行。就 FOS 的管辖来看，其管辖对象主要分为强制性管辖和自愿性管辖。强制性管辖适用于英国金融服务管理局授权经营的金融机构与金融消费者之间发生的纠纷，案件仅限于金融机构与小企业或自然人发生纠纷，通常不接受机构之间的投诉纠纷。自愿性管辖适用于不由英国金融服务管理局监管的企业与客户之间的金融纠纷，企业在与 FOS 订立三方协议的基础上可纳入 FOS 的受理范围。这些企业为了提升公众对自己的信心，通常自愿接受 FOS 的管辖。①

英国的 FOS 制度主要有金融机构的内部申诉、审裁员主导的调解和案件评估、督察员主导的最终裁决三个部分。纠纷产生的时候，依据如下顺序逐步向其投诉和解决：

（1）由金融机构内部投诉渠道处置，这是 FOS 启动的前置程序，除非该处置没有在合理期限内或成果得不到对方的认可。

（2）FOS 在接到案件后，先审核投诉者的主体适格问题、案件受理范围以及有无超出法定投诉期限。当然，如果被投诉机构不反对逾期投诉，FOS 仍可以处理该投诉案件。

（3）客户服务部可以自行处理简单的纠纷，审裁员也可以根据案件的情况，通过调解、提出非正式解决建议等方法，决定最优的处理方法以便当事人双方进行和解。如通过以上方式不能解决的话，审裁员可以提出临时性评估意见，如果双方当事人接受了该意见，则案件了结，反之，双方都能申请将该案交由申诉专员复核，由其做出终局裁定。

（4）申诉专员复核时进行相关调查，在听取双方意见后，做出书面终裁。如果消费者没有异议，则该结果对两者具有约束力；对做出的裁决，金融机构没有否决权，但金融消费者有权不接受该裁决。而一旦金融消费者表示不接受裁决或者在规定时间（6 个月）内对裁决参见不做任何表示，则该裁决对双方均无约束力，消费者可以将纠纷交由法院处理。②

（三）日本的金融行业组织纠纷解决机构

2004 年 12 月 1 日，日本通过《诉讼外纠纷解决程序利用与促进法》（该法又被简称为《ADR 促进法》），其目的是让各专门行业的 ADR 机制逐步建立起来并予以规范化。该法为金融业内的 ADR 创设提供了基本的法律基础。2008 年 12 月 17 日，在《关于金融领域裁判外纠纷解决制度（金融 ADR）的最佳实施方案》中，日本金融 ADR 机制作为替代性纠纷解决机

① 叶挺舟 . 国际视域下的中国金融 ADR 路径探析［J］. 区域金融研究，2013（11）.
② 叶挺舟 . 国际视域下的中国金融 ADR 路径探析［J］. 区域金融研究，2013（11）.

制正式以法律的形式被明确规定下来。①

日本当前的金融 ADR 制度的运作流程主要是：（1）投诉处理程序。消费者可以向指定纠纷解决机构申请处理投诉。基于申请，由行政部门指定纠纷解决机构，并予以监督。指定纠纷解决机构在受理投诉处理申请后，给予建议，进行必要调查，并通知金融机构投诉的内容，及时处理和解决；（2）金融机构与指定的纠纷解决机构之间事先缔结"同意实施程序基本合同"，纠纷解决委员实施解决纠纷的程序，提出和解方案；（3）金融机构通过和解方式解决纠纷。

对于一般和解案，当事人可以自由反悔。而金融 ADR 制度为确保纠纷解决的实效性，纠纷解决委员可以根据程序进行的状况和消费者的意愿，提出对当事人具有一定约束力的和解案，即"特别调停案"。特别调停案对于金融机构一方具有拘束力，金融机构通常来说必须接受并予以履行。但对于消费者而言，可以选择接受或是不接受特别调停案。如果选择接受，消费者就享有了要求金融机构履行的权利；如果拒绝接受，消费者仍然可以和争议相对方达成新的和解协议，或者向有管辖权的法院提起诉讼。如果消费者或金融机构提起诉讼，则该特别调停案将自动失效。但是倘若金融机构没有正当理由却仍然拒绝接受该特别调停案，或者无正当理由不履行特别调停案中的己方义务，就会被视为金融机构对与纠纷解决机构之间所签署《基本契约》的违约，纠纷解决机构有权将金融机构不履行这一事实公之于众，这在公共舆论上将对金融机构声誉产生重大影响。②

（四）中国香港地区的金融纠纷调解中心③

在中国香港，传统的金融纠纷解决途径除了法院、仲裁委员会外，当事人还可以通过证券及期货事务监察委员会、金融管理局、保险业监理处、保险索偿投诉局、强制性公积金计划管理局、消费者委员会、小额钱债审裁处等机构处理金融纠纷。④

2011 年香港金融纠纷调解公司成立，并于 2012 年开始运作。该公司的成立旨在独立和公正基础上为消费者提供费用较低的争议解决途径，快捷

---

① 王莹丽. 日本金融 ADR 机制探析 [J]. 财贸研究，2011 (4).
② 麻欣然. 英、日金融监管部门消费纠纷解决机制比较研究 [D]. 华东政法大学 2015 年硕士学位论文.
③ 刘如祥. 香港金融纠纷解决机制的最新发展及启示 [J]. 金融与经济，2014 (4).
④ 李慈强. 论金融消费者保护视野下金融纠纷调解机制的构建 [J]. 法学论坛，2016 (3).

地处理金融消费者与金融机构之间的纠纷，维护市场稳定。

香港这种新型机制借鉴了英国 FOS 制度，但又有所变通。金融纠纷调解中心的纠纷处理采取"先调解，后仲裁"的形式，具体步骤如下：

1. 消费者提出咨询或投诉申请

消费者就金融消费争议向调解中心提出咨询申请或投诉。

2. 正式提出申诉

消费者填妥申诉表格并提交至调解中心，同时支付相应的申诉费用。

3. 调解当值主任审核申诉

接到消费者的申诉表格后，调解中心负责调解计划的当值主任需要向金融机构和消费者索取相关资料，并审核申诉请求是否在调解中心的职权范围内，决定是否受理该案件。

4. 安排调解

申诉请求通过审核后，调解中心将安排经过双方认可的独立的调解员召集当事人参与调解会议，调解过程和结果对外保密。调解员的主要任务在于促成双方达成和解协议，但无权对纠纷案件本身做出实质性裁决，调解结果属于自愿性质，并没有强制性的约束力。

5. 调解不成，进入仲裁

在当事双方无法经过调解达成和解协议时，申诉人可以选择在金融纠纷调解中心协助下将案件提交仲裁，或者放弃仲裁直接进入诉讼环节。仲裁员的选定需双方同意，仲裁员裁定的结果对争议双方均具有约束力而且是最终裁决，即选择仲裁方式解决纠纷的消费者在收到仲裁结果后，无论满意与否都必须接受，而不能继续将案件提起诉讼。[①]

（五）我国台湾地区的金融消费评议中心

次贷危机爆发前，台湾地区对金融消费者的保护并未给予太多的关注，也没有设立专门针对金融消费者的保护机构及相应的制度安排。伴随着美国金融消费者保护法案的颁行实施以及英国新的金融监管改革方案的发布，台湾地区在重新审视金融领域的基础上，也顺应世界潮流，在 2011 年 6 月颁布了所谓"金融消费者保护法"，用大量篇幅就金融消费者争议处理做了详细的规定，并要求建立金融消费争议处理机构——台湾地区的金融消费评议中

---

① 宋清华. 香港、台湾地区金融 ADR 的发展及对中国内地的借鉴 [J]. 武汉金融，2016 (7).

心（相当于英国的 FOS），以为金融消费者提供更充分、高效的救济方式。

台湾地区的金融消费评议中心的性质属于财团法人，设立时的捐助财产总额为新台币十亿元，由民间捐助和地方分五年编列预算捐助构成。另外，争议处理机构设金融消费者保护基金，基金来源主要包括捐助的财产、依规定向金融服务业收取的年费及服务费、基金的孳息及运用收益、其他受赠的收入等。

就其管辖范围而言，金融消费评议中心作为综合性的金融消费争议解决机构，其受理的投诉案件涵盖证券、银行、保险等各个领域的消费争议或纠纷。在合格投诉者的身份限制方面，台湾地区所谓"金融消费者保护法"规定评议中心只接受缺乏一定财力或专业能力的自然人及总资产在 5000 万元新台币以下的法人的评议申请。

台湾地区的金融消费评议中心的争议处理程序主要如下：

1. 在金融争议发生后，金融消费者应先向金融服务业提出申诉，由金融服务业在收受申诉之日 30 日内做出处理，并告知金融消费者处理结果。

2. 如果金融消费者对该处理结果不服或者金融服务业未能于规定时间内做出处理决定，金融消费者应在收受决定或处理期限届满之日起 60 天内向争议处理机构申请评议。

3. 争议处理机构在收到评议申请后，应先进行调处，在当事人任意一方不同意调处或者调处不成的情况下，则需评议。

在评议结果的效力上，中国台湾地区金融消费者保护建立了颇具特色的强制赔付机制。对于争议处理机构所作的评议决定，金融消费者应在评议规定的期限内做出接受或者拒绝的意思表示，即金融消费者可以选择接受或者拒绝，如果拒绝的话，该评议决定对消费者没有约束力。金融服务业如果事前以书面同意或与其商品、服务契约或其他文件中表明愿意适用台湾地区所谓"金融消费者保护法"之争议处理程序，则对争议处理机构做出的给付金额或者财产价值在一定额度内以下的决定必须接受，而对超过一定额度的评议决定，金融消费者如果愿意缩减该金融或财产价值至一定额度时，金融服务业也必须接受，即金融服务业在事先有声明的情况下，受到一定额度范围的约束力。

（六）境外金融消费 ADR 机制的主要经验

虽然在不同国家地区，其金融消费 ADR 机制的机构和具体流程各不相同，但国际主流金融消费纠纷投诉处理机制还是存在一些主要的共性特点：

1. 争议处理机构的独立性

投诉处理机构为消费者和金融机构外的第三方，一般也独立于监管部门。投诉机构的独立性使其可以公平、公正地处理争议，有助于金融消费者权益的保护。同时，争议处理机构与监管当局也保持了一定的独立，虽然争议投诉处理机构受监管当局监督，但是监管当局不能干预争议处理机构的业务和运作。

2. 争议处理机构的行业综合性

国际主要经济体的金融投诉纠纷处理机构近年来出现了由分业向综合的横向整合趋势。如英国 FOS 就是在 2001 年整合了金融服务各行业的 FOS 后成立的，中国台湾地区的金融评议中心、中国香港地区的金额纠纷调解中心也是如此。

3. 组织的非营利性

争议处理机构作为非营利性组织，保证了这些机构可以不受利益的驱使，而做出公平、公正的裁决意见。另外，非营利性组织以服务公众为宗旨，使更多的消费者愿意选择争议处理机构来维护自身权益。

4. 争议处理的特殊性

一方面，争议处理的方式主要采用书面审理。这是因为投诉处理机构受理的大多是小额纠纷，案情简单，法律关系清晰，因此在争议处理程序上，大多采用书面审查—调解—裁决的机制。

另一方面，无论是调解还是仲裁环节，争议的解决程序一般都由调解员或仲裁员主导，由其根据案情提出相应的解决方案。同时，争议处理队伍要具备相关争议的专业知识，从而可以做出正确的评判意见。

5. 争议处理理念的倾斜保护性

相对于金融机构，金融消费者处于弱势地位，因此争议处理机制要向金融消费者倾斜保护。主要包括两个方面：一是收费，一般而言，争议处理不向金融消费者收费；二是争议处理结果，一般金融消费者可以选择接受还是拒绝争议处理的结果，但是金融机构对争议处理没有"接受或者拒绝"的选择权。

五、我国金融消费 ADR 机制的完善建议

世界银行在其《金融消费者保护的良好经验建议》中指出："一个功能完善的金融消费者保护机制应包括消费者保护机构、披露规则、消费者账户的管理和维护、隐私和数据保护、争端解决等八个方面的内容"。金融消

费纠纷的多元化解决机制是"争端解决"的重要一部分，是金融消费者权益保护的"最后防线"，也是行为监管理念下，监管机构识别和纠正金融机构的非理性经营行为、维护金融消费者信心的要求。

针对当前实践中暴露出来的问题，我们认为应当从以下几个方面实现我国金融消费 ADR 制度的完善。

（一）完善金融机构内部投诉处理机制

在我国现阶段，金融机构对于内部投诉处理并没有明确的程序与标准，这也导致了金融机构处理纠纷时的任意性与不公平性。因此，应制定统一的客户投诉处理机制。

首先，监管部门应当强调具备条件的金融机构均应当设置投诉处理机构，未设置投诉处理机构的金融机构应向监管部门说明情况。在金融机构内部，要求以成文的形式制定内部投诉处理的程序规程，将接受投诉、处理投诉、投诉反馈与备案工作落实到具体部门，相关成文规程在金融机构网站、经营场所进行公开和披露。更重要的是，投诉机构的设置情况、内部规程的制定情况和信息披露情况，需要作为监管部门考核金融机构开展新业务和发行新产品的重要指标。

其次，要加强对金融机构处理投诉意见的工作监督。在程序上，监管部门要制定金融机构处理纠纷时的具体流程，而非由各金融机构单独制定规则，具体包括接受纠纷投诉、纠纷处理人员的资格审核、纠纷处理完毕的追踪回访、投诉处理责任制等基本内容。为满足监管部门行为监管的要求，可以实行向监管部门的投诉处理备案制度，定期将接受投诉情况、投诉处理情况等数据及时报送。

（二）建立专门的金融消费纠纷调处机构

《金融消费者保护的良好经验建议》中指出应当为消费者提供诸如独立金融监察机构，或一个具有类似效力和执行力的机构。针对该等纠纷调处机构的建立要点，应当从以下几方面加以考虑：

1. 独立性

从对外关系来看，金融消费纠纷调处机构在设立时应当保障其独立性，不受各级政府、监管机构、金融机构和消费者组织的领导和干涉。

金融消费纠纷调处机构的职能在于负责管理金融纠纷调解计划，解决金融机构和金融消费者之间的金融纠纷。由于该机构不是监管部门，因此只负责解决金融纠纷，不承担监管机构的监管角色，不享有调查违规案件并处以罚款、施加行政处罚等权力。但是，如果该机构发现具体的金融机构违规操作有可能引发系统性风险时，应当通知监管机构，监管机构有权介入并开展执法调查。

此外，结合既往金融纠纷调解机构区域间经济发展水平参差不齐的问题，金融纠纷调解机构的设置在区域分布上应当注意平衡性。同一地区并不一定设定数量限制，但是应当与纠纷解决的需求、地区间经济的承受能力相适应。

2. 综合性

我国的银行业、保险业、证券业、信托业等金融领域，仍在"分业经营、分业管理"的框架下运行，不同领域的金融消费纠纷对应不同的纠纷处理机构。从世界范围来看，英国、中国台湾地区、中国香港地区等地的综合型金融消费 ADR 机构已取得了不菲成绩。立足我国实际情况，在混业经营已经成为常态的金融业态下，金融消费纠纷极有可能出现跨领域的情况，典型的如银行金融机构代销保险类金融产品，发生相关纠纷时银行业纠纷处理机构和保险业金融处理机构可能出现互相推诿、权责不清的情况，必须解决这种因为产品属性划分不明所导致的"管辖争夺"或者"管辖推卸"。即使是单一领域的纠纷，也应当实现各行业对纠纷解决的原则理念、基本程序和制度建构的同一化，这才有利于金融消费者保护工作的整体推进。

3. 非营利性

金融消费纠纷调处机构的宗旨和目的应当以保护金融消费者为核心，妥善高效处理金融消费纠纷。基于此，无论以何种形式成立调解机构，其应具有公益性，不应以盈利为目的。结合我国目前的现实情况，可以考虑由金融监管机构许可成立的特殊目的的有限责任公司的形式作为金融消费纠纷调处机构，其成立费用和运作初期所需的经费来源于财政拨款。从长远来看，其经费和收入来源于涉金融消费纠纷的金融机构。

（三）制定金融消费纠纷调处机构的具体规则

在成立专门金融消费纠纷调处机构的基础上，应制定专门的金融消费纠纷调处的法律规范（如制定统一的《金融纠纷调解条例》①），将处理程序、调处结果的效力等关键环节确定下来。

---

① 李慈强. 论金融消费者保护视野下金融纠纷调解机制的构建［J］. 法学论坛，2016（3）.

首先，金融机构内部处理程序应当成为其他程序的前置程序。因为内部解决的方式更加便捷而且为消费者所熟知，当事人双方都对纠纷的具体情况比较熟悉，更便于纠纷的快速解决；其次，如果金融消费者的利益未得到满足，得再向金融消费纠纷调处机构申请调处。调处包括两个环节，首先由调处机构的专业人员进行调解；不能达成调解协议者，由相关专业人员在审阅相关书面材料之后，做出处理决定书。为了实现对金融消费者的倾斜保护，争议金额在一定限度内（如 2 万元）的处理决定，金融消费者可以在一定时间内明确选择接受或者拒绝，金融机构没有拒绝选择权；若金融消费者选择接受该决定结果，则该决定对双方都具有约束力，无须经过法院确认程序；若金融消费者明示拒绝接受（未明确接受视为拒绝接受），则该决定对消费者没有约束力，消费者可以另行选择仲裁或者诉讼方式维护自身权益。但为避免金融消费者以此为机制要挟金融机构，或损害金融机构的正当权益，若金融机构能够举证证明，做出处理决定的程序存在重大瑕疵或处理决定的内容违反法律规定，则有权向金融消费调处机构申请拒绝接受该等处理决定。①

（四）完善金融消费纠纷仲裁机制

金融仲裁作为一种高效快捷、被大多数国家所认可的纠纷解决机制，在解决纠纷方面具有灵活性、专业性和保密性的优势。目前，我国的仲裁制度依旧需要改善，建议可以从以下几个方面完善金融仲裁制度：

1. 金融消费纠纷仲裁费用的特殊设置

对于金融消费者来说，金融机构内部处理或者交由独立的第三方机构解决不会耗费大量资金。因此，基于倾斜保护金融消费者的基本原则，金融消费纠纷仲裁的费用应当做出特殊安排。具体而言，若仲裁结果表明金融机构确实存在违规行为并应承担相应责任，则仲裁费用当由金融机构一体承担，由此不仅保护金融消费者权益而且对金融机构起到间接惩罚的作用。若金融机构实际不存在过错，则相应仲裁费用应当由金融消费者承担，但仲裁费用可适当降低，以倾斜保护金融消费者。

2. 根据案件类型，制定不同的金融消费仲裁程序

金融消费纠纷仲裁应当以书面审查形式为主，针对不同类型的金融纠纷应当规定不同的程序解决。对于小额的纠纷或者案件事实清楚的纠纷，

---

① 刘如祥．香港金融纠纷解决机制的最新发展及启示［J］．金融与经济，2014（4）．

若双方无特别约定，则仲裁委员会可以直接选择适用简易仲裁程序进行仲裁，但金融消费者有拒绝简易仲裁的权利。此举可以节省仲裁资源，提高仲裁解决纠纷的效率，设置消费者的拒绝权可以倾斜保障消费者的选择权，激励消费者更多地选择金融仲裁的纠纷解决途径。

（五）实现金融消费 ADR 机制与诉讼之间的协调与对接

在金融消费纠纷解决机制里面，诉讼方式是金融消费纠纷解决的最后保障，诉讼相对于 ADR 机制而言纠纷解决的周期长、成本大，因此应当在衔接与协调两个方面实现金融消费 ADR 机制对诉讼机制的补充作用。

在诉讼与非诉讼机制之间的衔接方面，从金融消费纠纷 ADR 机制到诉讼机制之间应该是一个递进的过程。首先，金融机构内部投诉与处理程序应当成为其他程序的前置程序；其次，如果金融消费者的利益未得到满足则可以选择金融消费纠纷调处机构进行调解或选择仲裁；最后，诉讼制度是解决金融消费纠纷的最终途径。换言之，金融消费诉讼的立案受理以走完全部金融消费 ADR 程序为前提，消费者若不接受金融消费纠纷调处机构的调处决定书，只能通过诉讼方式解决纠纷，这也是提高司法资源利用效率的必要体现。

在诉讼与非诉讼机制之间的协调方面，金融消费纠纷调处机构对于金融消费纠纷调处过程中遇到的疑难问题可以邀请有经验的办案法官参与讨论，听取法院系统对于案件纠纷的理解和建议，以便于诉调对接中统一金融消费纠纷类案件的处理尺度。类似地，法院在受理涉及金融消费纠纷的案件后，也可邀请调处机构的相关专业人员共同参与诉讼调解或咨询专家意见。

综上所述，从微观层面看，构建我国多元化金融纠纷解决机制，建立和发展金融消费 ADR 机制有利于保障金融消费者的合法权益，有效树立金融消费者对于我国金融行业的信心；从宏观角度层面，构建多元化、多层次的金融纠纷解决机制是金融监管机关行使行为监管职能的应然体现，是从金融交易行为的后端规范金融机构行为、力除行业消极因素的有效手段，对于我国金融稳定发展具有重要的保障意义。

第九部分　金融机构非法商业行为规制

一、金融业的不正当竞争行为

我国立法对金融业的不正当竞争尚无专章规定，实践中多为参照一般反不正当竞争的概念和特征，对金融业的不正当竞争做出如下界定：金融业不正当竞争是指金融机构或者相关从业人员违反国家有关竞争法的规定，损害其他金融机构合法权益，扰乱金融秩序的行为。金融机构间的不正当竞争损害了其他经营者的合法权益，扰乱了金融秩序，危害到金融市场的安全和稳定，甚至影响整个国民经济的发展。

（一）我国现行金融业反不正当竞争的法律法规

1. 《反不正当竞争法》

我国《反不正当竞争法》自 1993 年颁布（包括 2017 年修订）以来，在鼓励和发展公平竞争，制止和预防不正当竞争行为等方面发挥了积极的作用，是我国反不正当竞争领域的基本法，也适用于金融行业的反不正当规制。

我国现行《反不正当竞争法》关于不正当竞争行为的规定，经过 2017 年修订后主要分为 7 大块：混淆行为、商业贿赂行为、虚假宣传行为、侵犯商业秘密行为、不正当有奖销售行为、诋毁商誉行为、互联网领域不正当竞争行为。其中，除个别条款在金融行业适用较为罕见外，其他条款在金融行业也是可普遍适用的。

2. 金融业法律法规

对于金融行业反不正当竞争的法律规制不仅包括《反不正当竞争法》，还包括金融监管机构所颁布的法律规范中的相关规定：

（1）银行业

表 9-1　银行业反不正当竞争法律法规

法律法规出处	原文内容
《商业银行法》	第九条　商业银行开展业务，应当遵守公平竞争的原则，不得从事不正当竞争。 第四十七条　商业银行不得违反规定提高或者降低利率以及采用其他不正当手段，吸收存款，发放贷款。 第五十三条　商业银行的工作人员不得泄露其在任职期间知悉的国家秘密、商业秘密
《商业银行理财产品销售管理办法》	第五十四条　销售人员从事理财产品销售活动，不得有下列情形：（一）在销售活动中为自己或他人牟取不正当利益，承诺进行利益输送，通过给予他人财物或利益，或接受他人给予的财物或利益等形式进行商业贿赂；（二）诋毁其他机构的理财产品或销售人员
《最高人民法院关于银行业虚假宣传的不正当竞争行为的处罚权由银监部门还是工商部门行使问题的答复》	商业银行的虚假宣传行为属于《中华人民共和国商业银行法》第七十四条第（三）项规定的"采用其他不正当手段"。对商业银行采用虚假宣传手段吸收存款的不正当竞争行为的监督管理职权，应由银行业监督管理机构行使
《国家工商总局公平交易局关于商业银行等金融企业不正当竞争管辖权问题的请示的答复》	《反不正当竞争法》第三条第二款关于"法律、行政法规规定由其他部门监督检查的，依照其规定"的规定，是指有关法律、行政法规对《反不正当竞争法》规定的不正当竞争行为明确规定由其他部门进行监督检查的，从其规定。由于《银行业监督管理法》对金融机构的不正当竞争行为没有具体规定，该法第二条、第三条的原则性规定并不能排除工商行政管理部门依据《反不正当竞争法》对金融机构不正当竞争行为的管辖权。因此，除《商业银行法》明确规定由银行业监督管理机构查处的不正当竞争行为外，工商行政管理部门对金融机构的其他不正当竞争行为和限制竞争行为，包括金融机构的不正当有奖销售、商业贿赂、虚假宣传等不正当竞争行为，具有监督检查权

（2）证券业

表 9-2　证券业反不正当竞争法律法规

法律法规出处	原文
《证券法》	第二十九条　公开发行证券的发行人有权依法自主选择承销的证券公司。证券公司不得以不正当竞争手段招揽证券承销业务
	第一百九十一条　证券公司承销证券，有下列行为之一的，责令改正，给予警告，没收违法所得，可以并处三十万元以上六十万元以下的罚款；情节严重的，暂停或者撤销相关业务许可。给其他证券承销机构或者投资者造成损失的，依法承担赔偿责任。对直接负责的主管人员和其他直接责任人员给予警告，可以并处三万元以上三十万元以下的罚款；情节严重的，撤销任职资格或者证券从业资格：（一）进行虚假的或者误导投资者的广告或者其他宣传推介活动；（二）以不正当竞争手段招揽承销业务；（三）其他违反证券承销业务规定的行为
《中华人民共和国证券投资基金法》	第七十七条　公开披露基金信息，不得有下列行为：（一）虚假记载、误导性陈述或者重大遗漏；（二）对证券投资业绩进行预测；（三）违规承诺收益或者承担损失；（四）诋毁其他基金管理人、基金托管人或者基金销售机构
《期货公司监督管理办法》	第九十四条　期货公司及其分支机构有下列情形之一的，根据《期货交易管理条例》第六十八条处罚：（一）发布虚假广告或者进行虚假宣传，诱骗客户参与期货交易
《中国证券监督管理委员会公告〔2013〕26 号——开放式证券投资基金销售费用管理规定》	第十四条　基金销售机构在基金销售活动中，不得有下列行为：（一）在签订销售协议或销售基金的活动中进行商业贿赂；（二）以排挤竞争对手为目的，压低基金的收费水平；（三）未经公告擅自变更向基金投资人的收费项目或收费标准，或通过先收后返、财务处理等方式变相降低收费标准；（四）采取抽奖、回扣或者送实物、保险、基金份额等方式销售基金；（五）其他违反法律、行政法规的规定，扰乱行业竞争秩序的行为
《中国证券监督管理委员会公告〔2013〕28 号——证券公司集合资产管理业务实施细则》	第二十条　不得向合格投资者之外的单位和个人募集资金，不得通过报刊、电台、电视台、互联网等公众传播媒体或者讲座、报告会、分析会等方式向不特定对象宣传推介。禁止通过签订保本保底补充协议等方式，或者采用虚假宣传、夸大预期收益和商业贿赂等不正当手段推广集合计划

（3）保险业

表 9-3 保险业反不正当竞争法律法规

法律法规出处	原文
《保险法》	第一百一十五条 保险公司开展业务，应当遵循公平竞争的原则，不得从事不正当竞争。该法第一百一十六条规定：保险公司及其工作人员在保险业务活动中不得有下列行为：（一）欺骗投保人、被保险人或者受益人；（二）对投保人隐瞒与保险合同有关的重要情况；（三）阻碍投保人履行本法规定的如实告知义务，或者诱导其不履行本法规定的如实告知义务；（四）给予或者承诺给予投保人、被保险人、受益人保险合同约定以外的保险费回扣或者其他利益；……（六）故意编造未曾发生的保险事故、虚构保险合同或者故意夸大已经发生的保险事故的损失程度进行虚假理赔，骗取保险金或者牟取其他不正当利益；……（十）利用保险代理人、保险经纪人或者保险评估机构，从事以虚构保险中介业务或者编造退保等方式套取费用等违法活动；（十一）以捏造、散布虚假事实等方式损害竞争对手的商业信誉，或者以其他不正当竞争行为扰乱保险市场秩序；（十二）泄露在业务活动中知悉的投保人、被保险人的商业秘密
《中国保险监督管理委员会关于印发〈商业银行代理保险业务监管指引〉的通知》	第三十五条 销售人员不得进行误导销售或错误销售。在销售过程中不得将保险产品与储蓄存款、银行理财产品等混淆，不得使用"银行和保险公司联合推出""银行推出""银行理财新业务"等不当用语，不得套用"本金""利息""存入"等概念，不得将保险产品的利益与银行存款收益、国债收益等进行片面类比，不得夸大或变相夸大保险合同的收益，不得承诺固定分红收益
	第三十六条 商业银行网点及其销售人员不得以中奖、抽奖、送实物、送保险、产品停售等方式进行误导或诱导销售。保险公司不得支持或鼓励商业银行采取上述行为
《中国证券监督管理委员会、中国保险监督管理委员会公告〔2013〕25 号——保险机构销售证券投资基金管理暂行规定》	第二十二条 保险机构的基金销售人员从事基金销售活动，不得有以下情形：违规对投资者做出盈亏承诺，与投资者以口头或者书面形式约定利益分成、亏损分担；散布虚假信息，扰乱市场秩序；诋毁其他基金、基金销售机构或者基金销售人员；以账外暗中给予他人财物、利益，或者接受他人给予的财物、利益等形式进行商业贿赂

（4）信托业

表9-4　信托业反不正当竞争法律法规

法律法规出处	原文
《信托公司集合资金信托计划管理办法》	第八条　信托公司推介信托计划时，不得有以下行为：（一）以任何方式承诺信托资金不受损失，或者以任何方式承诺信托资金的最低收益；（二）进行公开营销宣传；（三）委托非金融机构进行推介；（四）推介材料含有与信托文件不符的内容，或者存在虚假记载、误导性陈述或重大遗漏等情况；（五）对公司过去的经营业绩作夸大介绍，或者恶意贬低同行；（六）中国银行业监督管理委员会禁止的其他行为
《信托公司证券投资信托业务操作指引》	第二十四条　信托公司开展证券投资信托业务不得有以下行为：（一）以任何方式承诺信托资金不受损失，或者以任何方式承诺信托资金的最低收益。（二）为证券投资信托产品设定预期收益率。（三）不公平地对待其管理的不同证券投资信托。（四）利用所管理的信托财产为信托公司，或者为委托人、受益人之外的第三方谋取不正当利益或进行利益输送。（五）从事内幕交易、操纵证券交易价格及其他违法违规证券活动。（六）法律法规和中国银监会禁止的其他行为
《信托公司社会责任公约》	第十九条　信托公司应对所开发的金融产品，就其风险因素做出客观真实的说明并给予明确的提示，不得承诺产品收益，不得进行含有虚假内容的宣传，不得欺骗和误导投资者
《中国银监会办公厅关于进一步加强信托公司风险监管工作的意见》	（信托公司）不得通过第三方互联网平台、理财机构向不特定客户或非合格投资者进行产品推介，不得进行夸大收益和风险承担承诺的误导性销售，严格执行"双录"制度，完善合同约定，明确风险承担责任

（5）互联网金融

表9-5　互联网金融反不正当竞争法律法规

法律法规出处	原文
《开展互联网金融广告及以理财名义从事金融活动风险专项整治工作实施方案的通知》	不得夸大或者片面宣传金融服务或者金融产品，在未提供客观证据的情况下，对过往业绩作虚假或夸大表述的；不得对投资理财类产品的收益、安全性等情况进行虚假宣传，欺骗和误导消费者的；未经有关部门许可，不得以投资理财、投资咨询、贷款中介、信用担保、典当等名义发布的吸收存款、信用贷款内容的广告或许可内容不相符的；不得引用不真实、不准确数据和资料

法律法规出处	原文
《股权众筹风险专项整治工作实施方案》	(二) 工作要求：禁止对金融产品和业务进行虚假违法广告宣传。该方案规定，平台及融资者发布的信息应当真实准确，不得违反相关法律法规规定，不得虚构项目误导或欺诈投资者，不得进行虚假陈述和误导性宣传。宣传内容涉及的事项需要经有权部门许可的，应当与许可的内容相符合
《互联网金融风险专项整治工作实施方案》	股权众筹平台不得发布虚假标的，不得自筹，不得"明股实债"或变相乱集资，应强化对融资者、股权众筹平台的信息披露义务和股东权益保护要求，不得进行虚假陈述和误导性宣传
《网络借贷信息中介机构业务活动管理暂行办法》	第十条　网络借贷信息中介机构不得从事或者接受委托从事下列活动：(九) 除法律法规和网络借贷有关监管规定允许外，与其他机构投资、代理销售、经纪等业务进行任何形式的混合、捆绑、代理；(十) 虚构、夸大融资项目的真实性、收益前景，隐瞒融资项目的瑕疵及风险，以歧义性语言或其他欺骗性手段等进行虚假片面宣传或促销等，捏造、散布虚假信息或不完整信息损害他人商业信誉，误导出借人或借款人

(二) 目前我国金融业不正当竞争行为样态

1. 银行业不正当竞争行为样态

(1) 高息揽存。随着经济的发展，商业银行的信贷业务增长迅速，资金需求持续升高，给商业银行的存款业务带来了巨大的压力。部分银行为了能够吸收更多的存款，采取了擅自提高利率，以超过存款基准利率上限的利率吸收存款；名义上为正常利率，而实际上却通过向客户提供旅游、赠送礼品卡或购物卡等方式变相提高存款利率的不正当竞争行为方式进行公众存款的吸储活动。

(2) 低息授信。随着贷款利率的全面放开，争夺优质客户，减少风险客户成为商业银行的重要目标。实际工作中，一些商业银行，特别是银行分支机构，为了完成业务指标，不惜降低授信标准，以低成本来招揽经济效益好、发展潜力大、金融信誉好的优质贷款客户。与此同时，商业银行也会以低息授信的方式试图培养一些具备发展潜力的客户"超常规"发展。商业银行采取低息或差别授信的方式，不仅使商业银行增加了坏账的可能，同时也会破坏正常的金融竞争秩序。

2. 证券业不正当竞争行为样态

(1) 为承揽上市发行业务，向企业代付中介机构费用。企业的股票一旦上市，从社会募集的资金即大量流入企业，但企业在上市前却需要大量的资金进行前期准备工作，一些证券公司为满足企业的需求，以预付中介机构费用为条件，承揽股票上市业务。

（2）以向上市公司支付财务顾问费的名义进行"单位行贿"。在我国证券市场还不成熟的情况下，证券的市场价格往往高出发行价格几十倍甚至几百倍，这对采取余额包销方式发行股票的证券公司来说利润是相当可观的。如此大的利益，使得上市公司要求进行利益再分配，否则不予以合作，由于证券公司在会计核算上没有合适的列支渠道，因此采取支付财务顾问费的方式进行这些利益的支出。如在某证券公司检查时，发现其财务顾问费支出没有具体的项目、协议或合同，仅凭上市公司开出的发票就列支，且金额较大。经进一步核实，原来证券公司支付的财务顾问费实际上是向上市公司的返利款。

（3）免费开户并超标赠送现金礼品的揽客行为。中国证监会下发的《关于做好证券经纪制度启动和后续管理及规范转户、销户通知》中曾规定"强化服务意识，改善服务方式，努力提高客户服务质量。避免贴钱揽客，强行留客，防止恶性竞争，自觉维护行业有序的经营环境"。这是针对券商之间激烈竞争，各家券商只求客户数量不求客户质量，简单地把开户数量与经纪人的绩效挂钩的监管反应。免费开户并返现或赠送礼品违反了中国证监会禁止的贴钱揽客行为，也是一种不正当竞争行为。

（4）向客户返还佣金及支付有关费用。这是证券营业部普遍存在的问题，主要向交易量大的客户返还一定比例的佣金，有的甚至为客户支付年费、停车费、午餐费、旅游费及向客户赠送电脑设备等。

3. 保险业不正当竞争行为样态

（1）商业贿赂行为。保险公司在运营过程中，较为突出的不正当竞争行为主要为商业贿赂。保险业的商业贿赂主要表现形式为向投保人、被保险人、受益人提供保险回扣，超标准或越范围支付代理手续费等。这些商业贿赂行为一方面是利用不正当手段获取竞争优势，排挤其他竞争对手；另一方面势必增加保险公司的运营成本，影响保险公司的偿付能力，同时还容易引发投保人的恶意退保。

（2）在广告宣传中诋毁竞争对手。广告是现在各大行业包装自己、宣传自己最常用的方式之一，保险行业也不例外，但在广告宣传中就存在着诋毁竞争对手的现象。主要包括故意制造和散布有损竞争对手的商业信誉和商业声誉的虚假消息，诋毁其法人人格，削弱其市场竞争能力，从而让自己的公司在市场竞争中取得优势等。很多保险公司利用业务人员散布竞争对手的问题，或者采取间接的方式（比如报纸、媒体、电视等渠道）暗示竞争对手的保险产品有问题，抬高自己公司产品的声誉。

（3）擅自降低保险费率。过去几年，受益于人身险费率市场化改革、保险投资渠道拓宽等政策红利，保险业进入加速发展通道，保险公司管理的总资产不断攀新高。但不可否认的是，由于国内外的低利率环境，保险业的展业在境内外各种金融产品的竞争下仍面临巨大的竞争，因而有不少保险公司仍然会直接或者间接地采取降低保险费率的方式承揽业务，这一方面对于从事相同业务或者产品的其他保险公司存在不公平竞争行为，另一方面会加大这类保险公司未来的理赔风险。

4. 信托业不正当竞争行为样态

近年来，中国信托业的信托资产规模增长迅速，但在高速发展之后，各种问题也开始暴露。国内信托业尚处于起步阶段，信托市场存在着大量诸如"小马拉大车"等不正当竞争情况，信托市场出现了一定程度的混乱局面，其不正当竞争表现也主要集中在虚假宣传，欺骗和误导投资者，承诺夸大产品收益，包括用间接或者隐晦的语句宣传信托产品的"刚性兑付"可能等方面。

5. 互联网金融不正当竞争行为样态

从现有的实践而言，互联网金融展业过程中存在的主要问题在于：第一，在互联网技术的帮助下，大众传媒起到了推波助澜的作用，互联网金融消费者由于自身知识积累和技术分析的制约，无法通过行业报告、信用评级和历史价格数据中挖掘出有价值的信息，这使得互联网平台可能夸大或者进行虚假宣传，招揽客户；第二，互联网平台在销售互联网金融产品过程中往往使用捆绑销售的手段，并且对捆绑销售的产品或服务不进行常规的风险承受能力评估或者虚假的测评，从而导致消费者蒙受经济损失；第三，现有一些对于互联网平台不公平、欺骗性商业行为的规定都属于概括性规定，没有详细的规定和惩罚措施，不能有效、完整地对互联网平台的不正当竞争行为进行监管认定或者处罚。

（三）规制金融业反不正当竞争行为的完善建议

1. 增加《反不正当竞争法》中的一般条款

我国现行的《反不正当竞争法》将不正当竞争行为解释为经营者违反《反不正当竞争法》规定，损害其他经营者的合法利益，扰乱社会经济秩序的行为。对于不正当竞争行为的界定采用列举的方式，但只列举 7 种不正当竞争行为，也没有设置"保底条款"。随着金融创新的不断深化，为了追逐利润，金融业不正当竞争的方式日新月异，一些新型的不正当竞争行为在现有的《反不正当竞争法》下无法纳入该法的调整范围，出现无法可依、无章可循的局面。因此，应当尽快完善《反不正当竞争法》，增加反不正当竞争行为的保底条款，以对不正当竞争行为作一般性的解释，从而扩大反不正当竞争的范围，及时规范新出现的不正当竞争。

2. 明确各执法主体之间的分工和合作

在统一反不正当竞争的执法权限后，市场监督管理总局是我国反不正当竞争的执法部门。但从金融业的运行和监管来看，我国金融业主要采取的仍是分业经营和分业监管的模式，混业经营尚处于起步状态。因而在业务的监管工作中，各金融监管机构之间对于金融业务的监管仍存在以金融机构类别为基础的分权监管。随着经济的发展，金融创新的深化，金融业不正当竞争跨越了多个金融行业。在此情形下，基于金融行业的特殊性，各金融监管机构与市场监督管理局之间必须对监管权有一个明确的分工，并加强协作，充分发挥金融监管机构的"专业"优势，加大对不正当竞争行为的查处，以整顿和规范金融市场的秩序，维护金融业的健康、有序运行和发展。

3. 充分发挥金融行业自律组织的作用

相关执法主体的监管力度和监管资源是有限的，如果任何金融违法违规行为都必须依赖于行政监管的力量，必然造成监管的高成本和低收益，也不利于整个金融市场的健康发展。金融业自律组织对于本行业发展态势则更为了解，能对市场状况及时做出反应。因此，由其通过制定行业规范和自律措施以树立行业的行为准则和自律惩戒措施则可能有效地填补行政监管的漏洞。在西方，行业自律是行业组织的传统基础，一个行业在法律框架内建立的行业自律措施可以促进金融机构向金融消费者提供高质量的执业水平，体现良好的执业道德。

4. 正确处理《反不正当竞争法》与其他金融法律法规之间的关系

根据法律适用原则，当特别法与一般法不一致时，特别法优于一般法。在金融业反不正当竞争的法律适用中，虽然《反不正当竞争法》作为普通法，但在《商业银行法》《保险法》《银行业监督管理法》等特别法存在对于金融消费者权益的特别保护措施时，还是应按照"特别法优于一般法"的思路给予金融消费者更高的保护力度。

二、非法资金使用

(一) 我国规制非法资金使用的法律法规

1. 银行业

《关于加强金融消费者权益保护工作的指导意见》《中国人民银行金融消费者权益保护实施办法》对金融消费者的财产安全权做出了规定,要求金融机构采取包括内控措施和科学的技术监控手段,严格区分机构自身资产与客户资产,不得挪用、占用客户资金等。

2. 证券业

表 9-6 银行业非法资金使用规制法律法规

法律法规出处	原文
《证券法》	第十五条 公司对公开发行股票所募集资金,必须按照招股说明书所列资金用途使用。改变招股说明书所列资金用途,必须经股东大会做出决议。擅自改变用途而未作纠正的,或者未经股东大会认可的,不得公开发行新股
	第十六条 公开发行公司债券,应当符合下列条件:(一)股份有限公司的净资产不低于人民币三千万元,有限责任公司的净资产不低于人民币六千万元;(二)累计债券余额不超过公司净资产的百分之四十;(三)最近三年平均可分配利润足以支付公司债券一年的利息;(四)筹集的资金投向符合国家产业政策;(五)债券的利率不超过国务院限定的利率水平;(六)国务院规定的其他条件。公开发行公司债券筹集的资金,必须用于核准的用途,不得用于弥补亏损和非生产性支出。上市公司发行可转换为股票的公司债券,除应当符合第一款规定的条件外,还应当符合本法关于公开发行股票的条件,并报国务院证券监督管理机构核准
	第十八条 有下列情形之一的,不得再次公开发行公司债券:(一)前一次公开发行的公司债券尚未募足;(二)对已公开发行的公司债券或者其他债务有违约或者延迟支付本息的事实,仍处于继续状态;(三)违反本法规定,改变公开发行公司债券所募集资金的用途
	第一百三十九条 证券公司客户的交易结算资金应当存放在商业银行,以每个客户的名义单独立户管理。具体办法和实施步骤由国务院规定。证券公司不得将客户的交易结算资金和证券归入其自有财产。禁止任何单位或者个人以任何形式挪用客户的交易结算资金和证券。证券公司破产或者清算时,客户的交易结算资金和证券不属于其破产财产或者清算财产。非因客户本身的债务或者法律规定的其他情形,不得查封、冻结、扣划或者强制执行客户的交易结算资金和证券

法律法规出处	原文
《证券法》	第一百六十八条　证券登记结算机构按照业务规则收取的各类结算资金和证券,必须存放于专门的清算交收账户,只能按业务规则用于已成交的证券交易的清算交收,不得被强制执行
	第一百九十四条　发行人、上市公司擅自改变公开发行证券所募集资金的用途的,责令改正,对直接负责的主管人员和其他直接责任人员给予警告,并处以三万元以上三十万元以下的罚款
	第二百一十一条　证券公司、证券登记结算机构挪用客户的资金或者证券,或者未经客户的委托,擅自为客户买卖证券的,责令改正,没收违法所得,并处以违法所得一倍以上五倍以下的罚款;没有违法所得或者违法所得不足十万元的,处以十万元以上六十万元以下的罚款;情节严重的,责令关闭或者撤销相关业务许可。对直接负责的主管人员和其他直接责任人员给予警告,撤销任职资格或者证券从业资格,并处以三万元以上三十万元以下的罚款
《证券投资基金法》	第五十九条　基金募集其间募集的资金应当存入专门账户,在基金募集行为结束前,任何人不得动用
	第一百条　基金销售结算资金、基金份额独立于基金销售机构、基金销售支付机构或者基金份额登记机构的自有财产。基金销售机构、基金销售支付机构或者基金份额登记机构破产或者清算时,基金销售结算资金、基金份额不属于其破产财产或者清算财产。非因投资人本身的债务或者法律规定的其他情形,不得查封、冻结、扣划或者强制执行基金销售结算资金、基金份额。基金销售机构、基金销售支付机构、基金份额登记机构应当确保基金销售结算资金、基金份额的安全、独立,禁止任何单位或者个人以任何形式挪用基金销售结算资金、基金份额
	第一百二十八条　违反本法第五十九条规定,动用募集的资金的,责令返还,没收违法所得,并处违法所得一倍以上五倍以下罚款;没有违法所得或者违法所得不足五十万元的,并处五万元以上五十万元以下罚款;对直接负责的主管人员和其他直接责任人员给予警告,并处三万元以上三十万元以下罚款

3. 信托业

表9-7　信托业非法资金使用规制法律法规

法律法规出处	原文
《信托公司管理办法》	第十条　信托公司注册资本最低限额为三亿元人民币或等值的可自由兑换货币,注册资本为实缴货币资本
	第四十八条　中国银行业监督管理委员会对信托公司实行净资本管理

续表

法律法规出处	原文
《中国银监会关于进一步推进改革发展加强风险防范的通知》	对于未转入表内的银信合作信托贷款，信托公司应按 10.5% 的比例计算风险资本，并按照银信合作不良信托贷款余额 150% 和银信合作信托贷款余额的 2.5%（孰高为准）计提信托赔偿准备金
《中国银监会办公厅关于信托公司风险监管的指导意见》	建立流动性支持和资本补充机制。信托公司股东应承诺或在信托公司章程中约定，当信托公司出现流动性风险时，给予必要的流动性支持。信托公司经营损失侵蚀资本的，应在净资本中全额扣减，并相应压缩业务规模，或由股东及时补充资本
《中国银监会办公厅关于进一步加强信托公司风险监管工作的意见》	督促信托公司建立资本平仓和补仓制度，风险拨备缺口应在净资本中全额扣减，避免资本虚高；净资本不足部分，应推动股东及时补足
《中国银监会、中国证监会关于信托投资公司开设信托专用证券账户和信托专用资金账户有关问题的通知》	五、中国证券登记结算公司和证券公司受理开立有关专用账户后，应遵照《中华人民共和国信托法》《中华人民共和国证券法》等法律、法规的规定，为信托当事人保密，并配合信托投资公司接受委托人和受益人对其信托资金的检查、查询，配合监管部门对专用账户的检查、查询
《信托公司受托境外理财业务管理暂行办法》	第十二条　信托公司接受委托人资金的，应核实委托人确实具备相应的投资资格，且其投资活动符合中国及投资所在地国家或地区的法律规定。严禁信托公司向境内机构出租、出借或变相出租、出借其境外可利用的投资账户

4. 保险业

表 9-8　保险业非法资金使用规制法律法规

法律法规出处	原文
《保险法》	第一百零六条　保险公司的资金运用必须稳健，遵循安全性原则。保险公司的资金运用限于下列形式：（一）银行存款；（二）买卖债券、股票、证券投资基金份额等有价证券；（三）投资不动产；（四）国务院规定的其他资金运用形式。保险公司资金运用的具体管理办法，由国务院保险监督管理机构依照前两款的规定制定
	第一百三十九条　保险公司未依照本法规定提取或者结转各项责任准备金，或者未依照本法规定办理再保险，或者严重违反本法关于资金运用的规定的，由保险监督管理机构责令限期改正，并可以责令调整负责人及有关管理人员

5. 互联网金融

在借贷众筹领域，2015 年 7 月《关于促进互联网金融健康发展的指导意见》正式拉开了 P2P 网络借贷行业监管的序幕。2016 年 8 月，银监会正式印发了《网络借贷信息中介机构业务活动管理暂行办法》，肯定了 P2P 网络借贷的合法地位。随后银监会又先后发布了《网络借贷信息中介机构备案登记管理指引》《网络借贷资金存管业务指引》《网贷借贷信息中介机构业务活动信息披露指引》，至此网贷行业银行存管、备案、信息披露三大主要合规政策悉数落地。"一个办法三个指引"形成了 P2P 行业的完整框架。2017 年 6 月，人民银行等 17 部委联合发出《关于进一步做好互联网金融风险专项整治清理整顿工作的通知》，2017 年 8 月，互联网金融风险专项整治工作领导小组办公室下发了《关于落实清理整顿下一阶段工作要求的通知》，强调机构在整改计划中要明确存量违规业务必须压降、不再新增不合规业务、业务规模不再增加。2017 年 12 月，P2P 网络借贷风险专项整治工作领导小组下发了《关于做好 P2P 网络借贷风险专项整治整改验收工作的通知》，针对 P2P 平台后续整改等问题制定了一系列全国范围内统一适用的标准，明确了 P2P 平台"坚持小额分散""定位线上经营""服务实体经济和小微企业"的定位和发展方向，P2P 网络借贷平台正在不断成熟和规范化。

在互联网基金领域，2011 年证监会颁布了《证券投资基金销售结算资金管理暂行规定》，明确第三方支付机构的结算专用账户、资金外部监督协议的备案制度，2015 年十部委联合下发的《关于促进互联网金融健康发展的指导意见》首次明确了互联网基金销售的形态、方式、要求等内容。我国传统基金销售的法律体系相对规范，但是针对互联网基金销售过程中遇到的特殊问题及专门监管相对缺乏。

《网络借贷信息中介机构业务活动信息披露指引》确立了互联网金融服务提供商对于与用户利益相关的投资项目的资金运用、经营状况等重大情况变动的及时通知义务，并且对披露时间也做出具体规定，为互联网金融机构的行为提供切实可行的指导，有利于互联网金融客户知情权的保障。

(二) 目前我国规制非法资金使用中存在的问题

1. 银行业存在的问题

对大多数人而言，银行被认为是放置钱财最为安全的地方，但相关媒体曾多次报道银行存款丢失事件，究其根源仍然在于银行资金被非法挪用。

比如企业、银行员工、资金掮客三方勾结，通过伪造存款单据，表面上看是将储户资金存入银行，实际上则是将相关资金直接给企业使用。对于整个银行业来说，"存款丢失"问题的核心还是利益驱动下的非法行为，一方面银行内部流程上疏于监管，存在着漏洞，这一点其实银行也一直在努力改进，比如前几年很常见的定期存折，现在多数银行已经不再开立新的定期存折账户，其中一个原因就是定期存折为员工非法挪用储户资金留下了可操作空间；另一方面则与员工合法、合规意识不强存在关系。

银行资金的非法使用，表现形式多种多样。从银行自身的角度来看，首先，银行存在违反信贷政策和房地产行业政策进行投资的行为，前者主要表现为违规将表内外资金直接或间接、借道或绕道投向股票市场、"两高一剩"等限制或禁止领域，特别是失去清偿能力的"僵尸企业"；违规为地方政府提供债务融资、为环保排放不达标甚至严重污染环境且整改无望的落后企业提供授信或融资；违规为固定资产投资项目提供资本金，或向不符合条件的固定资产投资项目提供融资，导致资金滞留或闲置等。在房地产政策领域，则表现为直接或变相为房地产企业支付土地购置费用提供各类表内外融资，或以自身信用提供支持或通道；向"四证"不全、资本金未足额到位的商业性房地产开发项目提供融资；发放首付不合规的个人住房贷款以及以充当筹资渠道或放款通道等方式，直接或间接为各类机构发放首付贷等行为提供便利。其次，银行违规开展同业业务，通过同业业务充当他行资金管理"通道"，或通过与银行、证券、保险、信托、基金等机构合作，隐匿资金来源和底层资产等。最后，银行还存在违规开展理财业务的问题。由于自营业务和代客理财业务之间未设置风险隔离，理财产品间未实现单独管理、建账和核算，违规开展滚动发行、集合运作、分离定价的资金池理财业务等原因，银行利用本行自有资金购买本行发行的理财产品，本行信贷资金为本行理财产品提供融资或担保，违规通过发放自营贷款承接存在偿还风险的理财投资业务，理财产品直接投资信贷资产，直接或间接对接本行信贷资产收益权等。

另外，在实际信贷操作流程中，商业银行"重贷轻管"的问题也没有得到根本性解决。在贷款发放后缺乏对借款人的持续监控，加上监控能力和手段的局限性，商业银行的贷后管理仍流于形式，贷后监控依旧是制约商业银行持续发展的薄弱环节。部分商业银行没有建立起独立的贷款使用管理的岗位，难以有效掌握贷款的实际运用情况，导致存在客户未按照约定用途使用贷款的现象。信贷资金被挪用，甚至违规进入股市、房地产等市场，对于信贷资产安全造成严重威胁，给商业银行的经营管理体系带来了危及安全的不良因素。从目前的监管情况来看，银行贷后检查存在形式化、周期化、简单化的问题，给蓄意挪用贷款的行为打开了方便之门。银行在未经第三方确认的情况下，就依据客户提供的交易信息轻易定论贷款"不存在被挪用""符合约定用途"的情况时有发生。贷后管理工作不深入、不扎实，防范贷款被挪用的风险措施难以及时到位，信贷资金的安全性没有保障。借款人通过本人结算账户将贷款转出或直接取现，轻易地绕开贷款行的监控视线，将贷款用于炒股、买基金，甚至从事非法传销活动等，此类现象屡禁不止，银行置身"猫鼠游戏"，监控工作陷入被动。

针对银行业发展中的问题，在 2015 年开展"两加强，两遏制"的基础上，银监会在 2017 年年初陆续开展"三三四十"（"三违反"指违法、违规、违章；"三套利"指监管套利、空转套利、关联套利；"四不当"指不当创新、不当交易、不当激励、不当收费；"十乱象"指股权和对外投资、机构及高管、规章制度、业务、产品、人员行为、行业廉洁风险、监管履职、内外勾结违法、涉及非法金融活动十个方面的市场乱象）等专项治理行动。2018 年 1 月 3 日，银监会网站发布了《2018 年整治银行业市场乱象工作要点》，其内容涉及 8 个领域，共 22 条工作要点，基本涵盖了银行业市场乱象和存在问题的主要类别，也较为全面地揭露了银行在资金非法使用方面存在的问题，可以看出相关部门将进一步加大整治该类问题的力度。

2. 证券业存在的问题

目前证券业存在着一个普遍的问题，即上市公司在证券市场募集资金成功后，没有按照招股计划书所说明的项目进行投资，反而变更了资金的使用用途。招股说明书中低风险、高收益、前景好的一些招股项目吸引到了众多的投资者，均愿意掏钱进行所谓的高回报的投资。然而不少上市公司在资金募集到账以后，资金投向说变就变，且这种现象的发生频率也很高。

公司内部的监管和控制机制不够完善。我国的证券市场发展历程和背景较为特殊，证券相关法律法规制度不够完善，监管机构虽然拥有《证券法》《公司法》等法律作为监管依据，但是仅仅拥有书面规定来指导是远远不够的，执行路径不够成熟以及执行层面不够到位，使得监管不能有效进行。我国证券的监管一直有"重准入、轻过程"的特点，然而在募集资金到位后，资金用途是否按既定项目实施，实施的进度如何，募集资金的变更是否存在随意性和蓄意性都难以得到切实的跟踪监督，且上述行为发生后奖惩措施的缺失，也使监督控制机制不够完善。

证券市场中还存在的一个乱象就是证券的场外配资业务，如股市在2015年、2016年发生的"股灾"，其中一个重要的原因就是由高杠杆的配资投资者大量爆仓所致，配资系统自动触发的强制平仓使股指不断下跌，甚至造成千股跌停，整个市场严重缺乏流动性的现象出现。今年以来，随着A股不断连续上涨接近3000点大关，成交量也罕见地突破1万亿元，杠杆资金加速入场。沉寂许久的场外配资也有死灰复燃的迹象，有新闻报道称，与此前仅3~4倍的杠杆比例不同，目前10倍杠杆的配资已经十分常见，成为"标配"。

配资固然存在好处，如可以增加证券市场的流动性，增加了股市资金的供给，增强了股市吸引力，也有利于政府税收，促进资本市场繁荣发展。然而其也是一把"双刃剑"，加剧了股市的波动性，助长了投机，可能给我国资本市场带来系统性的风险。

我国法律目前针对场内配资行为有较为具体的规定，使场内的融资融券业务能够规范的平稳发展，风险基本可控，也较为容易监管，但针对场外配资行为，在《证券法》中没有相关的法律对其进行规定，使其长期游离于监管以外，属于尚未纳入监管的民间配资，并且形式多种多样，法律性质也尚不明确，法律监管较为困难。

2015年股市大跌后，证监会于2015年7月12日发布了《关于清除整顿违法从事证券业务活动的意见》，关停了恒生公司、同花顺等平台的配资系统。然而这种"一刀切"的监管模式所能达到的效果在长期来看还是令人担忧的，也许"变堵为疏"的监管更有利于配资业务的健康发展。一方面可以继续完善目前市场内的融资融券业务，另一方面将场外配资业务"阳光化"，采取备案登记，规范其业务的办法，将其纳入监管范围。

3. 保险业存在的问题

伴随着经济的迅猛增长，我国保险业的总资产以及资金运用余额每年均高速增长，保险资金已成为服务实体经济和国家战略的重要力量，但随着保险资金运用规模的进一步扩大，在资金实际运用的过程中也暴露出了一定的问题，其中非法使用保险资金进行投资的行为尤其严重。比如国华人寿存在将保险资金委托给不具备资质的机构（金保利投资有限公司及其四家关联公司）投资理财的行为。平安资产发起设立某债权投资计划，先后分两期募集资金50亿元进行定向投资。平安资产在项目管理上违规运用保险资金，未谨慎处理相关投资计划事务。中融人寿违规投资金融产品，其投资的金融产品超出保险资金可投资金融产品的政策范围。恒大人寿未按照保险资金委托投资管理要求开展股票投资，并对股票进行短期炒作。另外，保险公司为保证一定的收益率，转而将资金大量违规投向股票及证券投资基金等权益类资产，随着保险资金"快进快出"的不良现象，虚拟资本逐步收购企业股权，不但没有支持实体经济，反而对实体经济发展带来不利因素。

同时通过案例的收集与整理，我们发现对于违法运用保险资金投资的行为主要以罚款为主，而少有需要负刑事责任的情况。进一步分析《保险法》中有关法律责任的规定，其中的处罚措施大部分都以行政处罚为主，对于民事法律责任和刑事法律责任则只有原则性的规定。由于责任体系立法结构的不完善，影响了我国的保险资金投资的监督机制发挥其应有的作用，从而让保险资金投资主体误以为违法运用保险资金只会受到行政处罚，一定程度上削弱了法律的社会监督作用。

针对保险业存在的这类问题，相关部门一直十分重视。2016 年 11 月，中国保监会对恒大人寿进行约谈并明确表态：不支持保险资金短期大量频繁炒作股票；紧接着，2017 年 2 月保监会重拳出击"两天两重罚"，分别对前海人寿和恒大人寿违规运用保险资金等行为做出处罚，斥责其为"妖精""野蛮人"。随着保监会加大从严监管力度，股票等权益类资产占投资类比重由 2015 年的 15.18%小幅回落至 13.28%。

2017 年 4 月 20 日，中国保监会下发《关于进一步加强保险监管维护保险业稳定健康发展的通知》，明确全面清查违规资金运用等问题。4 月 23 日，保监会出台的《关于进一步加强保险业风险防控工作的通知》强调：资金运用风险防控是重点工作之一。4 月 28 日，《关于强化保险监管打击违法违规行为整治市场乱象的通知》将资金运用乱象圈定在八大乱象中；5 月 7 日，《关于弥补监管短板构建严密有效保险监管体系的通知》要求，从制度制定到监管落实均要体现保险资金的严密性，严格保险资金运用监管。在连续发文要求全面清查违规资金运用后，保监会于 2017 年 5 月 9 日下发《关于开展保险资金运用风险排查专项整治工作的通知》，要求开展风险排查专项整治工作。

2018 年 1 月 18 日，中国保监会、财政部进一步印发《关于加强保险资金运用管理，支持防范化解地方政府债务风险的指导意见》，明确了保险资金运用涉及地方政府举债融资行为的政策边界，提出要规范保险资金投资，坚决制止违法违规举债担保行为。

4. 互联网金融业存在的问题

近年来，互联网金融依托云计算、大数据等 IT 技术取得了实质性发展，但由于网络的便捷性和开放性，使互联网金融发展中产生的风险要比传统金融所产生的风险更为复杂，因而在其发展过程中也不可避免地出现了一系列安全问题，其中关于资金的非法使用问题较为严重，特别是在 P2P 领域。一些网络集资机构在业务开展过程中，存在虚构借款项目吸收资金、未经批准开展自融业务，以及归集资金形成资金池等情况。这些非法行为往往通过互联网向社会进行公开宣传，擅自向社会不特定公众吸收资金并承诺收益。随着网络融资平台的发展，一些融资平台已经严重偏离了金融信息中介的定位，由最初的独立平台逐渐转变为融资担保平台，进而又演变为经营存贷款业务的金融机构，这实际上已经远远超出了融资平台发展的界限。有些网络融资平台通过将借款需求设计成理财产品出售给放贷人，或者采取先归集资金，再寻找借款对象等方式，使放贷人资金进入平台的中间账户，产生资金池，从而涉嫌构成非法吸收公众存款罪；还有些网络融资平台实施的融资业务行为，因所承诺的收益最终无法兑付甚至无法返还本金而很可能被认定为无法返还集资款的"欺诈"活动，从而涉嫌构成集资诈骗罪。P2P 构建自身资金池的最大问题就在于其与非法集资界线模糊，这就从根本上对其业务活动的合法性提出了质疑。同时，由于资金的第三方存管制度缺失，存在着安全隐患，一些 P2P 网络借贷平台没有建立资金第三方托管机制，会有大量投资者资金沉淀在平台账户里，如果没有外部监督，就存在资金被挪用甚至携款逃跑的风险。

众筹融资作为另一种新型的互联网金融发展模式，在国内目前的法律政策环境下，众筹融资业务模式非常容易与非法集资相混淆，蕴藏着巨大的法律风险。在众筹融资模式下，其发起的项目基本未经国家相关部门审批，项目推荐是通过互联网平台公开进行，并承诺给予一定的回报，筹资对象为社会公众等不特定对象，似乎满足了非法集资定义的所有要素，如何从法律上划清其与非法集资的界限，需要法律部门尽快出台相关规定。此外，股权类众筹还与国内《证券法》以及《公司法》明显冲突。如《证券法》第十条规定，"公开发行证券，必须符合法律、行政法规规定的条件，并依法报经国务院证券监督管理机构或者国务院授权的部门核准或者审批；未经依法核准或者审批，任何单位和个人不得向社会公开发行证券。向不特定对象发行证券或向特定对象发行证券超过 200 人的，视为公开发行"。《公司法》要求有限责任公司股东不超过 50 人，股份有限公司股东不超过 200 人。因此，股权类众筹极易触发法律红线，在国内也被严格限制。另外，作为一项融资，众筹从项目发起到募集资金的使用，整个过程缺乏透明的监督机制，缺少类似于传统信贷过程中的贷前调查、贷中控制以及贷后管理等全套流程和步骤，使出资人无法了解所投项目的资金使用状况，容易造成资金挪用或出现违约等信用问题。而在资金流向问题上，一旦项目筹资成功，资金划到发起人账户，发起人就不再负有受监管的义务，其对资金的运用即资金的最终流向并没有受到法律的约束，使得资金存在着被滥用或挪作他用的风险，圈钱"跑路"事件极有可能在众筹融资领域内发生。

（三）相关完善建议

1. 改进金融监管模式，实行穿透式监管

（1）在金融行业趋于混业经营的背景下，我国应进一步改进金融监管的模式，否则会有越来越多利用监管盲区的金融创新产品出现。当然，我国监管机构近年来也为应对混业经营带来的挑战采取了一系列措施。如中国证监会、银监会、保监会在此前曾共同签署了《在金融监管方面分工合作的备忘录》，建立了监管联席会议机制和"经常联系机制"，目的是进一步加强三方监管机构的监管合作，避免监管真空地带的出现，也可以减少重复监管，从而提高监管效率。2018 年 3 月 13 日，银监会和保监会合并组建中国银行保险监督管理委员会，由此可见，通过以经营业务性质来划分监管对象的功能监管正成为监管改革的大趋势。功能型监管的核心在于分析金融产品业务的本质特征，并将这些产品、业务归类，在此基础上对相同性质的、相同功能的、相同风险的金融产品做出判断，选择其适用的法规和监管主体，避免同质的金融产品因发行主体的不同而受到不同监管主体、不同监管强度的监管，从而防止监管套利行为的出现。

目前出现的金融产品往往具有跨市场、跨行业的特点，加上信息技术的应用，其逃避监管的行为更具有隐蔽性，监管机构并不容易发现。另外，金融创新产品发行者，为追求其利润最大化，往往只披露那些促使投资者做出购买决定的信息，而隐瞒其他重要信息，此种选择性的信息披露容易使那些缺乏专业知识的金融消费者造成误解，从而做出错误的决定。根据金融创新产品可能损害投资者的利益并带来系统性风险，加强对金融创新产品的准入管理和前置管理实为必要。同时，在具体法律法规的制定过程中，需要有一定的前瞻性和弹性，以应对未来创新的产品，以此来预先防

范金融创新产品给市场和投资者带来的风险。

（2）金融业经营风险的特性决定了金融行业资金投资运用有别于其他传统投资行为，为了避免过于激进的冒险投资而带来一系列的消极后果，监管部门应当完善相应的监管体系，建立有效的多层次监管机制，实行金融行业的穿透式监管。一方面能够将资金投资控制在相对安全可控的范围内，另一方面也利于在现有的框架下为资金投资的创新提供新的发展机会。

穿透式监管的概念自 2014 年起开始散见于金融监管部门制定的规范性文件中，其实质在于厘清金融市场主体的权责关系，按照"实质重于形式"的原则甄别金融业务和行为的性质，根据产品功能、业务性质和法律属性明确监管主体和适用规则，对金融产品和金融服务的信息不对称问题进行必要的强制性矫正，对金融机构的业务和行为实施全流程监管，以期进行合理的风险定价，保护相关市场主体的合法权益。2014 年 8 月 21 日证监会公布的《私募投资基金监督管理暂行办法》首次通过部门规章的形式明确要求对合格投资者进行穿透核查。2016 年 4 月 12 日国务院办公厅印发《关于印发互联网金融风险专项整治工作实施方案的通知》，针对互联网金融领域暴露出的金融监管体制不适应等问题，首次在国家层面提出"研究解决，强化功能监管和综合监管，抓紧明确跨界、交叉型互联网金融产品的'穿透式'监管规则。"此后，穿透式监管成为金融监管部门适用的普适性概念，不断加以应用。

2018 年 1 月 5 日中国银监会颁布的《商业银行股权管理暂行办法》更是在商业银行体系内第一次通过部门规章的形式将"穿透原则"作为重要的监管理念和方法加以宣示。该规章第三十二条第二款、第三十三条第二款以及第四十条第一款分别明确了商业银行和中国银监会及其派出机构对商业银行关联方、债务人和股东的穿透原则。2018 年 4 月 27 日中国人民银行、中国银保监会、中国证监会和国家外汇管理局联合发布的《关于规范金融机构资产管理业务的指导意见》明确要求对金融机构资产管理业务实行穿透式监管，即对于已经发行的多层嵌套资产管理产品，向上识别产品的最终投资者，向下识别产品的底层资产（公募证券投资基金除外）。

2. 完善法律法规，处理好行政监管和行业自律的关系

（1）金融领域非法使用资金的问题一直存在，对此尽管我国相关部门陆续出台了相应的法律法规，但仍然不能涵盖资金使用的每一个细节，始终存在着一定的监管盲区。因此，相关部门应进一步深入调查，加快立法速度，建立适时的法律法规，以降低金融领域非法使用资金的风险。

（2）监管部门应让市场在金融资源配置中发挥决定性作用，引导和支持金融从业机构通过行业自律的形式，合法使用资金，完善管理，合法经营。另外，也可以加强群众监督，比如培养投资者的风险防范意识，密切关注自己投资资金的流向，同时强化科学投资理念，从而有意识地对金融市场进行监督，降低相关人员非法使用资金的侥幸心；也可以建立一些民间自律组织，形成行业自律机制。对此其实国家也做出了一些尝试，比如在 2014 年，央行条法司带领组建了以互联网金融行业自律管理为宗旨的中国互联网金融协会，但这只是一个开端，只有发动广大互联网参与者有意识地自发成立更多民间监管组织，才能更好地规范互联网金融市场。

3. 加强金融业资金运用人才队伍建设

运用好资金，实现保值增值服务实体功能，需要培养出一批高素质投资人才。一方面要严格资金运用从业人员资格准入，完善资格认证及审查制度。另一方面要加强资金运用从业人员的技能培养，尤其要强化风险管理技术培养，提升风险管理意识，严格控制资本市场以及不动产领域投资比例，有效地规避市场风险。通过人才队伍的培养建设，提升金融行业风险管理能力。

第十部分　金融消费者教育

一、我国金融消费者教育的相关规定

《国务院办公厅关于进一步加强资本市场中小投资者合法权益保护工作的意见》提到"强化中小投资者教育，加大普及证券期货知识力度。将投资者教育逐步纳入国民教育体系，有条件的地区可以先行试点。充分发挥媒体的舆论引导和宣传教育功能。证券期货经营机构应当承担各项产品和服务的投资者教育义务，保障费用支出和人员配备，将投资者教育纳入各业务环节，提高投资者风险防范意识。自律组织应当强化投资者教育功能，健全会员投资者教育服务自律规则。中小投资者应当树立理性投资意识，依法行使权利和履行义务，养成良好的投资习惯，不听信传言，不盲目跟风，提高风险防范意识和自我保护能力"，因此，完善金融消费者教育体系也是我国提升金融消费者权益保护水平的一种重要手段。

（一）银行业

《关于加强金融消费者权益保护工作的指导意见》明确了应"保障金融消费者受教育权"。该意见要求金融机构应当进一步强化金融消费者教育，积极组织或参与金融知识普及活动，开展广泛、持续的日常性金融消费者教育，帮助金融消费者提高对金融产品和服务的认知能力及自我保护能力，提升金融消费者金融素养和诚实守信意识。

《金融消费者权益保护实施办法》第九条规定"金融机构应当开展金融消费者权益保护员工教育和培训，提高员工的金融消费者权益保护意识和能力。金融机构应当每年至少开展一次金融消费者权益保护专题教育和培训，培训对象应当全面覆盖中高级管理人员及基层业务人员"；第二十五条规定"金融机构应当制定年度金融知识普及与金融消费者教育工作计划，结合自身特点开展日常性金融知识普及与金融消费者教育活动。金融机构不得以营销个别金融产品和服务替代金融知识普及与金融消费者教育。金融机构应当参与中国人民银行及其分支机构组织的金融知识普及活动"。

《中国人民银行金融消费权益保护工作管理办法（试行）》中提出，人民银行及其分支机构应当加强金融消费者教育工作，开展金融知识普及宣传活动；应当引导、督促金融机构组织开展金融消费者教育活动；对有关政府机构、消费者组织、行业协会、媒体等开展金融知识普及宣传工作应当予以支持。《银行业消费者权益保护工作指引》中同样明确：银行业金融机构应当积极主动开展银行业金融知识宣传教育活动，通过提升公众的金融意识和金融素质，主动预防和化解潜在矛盾。《中国银行业公众教育服务工作自律指引》则进一步扩大了教育实施机构的范围，要求中国银行业协会全体会员单位主动、规范、持续、系统地开展公众教育服务工作，提高社会公众金融知识水平。总之，通过对社会公众的金融知识普及，有助于培养消费者的金融意识、提升消费者的金融素质，提高银行业消费者对金融产品和服务内涵及风险的理解，进而防范和化解潜在矛盾，构建和谐的金融消费环境，促进银行业健康可持续发展。

（二）证券业

《关于证券公司依法合规经营，进一步加强投资者教育有关工作的通知》要求做好"加强投资者教育和风险揭示工作"。该通知要求：投资者教育和风险揭示工作是证券行业的一项基础工作。证券公司应当按照中国证监会的监管要求和自律性组织的自律规则，制订投资者教育计划、工作制度和流程，明确投资者教育的内容、形式和经费预算，并指定一名高管和专门部门负责检查落实情况。证券公司应当按照《关于要求证券公司在营业网点建立投资者园地的通知》（证监办发〔2004〕51号）要求，做好投资者园地的建设工作。投资者园地要重点突出证券法规宣传、证券知识普及和风险揭示等内容，要设立信息公示专栏，公告本公司基本信息和获取公司财务报告的详细途径。证券公司应当通过公司网站、交易委托系统、客服中心等多种渠道，综合运用电视、报刊、网络、宣传材料、户外广告、培训讲座、电话语音提示、手机短信等多种方式进行投资者教育，向投资者客观充分揭示风险。

此外，根据《中国证券业协会会员投资者教育工作指引（试行）》，开展投资者教育工作的目的是为了让投资者了解证券市场和各类证券投资品种的特点和风险，熟悉证券市场的法律法规，树立正确的投资理念，增强风险防范意识，依法维护自身合法权益；同时，帮助社会公众了解证券行业，自觉维护市场秩序，促进资本市场规范发展。

（三）信托业

《中国银监会办公厅关于进一步加强信托公司风险监管工作的意见》要求加强投资者风险教育，增强投资者"买者自负"意识。中国信托业协会官网专设了"投资者教育"栏目，对信托计划业务模式、信托种类、信托公司等内容进行介绍。

（四）保险业

《加强保险消费者教育工作方案》确立了保险监管部门、行业组织、经营者和社会公众等多方参与的保险消费者教育工作机制。具体措施包括：将保险教育纳入中小学课程；保监会开通了"保险知识大讲堂"栏目、官方微博、"保监微课堂"微信公众号、发布公益广告、每年7月8日为全国保险公众宣传日等手段在大众媒体上开展保险教育。此外，保险业协会等单位开展保险知识讲座、保险知识竞赛等活动参与其中。保险消费者自我保护意识增强，在感觉合法权益受到侵害时，会通过投诉、诉讼等维权途径进行维权。

（五）互联网金融与民间金融

2015年7月，中国人民银行等部委发布《关于促进互联网金融健康发展的指导意见》。该意见明确指出要"研究制定互联网金融消费者教育规划，及时发布维权提示"。2016年4月，国务院办公厅印发《互联网金融风险专项整治工作实施方案》，强调在"做好组织保障，建设长效机制"方面，金融监管部门要"加强宣传教育和舆论引导"。目前，有关金融消费者教育制度构建问题的探讨主要以传统金融领域为视角，虽然对互联网金融消费者教育问题给予了一定的关注，但专门针对互联网金融消费者教育制度的系统论述较为少见。

《关于取缔地下钱庄及打击高利贷行为的通知》第四条要求人民银行各分支行要会同有关部门，采取各种有效的方式向广大群众宣传国家金融法规和信贷政策。特别是在地下钱庄和高利贷比较活跃的地方，要选择典型案例，宣传地下钱庄非法高利融资的危害性，教育广大群众增强风险防范意识，自觉抵制高利借贷活动，防止上当受骗。

《关于规范民间借贷行为维护经济金融秩序有关事项的通知》第九条要

求加强宣传引导，"银行业监督管理机构、公安机关、工商和市场监管部门、人民银行等有关单位采取各种有效方式向广大人民群众宣传国家金融法律法规和信贷规则。及时向社会公布典型案例，加大宣传教育力度，强化风险警示，增强广大人民群众的风险防范意识，引导自觉抵制非法民间借贷活动"。

《网络借贷信息中介机构业务活动管理暂行办法》第九条第（四）项要求 P2P 平台持续开展网络借贷知识普及和风险教育活动。

二、我国金融消费者教育存在的不足

虽然我国金融消费者教育事业已经取得了很大进步，但是同时也存在一些问题。

（一）金融消费者教育仍缺乏系统性、长期性

金融消费者教育仍缺乏系统性、长期性，没有将其上升为国家金融战略和经济战略的高度。目前我国金融消费者教育的活动主要呈现阶段性普及、零碎知识普及。监管部门没有系统性地推进金融消费者教育事业，不利于消费者形成系统性的金融知识。

（二）金融服务机构推进金融消费者教育具有功利性

现实中往往打着宣传的旗号进行消费者教育，最终的目标是销售产品。所以更多的消费者教育工作还要依靠监管部门或者第三方机构来进行。

（三）目前的金融消费者教育缺乏针对性

目前的金融消费者教育缺乏针对性，导致金融知识普及效果有所减弱。大多数金融教育项目只注重在"普及月""宣传周"等集中宣传活动中进行突击性的金融宣传，并且存在宣传有效性和针对性不足的问题，如宣传手段缺乏新意和深度，投资者教育浮于面上、流于形式，起不到应有的宣传教育作用，不但覆盖面很小，且大多数群众听不到、看不进。基于金融教育的"公共产品"属性，国内互联网金融机构对金融教育的重视程度和参与度还比较低，"搭便车"的想法和做法较为普遍。互联网金融机构往往只按照监管部门要求集中开展阶段性、突击性宣传，教育普及方案粗糙，制定战略规划等工作鲜有涉及，只在形式上进行金融教育，而在微观上则侧

重对自身金融产品的宣传。这样有形无实的金融教育作用有限。

（四）金融消费者教育缺乏普及性

在中小学、高中和大学均有针对性地开设金融消费者教育课程，从整体上培养国民的金融教育素养。我国现在有部分地区中小学开设了一部分金融知识课程，但还没有在全国范围内普及，这是我国金融教育的空白领域。实践中也有少数项目旨在将金融教育纳入国民教育体系，如由中国金融教育发展基金会与捷信消费金融有限公司共同举办的"助推金融知识纳入国民教育体系项目"已在山西省落地。但这些项目由于规模较小、资源投入不足、社会关注度不高，难以达到以点带面的效果，与将金融知识纳入整体教育体系的课堂教学的国际先进做法相比，还有较大差距。

三、金融消费者教育的域外经验

（一）美国

金融消费者教育在美国被称为金融素养教育。美国的金融素养教育发起与改革往往源于不同的经济危机以及不同时期金融市场的急剧变化。美国非常重视金融教育，在每一次经济危机以及市场急剧变化后，其都会通过不同的策略将金融教育纳入国家未来发展战略当中来。

首先，美国政府重视在全国范围内对金融教育的推广，并将国民金融教育纳入国家未来发展战略。美国的未来繁荣依赖于美国人的金融安全，这一理念在美国各界得到广泛的认可。[①]（1）联邦政府通过国民调查了解国民金融知识能力，以此再提出相应的解决方案。各类经济危机发生后，美国十分重视金融教育，并将其纳入国家战略与国民教育体系。该工作作为一个长期工作，联邦政府首先做的是开展了对国民金融知识能力的调查，然后根据调查结果有针对性地提出解决方案。（2）在20世纪30年代影响深远的经济大萧条时期，众多金融消费者因为缺乏必要的金融知识和理财技能，盲目参与金融投资活动，蒙受了巨大的经济损失，[②] 因此美国政府认为金融教育的普及应当从小开始。在这种背景下，联邦政府、金融机构以

---

① 刘丹，张昕怡，吴越. 普及金融教育的国际比较及其对我国的启示 [J]. 经济研究导刊，2013（26）.

② 蔡军龙. 金融消费者教育的国际实践和经验借鉴 [J]. 福建金融，2012（7）.

及不同社会组织联结提供多样的资源与帮助，帮助各级学校设置相应的金融普及课程。由此，在学校层面，从幼儿园到高中、大学生以及教师都有针对性的金融教育课程设置；在金融机构层面，金融机构在政府的鼓励下也广泛参与到金融教育的课程中来。比如有资料显示，花旗银行与许多重点大学和文理学院及非政府机构成为长期的合作伙伴，还通过捐赠等方式与一些著名非政府机构和非营利性组织建立了良好的合作关系；在社区层面，美国重视社区在金融教育方面所发挥的作用，政府联合社区，提升国民金融知识水平，防止欺诈和掠夺性的银行业务的危害，促进国民提高金融能力，为个人和家庭制订安全的财务计划。[①]（3）2007 年 3 月，美国众议院以决议的形式规定每年 4 月为"金融知识宣传月"，向消费者进行金融知识的集中宣传，帮助消费者形成良好理性的金融理财习惯，致力于保护美国金融消费者免受不公平的金融产品和金融服务的侵害。

第二，美国出台不同的法案确认金融素养教育的地位，并设立不同的职能部门运行该法案，将金融素养教育纳入国家发展战略：（1）2003 年 12 月 4 日，美国颁布了《公平交易与信用核准法案》，其中第五项《金融素养和教育促进条例》以法案形式确立了金融素养教育工作在美国金融体系中的重要地位。按照该法案，由美国国会牵头，联邦 20 个机构共同协作，提供各类信息协助建立了政府的官方网站（mymoney. gov）以提供金融消费者可以信赖的金融信息，防止金融消费者因为信息不对称而受到金融机构欺诈的侵害；此外，在条例的框架下成立了由财政部、美联储、证券交易委员会等 23 个部门联合组成的金融素养与教育委员会（The Financial Literacy and Education Commission）。该委员会成立的目的就是通过实施金融教育国家战略，提高美国国民的金融教育程度。[②] 在该条例的指导下，金融素养与教育委员会得到美国财政部金融教育办公室的指导和技术支持，并开始落实诸多金融教育计划。首先，该委员会于 2006 年制定了《金融教育国家战略》，委员会通过该战略规划金融教育任务和目标并完成相应的评估；其次，开通了金融教育网站和免费服务热线，通过网站和免费服务热线传授相应的金融知识并接受来自市民的咨询。（2）2007 年美国次贷危机发生后，美国政府意识到金融教育的不足导致个人消费者对金融创新产品识别能力

---

①　吴丽霞 . 提升金融消费者金融素养的国际经验与借鉴 ［N］. 长春大学学报，2012（1）.

②　刘丹，张昕怡，吴越 . 普及金融教育的国际比较及其对我国的启示 ［J］. 经济研究导刊，2013（26）.

缺乏、对过度金融消费没有必要的节制等问题。于是在 2009 年 12 月，美国通过《多德—弗兰克华尔街改革与消费者保护法案》，建立了金融消费者保护局（CFPB）。[①] 该金融消费者保护局为金融素养与教育委员会的成员之一，其主要通过以下途径进行工作：第一，设立金融教育与消费者教育部，其职能为向个人消费者提供相关金融产品与金融服务的专业知识，并定期向美国国会提交《金融常识年度报告》；第二，设立官方网站向公民传授金融基础知识，提升相应的金融知识水平；第三，帮助政府将金融教育纳入国民教育体系。金融消费者保护局作为金融素养与教育委员会的成员之一，通过自身对其他金融机构的监管，及时发现不足之处，并向金融素养与教育委员会进行通报，以期更快地解决相应问题。

（二）英国

英国的金融消费者教育将重点放在了对消费者的保护上，并且主要通过专门机构英国金融服务管理局（Financial Services Authority，FSA）[②] 起到牵头的作用，加上长期的战略计划以及大量资金的投入获得落实。

第一，英国金融服务管理局起到积极的作用。英国金融服务管理局成立于 1998 年，根据《金融服务和市场法案》的规定，其在行使法定权力、监管各项金融服务的同时，还负有保障金融服务消费者和推行消费者教育的职责。它的监管目标包括：加深公众对金融体系的认识；确保消费者获得适当保护。[③] 自 1998 年以来，金融服务管理局的工作可以分为三个阶段。第一阶段是 1998 年 11 月至 2003 年，英国金融服务管理局制订并且执行了"消费者教育计划"，积极通过不同的方式与金融机构或者社会服务机构进行相关合作，在全国开展了英国金融消费者的教育工作。第二阶段是 2003 年至 2008 年金融危机发生以前，在总结"消费者教育计划"成效的基础上，英国金融服务管理局发现需要在更大程度上组织开展金融消费者教育。为此，金融服务管理局制定了"国家金融能力战略"，将金融教育的目标界定为提升全体国民的"金融能力"，并成立由政府机构、金融机构、非营利性组织、消费者代表、媒体等成员组成的金融能力指导小组，推进金融教育工作；同时，成立由财政部、贸易和工业部、教育部、消费者协会等部

[①] 焦瑾璞. 金融消费者教育：国际经验与我国实践探索 [J]. 福建金融, 2012 (7).

[②] FSA 后重组为金融行为监管局, Financial Conduct Authority（简称"FCA"）。

[③] 吴弘，徐振. 金融消费者保护的法理探析 [J]. 东方法学, 2009 (5).

门组成的金融能力咨询小组，负责对金融教育工作进行指导。[①] 第三阶段是2008年金融危机发生以后，英国在这场危机中也受到了巨大的损失，因此英国非常注重金融改革，与之相匹配的金融教育也一同发展。2010年，英国通过了《金融服务法案》，该法案要求金融管理服务局成立金融消费者教育机构（Consumer Financial Education Body，CFEB），一年以后金融消费者教育机构改名为货币咨询服务公司（The Money Advice Service，MAS），开始独立、系统、全面地组织开展消费者教育工作。它致力于改变金融消费者的不良消费行为，消除公众对现代金融业务和产品的认识误区；采用互联网、服务热线及各种面对面的方式，通过制订详细的金融教育规划和安排，向全英每一个家庭提供金融消费咨询服务。MAS主要通过以下四种途径开展金融消费者教育工作：一是积极推进金融教育国家战略。英国已于2011年对第一阶段金融教育国家战略进行了评估修正和完善，开始实施第二阶段金融教育国家战略。二是开展国民金融素养调查。2013年，MAS实施全国范围内的消费者金融素养调查，样本数为1万人，每季度实施一次调查。三是向公众提供免费的、公正的货币咨询建议。从2011年4月起，MAS通过网络、电话开展金融咨询服务，也接受英国范围内的面对面咨询。2013年，MAS加大了对网络咨询的资源投入，推出在线健康检查项目，使用行为观察法来鼓励人们做出合理的金融事务决策。四是将金融消费者教育重点置于青少年金融教育领域。MAS于2013年10月发布了《15~17岁青少年金融能力调查报告》，并且开展了一系列活动来引导家长帮助孩子学习管理自身金融事务，同时还设计开发了专门针对青少年的APP。[②]

第二，英国有针对性地对于不同年龄阶段的人群进行金融消费者教育。对16岁以下群体的金融教育：通过正规的教育系统提供金融教育，根据各个区域的日程安排有微小的差异。它的目的是促进人们获得金融方面的技能、知识，加强对金融产品的理解程度，提高人们对自己金融决策的责任感。[③] 对16岁以上的群体，有各种机构协助继续金融教育，包括成人金融扫盲咨询小组、公民咨询部门和金融服务业。此外，还制订了一系列的计划，对该群体进行继续金融教育，如政府制订的社会包容议程、金融普及

---

① 蔡军龙. 金融消费者教育的国际实践和经验借鉴 [J]. 福建金融, 2012 (7).
② 焦瑾璞. 金融消费者教育：国际经验与我国实践探索 [J]. 福建金融, 2012 (7).
③ 吴丽霞. 金融教育的国际经验与借鉴 [N]. 长春大学学报, 2012 (1).

计划、成人金融能力计划和 FSA 法定要求等。[①]

第三，英格兰银行以及英国银行公会都致力于开展英国金融消费者教育。英格兰银行所做的工作有：英格兰银行博物馆有着针对不同群体各种特色的展览；英格兰银行针对高中生设立了新的学校课程"货币制造"，让高中生了解到经济的运转是如何跟人类的生活息息相关的；英格兰银行针对大学生准备了相应的经济类电影并且邀请大学生及其指导老师免费参观英格兰银行，准备了丰富的内容；英格兰银行将员工也纳入其金融教育体系当中，重视发挥员工的辐射作用。英国银行公会则面向消费者提供多方面的银行服务的信息，加深金融消费者对于金融服务的热值，让消费者更加理解银行的工作。

第四，英国政府对于金融教育投入了大量的资金。英国金融能力指导委员会每年投入数千万英镑资金，专门用于金融教育；发掘社会力量设立了"创新基金"，奖励金融教育成效突出的机构和个人。

（三）澳大利亚

澳大利亚的金融消费者教育是建立在全民素养下的金融教育。

第一，澳大利亚政府在 2004 年成立了由金融业、政府部门、消费者、社区团体的代表组成的消费者和金融教育特别行动小组（The Consumer and Financial Literacy Taskforce），该小组领导全国金融消费者教育工作，评估金融消费者教育工作成效以及向政府提出有关建议。

第二，以消费者和金融教育特别行动小组为基础，澳大利亚政府设立了相关金融消费者教育网站。该网站向澳大利亚金融消费者提供了关于理财管理、合理避税、投资工具选择、退休金安排等方面的知识。它还提供各种计算工具，让消费者可以对自身资金安排状况健康度及理财资金安排等进行测算，并提供直观的结果供公众做出决策。[②] 同时，网站还接受金融消费者对金融机构服务的投诉和建议，对金融消费者在金融活动中暴露出的知识盲区进行总结和归纳，以便及时调整和逐步完善持续开展着的金融消费者教育。

第三，根据消费者和金融教育特别行动小组的建议，澳大利亚国家金

---

① 吴丽霞. 金融教育的国际经验与借鉴［N］. 长春大学学报，2012（1）.
② 焦瑾璞. 金融消费者教育：国际经验与我国实践探索［J］. 福建金融，2012（7）.

融素养战略在 2011 年 3 月出台。① 该战略有四大支柱：一是通过学校和其他途径的教育提高金融素养；二是提供独立可信的信息和工具，并给予持续支持；三是完成积极的行为转变；四是与多部门建立合作伙伴关系，促成最佳的社会实践。

（四）日本

日本政府的金融消费者教育主要采取政府主导吸引公众参与，并且用独具特色的形式将其推广开来。

第一，日本金融消费者教育在政府有关经济教育组织、文部科、金融厅的主导下，全国自上而下地进行金融消费者的教育工作，无论是金融机构、行业协会，还是学校、社团组织和相关专家组成的金融服务信息中央委员会等均为金融教育的积极参与者。

第二，日本政府设立消费者事务厅，向消费者提供有关金融产品以及金融服务的信息，以增强消费者自主选择金融产品与服务的能力。

第三，日本采取特色的金融教育形式，通过互联网、金融讲座、各种趣味游戏、举办各类竞赛、地方乐曲与音乐会的形式加深人民对于金融的认识。日本央行通过开展模拟现实的金融实务竞赛，让参赛与观看的学生均能够更加直观地体验真实的金融世界，最大限度地激发其学习热情。②

四、完善金融消费者教育的建议

（一）设立专门的监管机构领导和协调国家金融教育计划的发展和实施

目前，我国金融监管机构均设立了消费者保护部门，但没有统一的机构负责金融教育工作，各监管部门仅仅在其职责范围内开展有限的工作，且金融教育从来都不是这些部门的重点，在其整体工作中的权重很小。另外，互联网金融的兴起扩大了金融市场体量，面对庞大的互联网金融消费者群体，监管部门所拥有的行政资源已经无法满足金融消费者日益增长的教育需求。国家金融市场乃至经济的繁荣依赖于国人的金融安全，因此首先在定位上应将国民金融教育提升到国家未来发展战略的高度，并设立专

---

① 焦瑾璞. 金融消费者教育：国际经验与我国实践探索 [J]. 福建金融，2012（7）.
② 蔡军龙. 金融消费者教育的国际实践和经验借鉴 [J]. 福建金融，2012（7）.

门的领导机构专门负责金融教育工作的政策制定、目标规划、组织协调、督促执行等工作。

(二) 制订金融消费者教育规划和指标体系

未来的金融消费者教育更应关注金融消费者教育的长期性和系统性，这样才能持续不断地推进金融消费者教育事业，有利于消费者形成全面的、系统的、健康的金融消费和投资价值观，形成长效工作机制。其中，指标体系包括金融消费者教育有效性的评估指标体系、全过程的反馈体系。教育规划包括将金融消费者教育纳入国民教育体系。

(三) 加强金融教育的针对性

未来应关注提升对金融消费者教育的针对性，包括方式和内容的针对性：在方式的针对性上，英国和美国每年都会对保险消费者教育进行调研，不仅可以了解人民大众的金融知识现状，而且可以根据不同人群制订不同的教育策略。该做法值得借鉴，我国的金融监管机关也应定期开展金融知识的调研，分析不同人群的金融知识水平现状，并有针对不同人群采纳适合该类人群特征的教育方式，这样不仅可以高效开展消费者教育工作，而且可以避免资源浪费。在内容的针对性上，金融知识、风险知识和纠纷解决渠道信息是金融消费者教育的重点。向金融消费者提供的教育内容应该包括两个方面：一是金融产品的种类、特征等有关基础知识，如办理金融业务的常识、货币知识、投资理财知识、必要的风险意识、货币知识等，提高消费者分析判断和决策能力；二是金融消费者权益保护相关的金融知识，如金融消费者享有的权利和纠纷处理流程等。[①] 同时基于对咨询数据和投诉数据的分析，及时更新金融知识普及资料，提高金融知识普及的针对性。

(四) 将金融知识教育纳入国民教育体系

从目前进展情况来看，虽有少数项目在实施将金融教育纳入国民教育体系，如由中国金融教育发展基金会与捷信消费金融有限公司共同举办的"助推金融知识纳入国民教育体系项目"在山西省落地，但这些项目由于规模较小、资源投入不足、社会关注度不高，难以达到以点带面的效果，与将金融知识纳入课堂教学的国际先进做法相比，还有较大的差距。我国绝

---

① 孙天琦. 金融业行为风险、行为监管与金融消费者保护 [J]. 金融监管研究，2015 (3).

大多数中小学还未系统地开设金融知识课程，这是我国金融教育的空白领域。一是从九年义务制教育入手，引入金融教育课程，将金融知识渗透到不同学科中，利用课外活动和校外渠道向未成年人进行金融教育；对教师进行金融知识培训，提高教师金融知识和授课能力。二是加强对老年人的金融教育。利用老年大学的载体，开设金融教育课程，普及金融常识；针对老年人关心的退休储蓄产品开展金融宣传。三是加强对农村领域的金融教育。通过人民银行、农信社和邮政储蓄银行建立农村金融扫盲志愿者服务队，针对不同教育程度的农民个体或金融服务开展金融教育。[①]

（五）不断提高金融消费者自我保护能力

要为金融消费者提供专业的法律、金融知识咨询服务。要进一步强化金融机构对客户的教育、引导责任，将其作为金融业务经营活动的必然组成部分。要动员多种社会力量，通过多种形式，积极开展金融消费者教育。同时，要通过教育让金融消费者懂得"买者有责、卖者有责"的理念和约束作用，即监管保护并非万能。应该让金融消费者理解虽然存在事前约束与事后救济手段，但其局限性决定了事前不可能完全消除金融消费者自身的风险属性，事后也不可能得到完全补偿，因此要慎重选择金融机构和金融产品，要防止消费者认为有监管保护而经受不住个别金融机构的误导与利诱，涉足明显超出自身风险承受能力的金融产品市场。"买者有责"的警钟应时刻敲响在耳边。[②]

（六）建立全面的反馈机制和有效性评估机制

金融教育项目尚未建立成熟和科学的金融消费者教育评估体系和有效的跟踪反馈机制，不利于金融教育工作者及时发现金融教育中存在的问题，进而做出正确的决策。应成立专门的研究小组，负责对金融消费者的消费行为和习惯进行研究，定期对金融教育成效进行评估，不断完善金融教育并持续推进工作的开展。

（七）确立对金融消费者教育背后的资金保障

持续推进国民金融教育，除政府专项资金支持的方式外，可参照发达

---

① 李中玉. 国外金融教育的先进经验及对我国的启示［J］. 金融经济学术版，2013（5）.
② 孙天琦. 金融业行为风险、行为监管与金融消费者保护［J］. 金融监管研究，2015（3）.

国家的做法，设立国民金融教育基金，对不同规模的法人金融机构，按照一定比例计提金融教育基金，由政府有关部门负责资金管理、分配和使用，专项用于全民金融教育。

（八）丰富教育方式，建立多样化的金融教育平台

（1）借助信息化手段提高教育覆盖面。利用网络教育的开放平台，制定完善的金融教育教程，向公众提供全方位的金融教育。在内容上应灵活多样，可设计类似英国金融服务局推出的"金融体检"项目，由消费者对自身或家庭金融健康度进行测试，直观地呈现个人或家庭金融教育存在的盲区及具体改进路径。

（2）开设公众金融教育服务区。在分业监管的格局下，包括"一行两会"在内的各级监管部门应当创造条件开设金融教育服务区，作为公众学习金融知识的场所，定期开展各类金融知识讲座，接受来访者电话和现场咨询，开展消费者保护方面调查研究，发布金融消费者风险提示等，并以此作为监管部门向社会公众开展面对面金融教育的平台。

（3）加强国际交流和合作。密切关注和积极借鉴国际组织在金融教育方面倡导的标准和实践，加强与发达国家在金融消费者保护和金融消费者教育方面的经验交流，注重吸收转化其中有益的做法和成功经验，促进国内金融消费者教育快速发展，努力提升国内金融教育的整体水平。

第十一部分　金融监管执法体制的完善

在我国，金融消费者权益保护的法律体系仍然是基于现有"银行、保险、证券、信托"分业监管的事实，其总体而言仍呈现在国务院的领导下由"一行两会"（原"一行三会"）和地方金融办在各自法定监管的权限范围内、按照各自监管领域的职责分工来从事金融消费者权益保护的行为监管活动。

一、我国现行金融监管执法体制存在的主要问题

（一）监管的协同性与协作性不足

在原有的"一行三会"金融监管格局下，我国金融消费者权益保护工作相互间缺少必要的协调与合作。各金融监管部门从不同的角度开展金融消费者权益保护工作看似有序，但仍然存在管理重复、管理真空、管理冲突等难以克服的弊端，不利于金融消费者权益保护工作的整体推进：

第一，从金融消费者的角度看，当其因金融消费纠纷需要向监管部门求助时，其面临着到底是向市场监督管理部门、"一行三会"（现"一行两会"）还是金融行业协会求助的困惑。现有金融消费者纠纷的监管主体的职责划分往往非常复杂，在某些业务领域甚至模糊不清，这就构成了一个权力分工的"黑箱"摆在了金融消费者的面前。将正确选择救济主体的责任强加于金融消费者无疑会提高金融消费者维权的成本，增加金融消费者维权的障碍。

第二，从救济主体的角度看，多头管理的格局往往会演变成为"好事、政绩抢着管"，"坏事、困难争着推"，"麻烦事情踢皮球"的尴尬局面。同时，有权部门在管理的过程中，特别是在对职责边界模糊不清的事项开展管理的过程中，可能出现多头执法、重复执法、越权执法等情况，容易引起部门间的摩擦和纠纷，最终降低行政管理的整体效能。

第三，从金融消费权益保护事项上看，不同管理部门从本部门工作需

要出发，对同一管理事项可能制定出不同的管理标准和规则，在执法过程中可能适用不同的尺度和标准，从而使得"监管套利"行为有机可乘，妨碍国家行政管理工作的一致性。[①]

（二）监管体系割裂造成监管套利

为了防止利用监管标准的不统一而发生监管套利行为，行为监管理论要求针对"同一产品"做到"同一标准"，即不能按照不同行业或不同类型的金融机构分类设定行为监管标准，而应不分行业、不分机构地按照相同类型、性质的金融产品设定同样的监管标准，统一适用，统一执法，否则就会产生所谓的"监管套利"行为。为此，英国《金融服务与市场法》通过对"受监管金融服务"（regulated financial services）的界定统一了行为监管的适用对象和范围。虽然该法第 1H 条罗列了"受监管金融服务"主要是由"被许可人员"（authorized persons）所作，但是根据该法第 1G 条，如果被许可人员以外的人员从事受监管活动，那么使用、曾经使用或者可能使用其服务的人也构成消费者。也即未经监管机构许可提供金融服务并不影响服务对象的消费者身份，无论是否是金融行为管理局注册的持牌机构，只要其事实上从事了法定的"受监管的金融服务"（金融行为），其就要按照金融行为监管局的相关规定、指引满足行为监管的要求；而类似的统一标准的行为监管规则也适用于美国。以针对贷款行为的行为监管要求为例，金融消费者保护局不仅关注那些向消费者提供贷款的持牌金融机构，对于那些不受联邦或者州法金融管制的网贷公司（P2P 平台）上的贷款行为同样要求遵守相关信息披露、催收等贷款的行为监管要求。虽然迟至自 2016 年 3 月 7 日起金融消费者保护局才开始接受对于网贷的投诉和调查，但至少在监管层面，"所有的贷款者（无论是网络贷款还是银行贷款），都必须遵守联邦或者州法项下的金融消费者保护法律及规定"。[②]

但反观我国，目前各金融监管部门仍按照银行、保险、证券、信托的分类对受其监管的金融机构（"正规金融机构"）进行行为监管，不同监管机构对同一类金融产品的监管尺度存在差别（对于非受其监管的金融机构除非涉及交叉的业务才有可能出现跨部门的双重行为监管要求，比如银行

---

① 张琨. 对金融消费权益保护跨部门协作机制的理论思考 [J]. 华北金融，2014（1）.

② CFPB. Now Accepting Complaints on Consumer Loans from Online Marketplace Lender [EB/OL]. [2018-7-26]. https：//www.consumerfinance.gov/about-us/newsroom/cfpb-now-accepting-complaints-on-consumer-loans-from-online-marketplace-lender/.

代销保险产品）。因此，那些以"创新"名义在本质上提供金融服务的非正规金融机构（比如 P2P 平台、消费贷提供商等）均不在各金融监管部门的监管对象范围之列，除非在国务院的统一部署下存在统一的清理整顿活动（比如现金贷、互联网金融），否则我们在行为监管上仍延续前述"金融消费者""金融产品"定义不统一论述中所介绍的问题，体现为在金融消费者权益保护方面就是"铁路警察，各管一段"，同样性质的产品如果涉及不同的金融产品提供方，则在事实上既存在着不同监管机构对不同金融机构的不同行为监管，[1] 也存在着同一监管机构对同一性质产品、按照监管对象的类型同时出现"管"与"不管"共存的现象。[2] 而且这种只针对自身监管对象划分的行为监管方法在某种程度上导致了不同类型的金融监管对象合谋规避监管进行套利的现象。以资管产品为例，由于证监会对于券商资管产品制定了一系列详细的投资者适当性标准，而原中国银监会有关投资者适当性的规定只是通过工作指引的方式进行原则性要求，证监会对于资管产品有合格投资者制度；信托计划有集合资金信托计划认购人的资金规模要求；银行理财产品无要求，因此在实践中出现银行与券商联合，通过不同类型金融产品进行镶嵌的结构化产品的模式，把银行充当管理人的银行理财产品对接券商发行的资管产品，通过银行理财产品的发售规避了证监会对于券商的投资者适当性要求，成为相关资产管理计划的资金募集信道。[3]

（三）检查、处罚机制体系化保障不足

就金融消费者保护监督检查机制而言，目前各金融监管部门的监督检查机制的依附性强，行为监管的行政检查监督权并不在金融消费者保护部

---

[1]　以资管产品为例，同样是"受人之托，代人理财"的产品，在我国就分为银行理财产品、信托理财产品、券商的资管理财产品和保险理财产品，虽然 2018 年 4 月 27 日中国人民银行、中国银行保险监督管理委员会、中国证券监督管理委员会、国家外汇管理局《关于规范金融机构资产管理业务的指导意见》在审慎性监管方面对资管产品统一了产品标准，但在涉及具体的产品发行、服务、消费者投诉等行为监管方面，仍是由银保监会、证监会各司其责，各管其事。

[2]　比如对于非持牌金融机构所从事的"类金融类"行为（如贷款、贷款撮合或者代币发行等），各金融监管部门要么有力无心但无意监管，要么有心无力但无权监管（基于法定或者中央编办所确定的职责范围）。

[3]　中国银监会曾于 2014 年 12 月发布《商业银行理财业务监督管理办法（征求意见稿）》，在该征求意见稿第七十一条要求理财产品通过非银行金融机构发行的资产管理计划进行投资的，商业银行应至少做到：……（五）客观评估最终标的资产的风险，对最终投资标的资产的风险与利益归属进行实质性管理和控制，不能简单作为相关资产管理计划的资金募集信道。

门，监督检查机制还没有完全独立，专业化程度不够，导致监督检查只能依附系统内的其他部门来进行，此其一；其二，在分业监管格局下，金融消费者权益保护的监督和检查局限于特定的机构或者特定的地域范围，单一监管机构不能对跨区域和跨市场的金融机构进行监督检查，不能对跨行业的金融机构消费者权益起到足够的保护作用；其三，监督检查的形式比较单一，缺乏有效性。监督检查工作主要注重金融机构的现场检查，缺乏其他的监督检查模式，检查形式比较单一，不能产生良好的监督检查效果，而且监督检查缺乏针对性，未能对相关的金融机构及金融环境进行针对性的检查，使监督检查工作容易出现重复监管的现象。①

另外，在有关违反行为监管的处罚方面，目前我国行为监管的处罚工具缺失：一是法律对金融机构侵害消费者权益、金融垄断行为和不正当竞争行为等事项没有规定行政检查权；二是除反洗钱等个别领域外，大部分行为监管事项都没有行政处罚权；三是对违规金融产品，行为监管机构没有权力限制产品准入；四是金融监管机构或市场第三方组织建立的纠纷调解机制，其调处结果在法律上没有强制力，没有建立司法确认机制；五是非现场监测、环境及产品评估、约谈机制等柔性监管机制还不完善，② 目前的行为监管处罚必须依附于传统的金融行政监管的处罚措施和处罚程序，不能快速、准确、及时地响应金融消费者权益保护的实践需要。

（四）金融监管的中央与地方事权未理顺

在金融监管领域，中央和地方权力与责任的配置，已经成为重要的议题。党的十八届三中全会指出，必须"界定中央与地方金融监管职责和风险处置责任"。2018 年 4 月 2 日召开的中央财经委员会第一次会议，提出要抓紧协调建立中央和地方金融监管机制，强化地方政府属地风险处置责任。尽管"一行三会"模式目前已变更为"一委一行两会"（即国务院金融稳定发展委员会、人民银行、银保监会和证监会）新格局，且中央监管层面已经建立了由中国人民银行牵头的金融监管协调部际联席会议制度，金融监管体系得以完善，金融监管的中央与地方事权并未完全理顺。

1. 地方金融监管边界模糊

我国《立法法》第八条规定，基本经济制度以及财政、海关、金融和

---

① 张新颖. 打造银行业消费者权益保护升级版 [J]. 中国农村金融，2016 (13).
② 张庆昉. 金融行为监管体系改革 [J]. 中国金融，2017 (11).

外贸的基本制度，只能制定法律。换句话说，金融的基本制度属于中央保留事权，地方无权触碰。依据《立法法》的反对解释，金融的非基本制度属于地方事权，各方有权制定规则。但何为"金融的基本制度"，又何为"金融的非基本制度"，向来没有明确的界定。目前，国家政策虽已对地方政府金融管理提出了具体的工作任务，例如，小额贷款、融资担保、典当、商业保理、融资租赁、地方成立的资产管理公司、地方的股权交易中心，但都没有上升到法律层面，许多地方甚至连政府部门规章和规范性文件都没有出台，各地方金融监管局（金融办）在执法方面缺少法定依据。

2. 地方金融监管手段有限

目前，地方金融监管局（金融办）只能对监管对象开展专项检查，并据此撰写专项报告作为政府决策参考。对于发现的问题，囿于行政执法权限，很难对行政相对方构成约束力，地方金融监管局只能寻找其他部门协调解决。由于事先缺乏执法手段，在风险暴露并形成损失时，再去处置，但此刻为时已晚。仅仅靠单纯的事后追究，并不能起到预防作用，更无法实现事前提示、控制和防范风险的监管本意。这也正是目前许多地方 P2P 平台纷纷爆仓，投资者损失惨重的重要原因。再如，2008 年 5 月，中国人民银行和中国银监会联合颁布了《关于小额贷款公司试点的指导意见》，将小额贷款公司设立审批、持续监管和退出监管的权力授予省级政府。但从法律角度分析，只有法律、行政法规和地方性法规才有创设行政许可的权利。在缺乏地方金融监管条例这一地方性法规的情况下，地方金融监管局无权批准小贷公司的设立。

3. 地方金融监管信息共享不足

由于地方金融监管还未形成统一的框架，虽然工作任务部分划归地方金融监管局，但管理职能仍然散落于各个部门。例如，典当行、大宗商品交易场所的管理仍然由商务部门负责；小额贷款公司和融资性担保公司，政策由央行、银保监会制定，具体由各地金融监管局（金融办）负责；对于网络贷款公司、网络众筹等机构，银保监会与地方金融监管部门之间的监管职责并不完全明晰。在这种情况下，监管政出多门，职责交叉，未形成监管信息的有效分享，无法形成合力，形成了监管漏洞和盲区。在出现金融风险时，相互推诿，金融风险大有转化为社会风险之势。据网贷之家统计，截至 2018 年 7 月底，全国累计 P2P 平台共 6385 家，正常运营的只有 1645 家，累计问题平台数量为 2286 家。问题平台数量加速增加，有可能引发社会动荡。

二、监管执法体制的完善建议

(一) 加强金融消费者保护监督执法部门的独立性

一方面，完善现行机构模式的首要问题在于加强消费者保护职能部门的独立性。具体而言，首先是人员的独立性，其次是资金的独立性，最后是独立的问责制度。监管机构的独立问责制度有利于提供公众监督，维持并增强合法性，而且有助于增强机构治理，提升机构业绩。

另一方面，明确开展金融消费者权益保护的立场。明确立场主要是为了避免在之后的工作中，由于法律地位不清晰，导致陷入一些不必要的诉讼及法律程序中。以银行为例，一些立场性的原则要在指引中表述清楚，至少包含以下五个方面：一是人民银行不干涉银行业金融机构的有关服务标准及商业决定；二是人民银行不介入银行与客户之间的纠纷或就该纠纷做出仲裁；三是人民银行不就已进入法律程序或已经发生诉讼的案件，或是等待公、检、法机关采取法律行动的个案发表评论；四是人民银行基于保密理由，不以显名方式向社会公众公布对特定银行业金融机构的调查结果、检查情况以及采取的措施；五是人民银行不向金融消费者提供法律援助，金融消费者有法律援助需求的，应向相应的政府法律部门求助。这五个立场性的原则是否明确，在一定程度上决定了开展金融消费者权益保护工作能否取得应有的成效，并在取得成效时，减少基层部门的工作量，避免因为纠纷耗费大量的成本。①

(二) 构建金融消费者权益保护跨部门协作机制

金融消费者权益保护跨部门协作是指金融消费者权益保护相关职能部门在一定机制的协调和作用下，共同开展工作，以实现维护金融消费者的合法权益、规范金融机构的经营行为、实现经济金融健康平稳运行的目标的行为方式。金融消费者权益保护跨部门协作机制应当具有协作意愿、政策论坛、战略思想、协作组织和协作实践五个关键因素。协作意愿是一个部门愿意与其他部门开展管理协作，共同完成金融消费者权益保护工作目标的意向，它是开展跨部门协作的前提条件。政策论坛是各参与部门进行

---

① 温树英. 消费者保护与我国金融监管体制之完善研究 [J]. 暨南学报（哲学社会科学版），2015（9）.

利益博弈的平台，各参与部门能以面对面的形式直接开展对话和协商，充分发表自身的观点和诉求，提出自身的意见和建议，展示自身的优势和面临的挑战，沟通自身的目标和愿景，使自身的观点和看法能够被其他方所了解，使得最终的意见和主张能够综合多方意见和建议，体现多方的意志和利益，达到协调目标、协调政策、协调措施的目的。战略思想是为了实现特定目的而制定的指导全局的方略。统一的战略思想是实现跨部门协作的必要条件。协作组织是战略思想的具体实践者，旨在实施跨部门协同方案、解决问题并提供服务的执行机构，它是通过整合多个部门的多种资源（包括物质资源、人力资源、信息资源、权力资源等）组合而成。协作实践是跨部门协作组织的具体行为。金融消费者权益保护协作方式主要有信息交换、交流学习、共同执法行动。①

在协作机制的构建中，应当注重监督检查中的协作。现阶段开展监督检查必须从加强协作机制建设入手，紧紧围绕"三个依托"开展工作：一是依托好人民银行内部职能部门。要与职能部门加强工作协调，利用好"两管理两综合"工作平台，统筹各职能部门监管力量实施监督检查。二是依托好各金融监管机关内设的金融消费者保护机构，加强彼此的协调沟通，共同拟订跨市场、跨行业的金融消费者保护协作检查制度，处理好跨市场、跨行业金融产品与服务涉及的金融纠纷。三是依托好金融机构。金融消费者权益保护监测信息主要来源于各金融机构，其准确性、全面性直接影响着非现场监管、监测及评估的质量，最终影响到金融消费者权益保护政策的制定和实施。因此，在监测信息共享平台建设不完备的情况下，要依托好金融机构完成好监测信息的收集，为监督检查职能的全面履行奠定基础。

此外，针对人民银行与银监部门在对银行业金融机构开展金融消费者权益保护监督检查职能模糊、重复监管问题，建议进一步协调细化监督检查职责，合理界定监管范围，增强监督检查的针对性和有效性。确保金融行业间规则的一致性，形成金融消费者权益保护合力。②

（三）注重方式创新，提高监督执法的有效性

重点搞好"三个结合"：一是将监督检查与评估有机结合。工作中，注意将现场检查与评估统筹安排、相互促进。要通过问卷调查、现场调研和

---

① 张琨. 对金融消费权益保护跨部门协作机制的理论思考［J］. 华北金融，2014（1）.
② 宋姣. 金融消费权益保护监督检查机制研究［J］. 时代金融，2014（4）.

统计分析等方式，研究和评估金融机构开展消费者权益保护情况，确定金融消费者权益保护风险等级，进而促进评估结果与检查结果的综合运用。二是将日常检查、定期检查、专项检查、突击检查有机结合。在做好常规或定期检查的同时，要结合投诉信息筛选、网上征求意见等反馈信息，对监管对象进行专项检查和突击检查，解决好金融消费者权益保护中的突出矛盾和问题。三是将纵向检查和横向检查有机结合。纵向检查就是实行上下级联动的综合交叉检查，可以跨市、跨省开展，这样做有利于打破地方保护；横向检查就是实行跨行业、跨部门的联合检查，加强专业互补，提高检查效率。

（四）构建合理的中央与地方分层式金融监管体制

分层式金融监管体制的目的在于对中央与地方的监管权适当划分，发挥地方积极性。构建良好的分层式金融监管体制是回应当前金融业态的现实需要。构建合理的分层式金融监管体制，需要做好以下几个方面的工作：

1. 清晰界定中央和地方金融监管职责

在坚持中央对金融业管理的主导地位的原则下，明晰界定中央与地方金融监管职责，加强央地协作配合，完善地方金融管理体制。根据我国《立法法》第八条的规定，金融的基本制度属于国家事权，但并未对"基本制度"做出界定，急需在法律层面上对此做出明确的回应。一种可能的路径是，在各省级政府成立金融监管局的同时，启动地方金融监管条例的起草，把小额贷款、融资担保、典当、商业保理、融资租赁、地方成立的资产管理公司、地方的股权交易中心等明确为地方金融事权，放手让地方实施监管。同时明确发生金融风险时中央和地方在金融风险处置中的责任，及时有效地处置辖区金融业突发事件，改善本地区金融生态。

2. 赋权地方金融监管机构，赋予其相应的监管职权

一方面要将分散在多个政府职能部门的金融管理职责进行整合，明确地方金融监管机构的法律地位和管理对象，同时要赋予其明确的监管职权。地方金融组织从事金融活动存在违规行为的，地方金融监管机构可以对其董事、监事、高级管理人员等进行约谈和风险提示，要求其就业务活动和风险管理的重大事项做出说明，并责令其整改。同时，赋予地方金融监管机构信用联动惩戒职权。若地方金融机构从事非法吸收社会资金、金融欺诈、违规融资等重大违法违规行为，地方金融监管机构可以依法责令其限期停业整顿，并记入公共信用信息平台，依法予以联动惩戒；情节严重的，依照有关法律法规规定予以处置。

3. 地方政府的监管权应包含监管规则制定权

在赋予地方金融监管权的同时，也要赋予地方一定的金融立法或金融规则制定权。这里的地方，目前应限于省级。根据《立法法》的规定，金融基本制度属于法律保留事项，地方无权立法，但是金融立法权集中于中央存在突出的问题：首先，国家制定新法或修改旧法时间较长，而金融业的一个特点就是发展快、创新快，因此金融创新和法律滞后的矛盾较大；其次，我国在法律修改方面的理念也不适应金融市场，一些金融发达国家的金融法律修改频率很高，而我国金融相关法律几年不改的情况非常普遍，造成一方面无法可依，另一方面法律景观化。面对金融市场发展速度快、变化大，改革探索和创新层出不穷，不断提出法律规范的新要求，而法律要求相对稳定性、无法朝令夕改的矛盾，就需要监管规则的及时填补。这不仅需要中央金融监管部门有针对性地出台规章，也可授权省级地方政府及中央金融监管部门的派出机构颁行相应的金融监管规则，在一定范围内适用。

4. 建立地方金融风险处置机制

一方面，建立地方金融风险处置机制要加强和完善地方金融体系风险预警机制，这就需要完善地方诚信体系。地方政府应该给予诚信体系以充分的重视，促进社会诚信系统建设的不断完善。标准建设是地方金融信用体系建设的基础工作，地方金融监管机构可以参照央行的金融业统一征信标准体系，完善地方金融监管的征信标准，对接央行的金融业信用信息体系，督促辖区内各类地方金融机构完善金融信用管理制度；其次是建立地方金融风险监测指标体系。目前地方金融监管机构的风险监测能力较弱，且有不尽合理之处。地方金融监管面对的是全新的金融业态，这些新金融机构本身自有资金有限，而且内控机制也不如传统金融机构健全，应当通过大数据技术对这些新金融业态机构风险监测，监控风险因素的变动趋势，预先发布警告以防止损害发生。

另一方面，应当建立地方金融风险处置基金。对于金融风险处置基金的资金来源，因为省级政府作为地方金融机构的监管主体，全面承担其金融风险处置职责。因此，地方金融风险处置基金应由省级政府和地方金融机构共同出资建立，并以省级政府为主。省级政府应在评估地方金融风险的基础上，以能够完全覆盖金融风险为原则，确定地方金融风险处置基金的规模，可采取逐年出资累计达到基金设计规模的方法筹措基金。

5. 充分运用大数据和信息技术，实现智慧监管

金融业态纷繁，但究其本质，都是"用别人的钱"，因此对其实施严格监管，是法律的应有之义。但妥当监管的前提是了解监管对象，这就必须汇聚监管对象的大量信息，为政府的智慧监管与精准执法提供基础。公开年报显示，长生生物 2017 年销售费用为 5.83 亿元，销售人员仅 25 人，人均销售费用 2331.85 万元，而且其中 4.42 亿元为"推广服务费"。证券监管部门在获得这些数据时，可以初步分析，该公司存在着极大的以行贿开路的风险，药品质量自然堪忧，可以将相关信息推送给药品监督管理部门，提示其重点监管。再如，通过检索分析司法裁判文书库，可以看到，在疫苗销售过程中，长春长生涉及多起行贿事件，通过行贿地方医院、疾病防疫部门，给予回扣等方式推销其产品。据第三方软件统计，涉及长生生物的法律文书中，"贪污贿赂"类案件最多，为 20 例。而在 2017 年 11—12 月，更是在短短一月之间，便共有 5 起行贿受贿案件涉及长生生物。司法部门可以根据以上信息，制作加强监管的司法建议书，向政府监管部门推送。政府部门之间、司法与政府部门之间共享数据，对监管对象进行整体画像，分类施策，从而抢在危害发生之前，精准执法，提升监管效能。类似地，对于 P2P 平台的监管，也应当从掌握经营者的信息、收取资金的余额、未兑付的余额等信息入手，才能产生最佳的监管效果。

第十二部分　金融机构保障与补偿机制

一、金融机构保障与补偿机制的价值功能

在金融市场中，除加强信息披露、账户管理、损失准备金拨付等金融交易过程中的预防手段以外，当金融机构已经出现危机和严重问题时，完善的金融机构保障与补偿机制对消费者的金融权益安全保护不可或缺。这个特殊制度，既包括各金融行业的保障补偿计划，如银行业的存款保险制度、证券业的证券保障基金、信托业的保障基金等，也包括在金融机构破产清算时对消费者的特殊保护措施，这些措施对于金融消费者保护具有特别的价值。

第一，金融机构保障与补偿机制是保护金融消费者利益的重要屏障。在金融市场中，由于信息不对称，金融消费者相较于金融机构处于相对弱势的地位，自然会引发占据优势的金融机构为谋取自身利益最大化，采取措施侵害交易弱势一方的利益动机。当金融机构因冒险投机、追逐短期利益出现严重危机或破产时，消费者首当其冲，成为最直接也是最大的受害者。此时，遭受经济损失的消费者最为关心的是如何获得补偿。因此，金融机构保障与补偿机制能够在很大程度上对消费者给予限额内的直接经济赔偿，使消费者的损失得以更为直接的受偿，对消费者而言，无疑是增加了一道保护屏障。

第二，金融机构保障与补偿机制是维护公众对金融体系的信心、维护金融稳定与社会安定的现实需要。当前我国经济正向高质量发展迈进，金融业在迅速发展的同时，累积了一定风险。金融市场所固有的高风险很大程度上是源于金融机构经营失败的系统性后果，即整个金融市场甚至是整个社会需要为个别金融机构经营失败的市场退出负担成本。由于金融风险是金融活动的内在属性，具有潜伏期长、破坏性强和传染性快等特点，[1] 金

---

[1]　王仁生. 完善金融风险补偿机制与投资者保护体系建设 [J]. 福建金融，2008（10）.

融机构作为金融信用链条和经济实体的重要环节，一旦风险危机发生，先前的预防措施难以消除消费者的顾虑，在消费者的经济利益处在高度不确定的状态下，消费者易产生恐慌心理并采取挤兑行为，从而造成金融机构破产的多米诺骨牌连锁反应，并最终使得整个金融市场处于动荡不安之中，给经济与社会带来不可估量的负面影响。因此，金融机构保障与补偿机制能够增强消费者对金融体系的信心，在市场正常运行时期，给予消费者稳定的金融消费预期，强化金融信心，避免金融风险发生；在市场陷入危机时期，金融机构保障与补偿机制能够减少金融机构退出市场的负面效应，①防止金融风险的蔓延和扩散，从而维护社会稳定。

二、我国金融各业保障与补偿机制的现状

（一）银行业保障与补偿机制的现状

过去我国在商业银行面临危机时采取的往往是行政救助，而不是使其破产，这实际是一种隐性保险制度，把国家信用等同于银行信用来保障商业银行危机时存款人的利益。但近年来，允许商业银行破产已成为必然的趋势。2015 年国务院在《转发银监会关于促进民营银行发展指导意见的通知》中再次强调："各有关部门和地方各级人民政府在强化对银行业进行审慎监管的同时……继续完善金融机构市场化处置和退出机制，尽量减少或者降低个别金融机构经营失败对整个金融市场的冲击和不良影响，促进民营银行持续健康发展"。2017 年 8 月 8 日，银监会官网上发布对"十二届全国人大五次会议第 2691 号建议的答复"，其中提及银监会正在起草《商业银行破产风险处置条例》，加快推出银行破产条例，这意味着"银行可以破产"的时代即将到来。在此背景下，建立与完善银行破产的预防、挽救以及破产清算制度来保障广大存款人的利益就显得极为重要。

1. 存款保险制度

自 2015 年 5 月 1 日起，存款保险制度在中国正式实施。《存款保险条例》是专门针对银行存款保险的制度规则。该条例规定，存款保险是投保机构向存款保险基金管理机构交纳保费，形成存款保险基金，存款保险基金管理机构依照条例的规定向存款人偿付被保险存款，并采取必要措施维

---

① 曲一帆.金融消费者保护法律制度比较研究［D］.中国政法大学，2011 年博士学位论文.

护存款以及存款保险基金安全的制度。存款保险实行限额偿付，最高偿付限额为人民币 50 万元，具体由中国人民银行会同国务院有关部门根据经济发展、存款结构变化、金融风险状况等因素调整最高偿付限额，报国务院批准后公布执行。同一存款人在同一家投保机构所有被保险存款账户的存款本金和利息合并计算的资金数额在最高偿付限额以内的，实行全额偿付；超出最高偿付限额的部分，依法从投保机构清算财产中受偿。存款保险基金管理机构偿付存款人的被保险存款后，即在偿付金额范围内取得该存款人对投保机构相同清偿顺序的债权。目前存款保险基金管理机构在商业银行破产程序中的职能定位尚不清晰。《存款保险条例》第七条只规定了该机构的职责且由国务院决定，并未明确法律地位、治理结构、如何独立运营等问题。

2. 银行破产清算时个人存款债权有限清偿原则

存款保险制度集中体现了银行破产清算时的损失和风险合理分担原则。而《商业银行法》第七十一条则体现了个人存款债权优先清偿原则，规定商业银行依法破产，商业银行破产清算时，在支付清算费用、所欠职工工资和劳动保险费用后，应当优先支付个人储蓄存款的本金和利息。

此外，鉴于与普通企业破产清算相比，商业银行破产清算对社会的负面影响更大，波及范围更广。基于对银行的审慎监管要求，《商业银行法》第六十四条规定了对商业银行的接管程序，在商业银行已经或者可能发生信用危机，严重影响存款人的利益时，中国人民银行可以对该银行实行接管。接管的目的是对被接管的商业银行采取必要措施，以保护存款人的利益，恢复商业银行的正常经营能力。这体现了通过审慎监管对存款人利益的特殊保障。

(二) 证券业保障与补偿机制的现状

证券投资者保护基金起步于 2005 年，当时只是监管部门在券商大整治后对于防止券商破产的一种投资者保护措施。《证券法》第一百二十六条规定国家设立证券投资者保护基金。证券投资者保护基金由证券公司缴纳的资金及其他依法筹集的资金组成，其规模以及筹集、管理和使用的具体办法由国务院规定。除此之外，证券公司风险处置工作，其基本概念、资金来源、用途、监管以及基金公司的运作等均在《证券投资者保护基金管理办法》（2016 年修订）中有所体现。

根据《证券投资者保护基金管理办法》，目前我国证券投资者保护基金以赔付投资者为主要职能，基金主要用于按照国家有关政策规定对债权人予以偿付，其用途为在证券公司被撤销、关闭和破产或被证监会实施行政接管、托管经营等强制性监管措施时，按照国家有关政策规定对债权人予以偿付。

《证券投资者保护基金管理办法》规定了基金来源的六种情况，除利息收入、依法向有关责任方追偿所得和破产清算受偿收入、捐赠等其他合法收入等途径外，还要求上海证券交易所与深圳证券交易所在风险基金分别达到规定的上限后，交易经手费的 20% 纳入基金；所有在中国境内注册的证券公司，根据《证券公司缴纳证券投资者保护基金实施办法》确定的"取之于市场，用之于市场"的原则，按其营业收入的 0.5%~5% 实行差别比例缴纳。

尽管证券投资者保护基金设立已有十余年，但就目前公开资料所及，尚未有赔付的先例。在证券公司破产清算方面，正如我国《证券法》第一百三十一条所规定，证券公司破产或者清算时，客户的交易结算资金和证券不属于其破产财产或者清算财产。同时，《证券投资者保护基金管理办法》赋予证券保护基金公司参与证券公司风险处置及破产清算的职能，其按照国家收购政策审查、拨付收购资金，有效维护了证券市场和社会的稳定。① 实践中证券公司的托管经营是处理问题券商的广泛采用的方法，但具有明显的权宜之计和过渡性质，并且缺乏对于该等情况下投资者的法定保护程序及实体权利内容。

（三）信托业保障与补偿机制的现状

1. 信托业保障基金

信托业保障基金起步较晚，但具有分散信托业行业内部风险、保护投资者合法权益的重要作用，对其筹集、管理、使用、分配资金，以及清算、监管等要求均体现在《信托业保障基金管理办法》《中国银监会办公厅关于做好信托业保障基金筹集和管理等有关具体事项的通知》等文件中。

信托业保障基金的来源多种多样，除获得的净收益、捐赠等资金外，主要包括根据不同标准所缴纳的保障资金。比如，根据《信托业保障基金管理办法》第十三条和第十四条的规定，信托公司按净资产余额的 1%、资

---

① 姜新欣. 试论证券投资者保护基金有限责任公司在证券公司破产中的作用 [J]. 法学杂志，2012（4）.

金信托按新发行金额的 1%、新设立的财产信托按信托公司收取报酬的 5% 的标准缴纳。《中国银监会办公厅关于做好信托业保障基金筹集和管理等有关具体事项的通知》则在此基础上，对保障基金的认购时间、认购的具体标准、认购主体等做了进一步的细化。信托业保障基金的主要用途是为信托公司提供流动性支持及担任最后贷款人角色。

关于信托业保障基金的收益分配和清算，《中国银监会办公厅关于做好信托业保障基金筹集和管理等有关具体事项的通知》规定信托公司在每个资金信托产品清算时（包括信托计划终止、部分信托单位终止、分红、信托当事人赎回等需要向相关当事人支付信托收益或分配信托财产的情况），需向相关当事人支付对应的保障基金本金及收益；信托公司可以用保障基金专用账户内资金向相关当事人进行支付，余额不足时，由信托公司先行垫付。

但针对信托投资人的具体补偿，目前尚未有更具体的规则与实践案例。

2. 信托业破产时的破产隔离机制

破产清算方面，由于信托财产具有独立性，它与受托人的固有财产相分离，因此在信托公司面临财务困局或清算时，信托财产不属于其清算财产。通过破产隔离机制可以保障信托财产的独立性以及委托人和受益人的权利。同时信托不会因受托人的终止而结束，可以依照信托文件的约定选择新的受托人，原受托人的清算组应当向新受托人移交信托事务的相关材料，具体体现在《信托法》《信托公司管理办法》《信托公司集合资金信托计划管理办法》等法律法规中。

（四）保险业保障与补偿机制的现状

依据目前法律，针对陷入财务危机的保险消费者的直接救济措施主要有以下三种途径：宽限期和复效期、由保险人按照合同约定的条件减少保险金额以及退保。此外，我国制定了保险保障基金和道路交通事故社会救助基金制度，形成了一套有效的保证投保人、保险人利益的制度。

1. 保险保障基金

我国规定了在保险公司清算不足以偿付保单利益以及保险公司存在重大风险时的保险保障基金制度。根据《保险法》第一百条的规定，保险公司应当缴纳保险保障基金，在保险公司被撤销或者被宣告破产时，向投保人、被保险人或者受益人提供救济，向依法接受其人寿保险合同的保险公司提供救济。

2. 道路交通事故社会救助基金

省级政府应当设立救助基金，省级以下救助基金管理部门由省级政府确定，救助基金是由交强险保费抽取一定比例、保险公司交强险营业税相应的比例、未缴纳交强险人的罚款、社会捐助等筹集而成。《道路交通事故社会救助基金管理试行办法》第十二条规定，救助基金救助的主要对象是应当享受交强险救助的受害者，用途主要在当交强险不能满足救助费用时，使用救助基金弥补丧葬费用和抢救费用的缺口。

3. 保险公司破产时优先清偿客户保险金

在破产清算方面，保险金在支付破产费用和共益债务以及其他员工保险费用、赔偿费用之后得到优先清偿。根据《保险法》第九十一条规定的破产清偿顺序，保险公司财产在优先清偿破产费用和共益债务，所欠职工工资和医疗、伤残补助、抚恤费用、所欠应当划入职工个人账户的基本养老保险、基本医疗保险费用，以及法律、行政法规规定应当支付给职工的补偿金后，赔偿客户或给付客户保险金。

（五）互联网金融市场保障与补偿机制的现状

1. 关于保护面临财务困境的互联网金融机构的主要规定

目前，在互联网金融服务提供商面临财务困境时，法律、行政法规、规章、规范性文件等规定的主要措施是互联网金融服务提供商需在规定时间内向监管机关报告相关事项。除此之外，法律、行政法规、规章、规范性文件等还规定了以下几种措施，对保护客户起到一定作用，如互联网金融服务提供商向客户发布公告、监管机构的介入等。

针对网络借贷，2016 年 8 月银监会的《网络借贷信息中介机构业务活动管理暂行办法》第二十四条规定了网络借贷平台暂停、终止网贷业务时应至少提前 10 个工作日通过官网、移动电话、固定电话等有效渠道向出借人与借款人公告通知，且暂停或者终止业务不得影响已经签订的借贷合同当事人有关权利和义务。网贷机构应在解散或破产前，妥善处理已撮合存续的借贷业务，并进行依法清算。深圳市互联网金融协会发布的《深圳市网络借贷信息中介机构业务退出指引（征求意见稿）》对网贷机构退出的原则、退出的一般程序、退出计划的报备材料、退出公告、出借人资产清偿和不良资产处置等问题尝试进行了规定。《上海市网络借贷信息中介机构业务管理实施办法（征求意见稿）》第十七条规定取得备案登记的网络借贷信息中介机构计划终止业务的应当提前 10 个工作日向监管部门及上海市金融办报告，依法解散或宣告破产的需依法进行清算，应同时向监管部门及上海市金融办报告。第二十六条规定网络借贷机构因经营不善等原因出现重大经营风险应向上海市金融办、银监局报告。

针对非银行支付机构网络支付，中国人民银行 2015 年发布的《非银行支付机构网络支付业务管理办法》第三十一条规定支付机构提供网络支付创新产品或者服务、停止提供产品或者服务、与境外机构合作在境内开展网络支付业务的，应当至少提前 30 日向法人所在地中国人民银行分支机构报告。

针对股权众筹，自 2014 年年底股权众筹首个行业规则《私募股权众筹融资管理办法（试行）（征求意见稿）》发布以来，国内暂未颁布新的监管文件。该办法第二十四条规定股权众筹平台出现不再提供私募股权融资服务或因经营不善等原因出现重大经营风险时，应当在 5 个工作日内向证券业协会报告。

针对面临财务困境的消费金融公司，中国银监会 2013 年发布的《消费金融公司试点管理办法》第十条规定消费金融公司出资人可以在章程中约定当出现支付困难时，给予流动性支持，当经营失败导致损失侵蚀资本时，补足资本金。

针对互联网基金和互联网保险的服务提供商仍是传统的基金销售机构和保险公司，因此仍适用《基金法》和《保险法》的相关规定。

2. 关于金融保险和保证金方面的主要规定

一段时间以来，许多互联网金融企业纷纷增加金融保险和保证金作为自身的增信手段。

在网络借贷方面，基于平台作为网络信息中介的地位，各地监管部门对网贷平台的风险准备金、备付金的设置主要分为两种态度：P2P 网贷风险专项整治工作领导小组办公室和广东、北京、深圳等地明确禁止设立风险准备金、备付金；而厦门、上海等地则只是禁止平台宣传设立风险准备金等。风险准备金、备付金等主要是平台在发生借款人逾期时向出借人垫付的资金，在平台跑路时，这些风险准备金、备付金并不能发生传统意义上保证金的作用。而在《关于做好 P2P 网络借贷风险专项整治整改验收工作的通知》中则引导网贷机构引入第三方担保机制以确保平台倒闭时能有效地补偿投资者。

在第三方支付方面，中国人民银行 2015 年发布的《非银行支付机构网络支付业务管理办法》第十九条规定支付机构应当建立健全风险准备金制度和交易赔付制度，并对不能有效证明因客户原因导致的资金损失及时先行全额赔付。支付机构应于每年 1 月 31 日前将前一年度发生的风险事件、客户风险损失发生和赔付等情况在网站对外公告。支付机构应在年度监管报告中如实反映上述内容和风险准备金计提、使用及结余等情况。

互联网基金和私募股权众筹方面，目前尚无相关规定。

3. 互联网金融机构进行清算时的优先清偿顺序原则

当前，各互联网金融行业监管规则中并未专门对账户持有人在互联网金融服务提供商进行清算时优先清偿做出明确的规定，但这并不意味着账户持有人的权益无法得到保护。

针对网络借贷，虽未规定账户持有人优先受偿，但是《网络借贷信息中介机构业务活动管理暂行办法》的原则是"客户资金不属于网络借贷机构的财产，不列入清算财产"；《深圳市网络借贷信息中介机构业务退出指引（征求意见稿）》借鉴了《网络借贷信息中介机构业务活动管理暂行办法》的精神，规定网络借贷机构应当制定出借人资产清偿计划，以最大限度地使网络借贷机构客户的资金在网贷平台清算时可以得到有效保障。

针对第三方支付，有关第三方支付机构的管理文件虽未对第三方支付机构清算时账户持有人清偿顺序做出规定，但透过各监管文件，我们认为在支付机构自身破产的情形下，现有监管框架下的平台备付金仍应属于客户的财产，不应列入支付机构破产财产进行清算。

三、各金融业保障与补偿机制的比较

（一）共性特征

1. 各金融业保障与补偿机制实施前提及功能的相似性

各金融业保障与补偿机制最主要的功能即在于当银行、证券公司、保险公司、信托公司等金融服务机构出现被撤销、关闭或破产等情形时，对投资者予以偿付。

银行业的《存款保险条例》第十九条对使用存款保险基金偿付存款人的被保险存款进行规定，其中第三种情况为"人民法院裁定受理对投保机构的破产申请"；而证券业的《证券投资者保护基金管理办法》第三条规定"基金主要用于按照国家有关政策规定对债权人予以偿付"，第十七条第一款规定基金的用途为"证券公司被撤销、关闭和破产或被证监会实施行政接管、托管经营等强制性监管措施时，按照国家有关政策规定对债权人予以偿付"；信托业使用保障基金的几种情况中，其中三种均为信托公司出现重大变故的情形，如《信托业保障基金管理办法》第十九条规定："具备下列情形之一的，保障基金公司可以使用保障基金：（一）信托公司因资不抵债，在实施恢复与处置计划后，仍需重组的；（二）信托公司依法进入破产程序，并进行重整的；（三）信托公司因违法违规经营，被责令关闭、撤销的；（四）信托公司因临时资金周转困难，需要提供短期流动性支持的；（五）需要使用保障基金的其他情形"；保险业同样规定在保险公司清算不足以偿付保单利益时，以及保险公司存在重大风险时，才可以动用保险保障基金，如《保险保障基金管理办法》第十六条规定："有下列情形之一的，可以动用保险保障基金：（一）保险公司被依法撤销或者依法实施破产，其清算财产不足以偿付保单利益的；（二）中国保监会经商有关部门认定，保险公司存在重大风险，可能严重危及社会公共利益和金融稳定的"。

2. 各金融业有关保障与补偿机制的立法阶位总体较低

综观现今有关金融机构保障与补偿机制的相关规定，银行业的《存款保险条例》为国务院颁布的行政法规，相比较而言层级最高。而《证券投资者保护基金管理办法》《信托业保障基金管理办法》《保险基金管理办法》、互联网行业的《非银行支付机构网络支付业务管理办法》以及《消费金融公司试点管理办法》等在层级上均为行政规章，在效力上不及法律和行政法规。

立法阶位的高低取决于法律调整对象的重要性、立法背景、社会经济发展程度以及国家对该等问题的重视程度，因此立法阶位的高低会对法律制度的执行程度和实施效果产生影响。目前各金融行业都已有针对金融消费者的利益保障与补偿机制的相关规定，但总体上以部门规章居多，立法阶位普遍不高。低阶位的立法决定了其不能直接作为裁判依据被引用的弊端。根据《最高人民法院关于裁判文书引用法律、法规等规范性法律文件的规定》第四条与第六条的规定，民事裁判文书应当引用法律、法律解释或者司法解释。对于应当适用的行政法规、地方性法规或者自治条例和单行条例，可以直接引用。而规范性文件，根据审理案件的需要，经审查认定为合法有效的，可以作为裁判说理的依据。

(二) 差异之处

1. 各金融业保证金的管理人存在差异

《存款保险条例》规定投保机构应向存款保险基金管理机构交纳保费，存款保险基金管理机构依照条例的规定向存款人偿付被保险存款，并采取必要措施维护存款以及存款保险基金安全。但《存款保险条例》第七条规定了该机构的职责且由国务院决定，并未明确法律地位、治理结构、如何独立运营等问题。目前对其职能定位尚不清晰，暂未设立独立的公司，而是由央行下属的金融稳定局管理。

证券业和信托业则明确成立独立的基金公司，对基金的筹集管理和使用负责。《证券投资者保护基金管理办法》中规定，设立国有独资的中国证券投资者保护基金有限责任公司负责基金的筹集、管理和使用；《信托业保障基金管理办法》中规定，设立中国信托业保障基金有限责任公司作为保障基金管理人，依法负责保障基金的筹集、管理和使用。

保险业的规定与银行、证券、信托较为不同，保险责任准备金的管理者由保险公司担任，而非第三方；此外，道路交通事故社会救助基金的设立主体为政府，由交强险保费抽取一定比例、保险公司交强险营业税相应的比例、未缴纳交强险人的罚款、社会捐助等筹集而成。

2. 各金融业保障与补偿制度对投资者偿付的差异

银行业的存款保险实行限额偿付，最高偿付限额为人民币 50 万元（中国人民银行会同国务院有关部门可以根据经济发展、存款结构变化、金融风险状况等因素调整最高偿付限额，报国务院批准后公布执行）。同一存款人在同一家投保机构所有被保险存款账户的存款本金和利息合并计算的资金数额在最高偿付限额以内的，实行全额偿付；超出最高偿付限额的部分，依法从投保机构清算财产中受偿。存款保险基金管理机构偿付存款人的被保险存款后，即在偿付金额范围内取得该存款人对投保机构相同清偿顺序的债权。

证券业的《证券投资者保护基金管理办法》规定按照国家有关政策规定予以偿付，根据《个人债权及客户证券交易结算收购意见》及配套规章的规定，对于个人投资者和机构投资者的证券交易结算资金，我国采取全额收购的措施。对于债权的收购，我国采取了区别对待个人投资者债权和机构投资者债权的政策，前者实行有限收购的补偿政策，后者实行"单独登记、认真甄别、从严查实、明确责任、统筹研究"。然而对于收购机构投资者债权的问题，监管机构至今未提出确定的解决方案。另外，《期货基金管理办法》规定投资者的保证金损失在 10 万元限额内，对机构或者个人投资者不加区分；超过 10 万元部分的损失，按照个人 90%、机构 80% 进行补偿。

信托业的《信托业保障基金管理办法》《中国银监会办公厅关于做好信托业保障基金筹集和管理等有关具体事项的通知》等未对保护基金对于投资者补偿的具体规则加以规定。

保险业则规定无论是寿险还是非寿险，如果保单持有人的损失在 5 万元以内，不区分个人或机构，保险基金予以全额偿付；超额部分按照个人保单 90%、机构保单 80% 进行偿付。如果人寿保单被其他保险公司接管，保险基金承担的比例是个人保单不超过转让前保单利益的 90%，机构保单不超过转让前保单利益的 80%。

互联网金融行业规定支付机构对不能有效证明因客户原因导致的资金损失要及时进行先行全额赔付。

（三）存在的问题

作为金融市场的安全保障，金融机构保障与补偿机制理应受到高度重视。但如上文所述，与其相关的大多数规定属于部门规范性法律文件，在我国法律体系中的地位不够，无法直接成为权威的裁判依据，对于消费者的保护力度实属不足。

1. 存款保险制度具体规则不明

在银行业方面，存款保险制度虽然已经在我国正式实施，但制度和实际操作层面仍有诸多问题。首先，《存款保险条例》只规定了存款保险基金管理机构的职责且由国务院决定，并未明确其法律地位、治理结构、如何独立运营等问题；其次，存款保险制度主要为银行破产提供挽救措施，但目前破产财产分配规则过于原则性。《商业银行法》中关于问题商业银行破产财产分配顺序的规定过于原则性，不具有可操作性。比如，对于破产商业银行职工除去基本报酬以外的激励性报酬的支付权利是否必然优先于自然人存款的本金和利息？银行作为公众性吸储机构的债权分配原则与次序是否应该有别于普通企业还有待进一步研究。

2. 证券投资者保护基金赔付制度不明晰

标准明晰的赔付制度无疑是证券投资者的定心丸，但目前我国证券投资者保护基金赔付制度还有诸多问题亟待解决，该制度建立以来还从未有赔付案例出现，值得我们深思。一方面，我国证券投资者保护基金的补偿范围和补偿标准采用援引性的规定，但能够直接援引的国家政策目前则属于缺失状态。其次，根据《证券投资者保护基金管理办法》，证券投资者保护基金的范围为证券经营机构所负的全部债务，包括与证券投资相关或不相关的债务，个人债务和机构债务。但是《证券投资者保护基金管理办法》对机构投资者和个人投资者不加区分，并对所负债务给予全额保障的做法，违背了证券投资者保护基金保护中小投资者的初衷。① 另一方面，证券投资者保护基金在发挥基金的风险补偿和危机处置功能的同时，也可能引发道德风险。

3. 保险业保障与补偿机制仍有诸多缺陷

首先，当保险消费者陷入财务危机时，法定的救济措施只有一种，即《保险法》关于宽限期和两年内复效的规定，其他两种救济方法不是法定的。"减额"和"减额交清"只有在保险合同中约定的，才能适用该方法，不具有强制性。

其次，保险保障基金不完善，保险赔偿类基金种类相对较少。保险责任准备基金主要用于未到期或到期未偿付的保险合同，且保险公司是保险责任准备金的管理者。我国的保险赔偿基金种类单一。道路交通事故社会救助基金是目前存在的主要救助基金类型，针对交通事故发生的救助基金，主要用于丧葬费用和抢救费用，救助基金的缺点在于其救助范围比较窄。

再次，保险公司破产清算中，投保人或保险人的清偿顺序并未排在第一位，而是在支付破产费用和共益债务以及其他员工保险费用、赔偿费用之后得到清偿。这也明显不利于消费者保护，应予以权衡不同利益的位阶，改善投保人或者被保险人的清偿顺序。

最后，中国并没有建立保险公司退出机制，对于保险公司破产或被撤销的情形，目前主要采用保险监管机关接管、动用保险保障基金收购陷入财务危机的保险公司的方式。待到保险公司恢复正常经营，保险监管机关退出被接管公司，保险保障基金再转让其所持有的股份退出保险公司的管理。这样做的优点在于能保障保险消费者的合法权益，缺点在于政府机构入股公司，政府主导公司经营，不利于经营资本市场化。

---

① 巫文勇. 我国证券投资者保护基金法律制度重塑——基于域外经验和五大金融保障基金的衔接 [M]. 北京：法律出版社，2018.

4. 信托业保障基金尚处于探索阶段

目前并没有数据表明信托业保障基金公司已经充分发挥其服务信托公司，预防、化解、处置行业风险的功能，可以说仍处于探索阶段。而值得注意的是，信托业保障基金可能会增加信托公司的道德风险。信托业保障基金意味着信托公司遭遇重组和破产的可能性降低，也降低了其选择自身经营行为的审慎程度，加大了其过度承担风险的动机。由于目前暂不实行按风险区分的认缴标准，这将鼓励一些公司采用高风险的行为模式来获取更高的利润，而由此产生的风险成本则由全行业或者是行为保守的公司共同承担。

5. 互联网金融行业设立保障与补偿机制目的的偏离

与银行、证券、信托、保险不同，一些互联网金融行业有关风险准备金的规定并非是在当金融服务机构出现重大经营风险时，及时向中小投资者进行偿付，保证中小投资者权益。比如，《非银行支付机构网络支付业务管理办法》第十九条的规定就是在客户资金出现风险时进行赔付，而网贷行业的风险准备金则是网贷平台在借款人产生逾期时向出借人垫付的资金，并且在互联网基金销售和股权众筹中并没有对保证金或金融保险进行强制性要求，也不利于实现对金融消费者的统一保护目标。

四、保障与补偿机制的完善建议

（一）银行业存款保险基金管理机构的定位

需在立法层面对存款保险基金管理机构进行精准定位，确定其法律地位、治理结构、独立运营等基本要求。在存款保险制度发挥重要作用的国家，其存款保险基金管理机构一般都有实质性的金融监管权力，而我国现阶段的存款保险制度还只是稳定金融体系运行的辅助机制，其独立性尚未完全得到确立。如果要想使存款保险制度形成最后贷款人制度和金融审慎监管制度共同监管的框架，还需要进一步结合我国实际，更多地聚焦于行业监管和微观监管，进一步完善金融机构的有序退出机制。

（二）证券投资者保护基金赔付制度的完善

我国证券投资者保护基金尚欠缺对赔偿的对象、范围、额度方面的详细规定，应予完善，建立起切实可行的证券投资者保护基金赔付的完整体系。

首先，证券投资者保护基金的赔偿对象应限定为中小投资者，因其与机构投资者相比，投资经验、证券知识不足，风险承受能力较差。同时可考虑将非属于机构投资者但具有一定利害关系的个人投资者排除在外。

其次，关于证券投资者保护基金赔偿范围的选择，明确可以予以赔偿和不予赔偿的具体情况，使投资者有一个稳定预期，同时提高投资者的风险意识，增强基金赔付的可操作性，稳固投资者的投资信心。

最后，关于证券投资者保护基金赔偿额度，我国证券投资者保护基金并没有具体规定。境外运作比较成熟的证券投资者保护基金大多根据本国或本地区的具体实际，在保证基金正常运转的前提下，设置一定的赔偿限额。如加拿大的证券投资者保护基金限定了一个最高赔偿限额；欧盟的证券投资者保护基金除设置最高赔偿限额之外，还规定了赔偿的比例；中国台湾地区的证券投资者保护基金在设定个体赔付限额的同时，限制总体赔偿金额；美国的证券投资者保护基金中设定现金赔偿限额。我国证券投资者保护基金应顺应国际发展趋势，对个人债权可沿用《个人债权及客户证券交易结算资金收购意见》的规定，按比例进行赔偿，重新评估确定新的赔偿起点和区分幅度，同时根据社会经济、证券市场的投资状况等提高最高赔偿限额。还可借鉴美国对现金赔偿方式的限额，将剩余部分通过证券、债权等进行赔偿，以促使原有的交易在证券市场中得以继续，促进证券市场的活跃度，从而取得双赢。①

（三）保险公司退出机制的思考

市场退出机制是一个健康市场所必需的制度，可以发挥市场优胜劣汰的作用，完善的市场退出机制是一个成熟、高效的保险市场应具备的重要特征之一。保险市场的准入条件与退出机制密切相关，也是控制市场风险的重要监管要素。从国际经验看来，退出机制灵活的国家，准入机制也适度宽松，退出机制相对不完善的国家，准入机制也更为严格，我国应建立起系统的切实可行的保险公司市场退出机制，使保险公司经营不善导致的风险在相关市场主体之间合理分担，让保险业能够健康可持续发展。

首先，尽快制定保险公司风险处置规范性文件，保险公司风险处置规范性文件的立法层级类似于《证券公司风险处置条例》，内容应涵盖风险化

---

① 谭美玲. 证券投资者权益保护法律制度研究——基于比较法的制度完善 [J]. 河北金融，2018（2）.

解和市场退出制度，偏重于行政处置措施的具体规定和相互衔接。以撤销为例，应进一步量化采取行政撤销的条件，规定行政撤销和清算操作流程，明确清算组的组成及职责，行政撤销对于保险公司及董事、监事和高管产生何种法律效力，行政权与司法权如何衔接，撤销向破产程序如何转换等。

其次，明确保险公司退出机制中行政权与司法权的关系，保险公司破产程序虽然是司法程序，但也不能完全独立于行政，离不开监管机构的支持。破产程序的启动和重要事项仍然需要银保监会的审批，保障基金公司的救济程序需要与破产程序有效配合，保单持有人的救济及保单受让公司的选择也需要银保监会的支持。另外，行政处置措施中需要司法权的支持和配合。行政处置措施是由监管部门所主导的风险处置程序，但在具体办理过程中需要法院的支持和配合，为行政处置措施提供相应的司法保护。为保全资产，法院及时对被采取风险处置措施的金融机构提供司法保护措施，如中止以该保险公司为被告或者被执行人的民事诉讼程序或者执行程序，还可以冻结董事、监事和高级管理人员的个人财产等，可为风险处置工作顺利推进提供法律保障。

（四）信托业保障基金差别认购制的重新建立

基于现今保障基金制度统一缴纳制的缺点已明显显露，实行差别缴纳制实属必要，即将信托公司划分为不同级别的基础上适用不同的缴纳标准。

首先，信托公司级别划分。建议以信托公司评级为基础，综合信托公司的经营管理能力、发展质量、风险管理能力、市场影响力以及业务规模与风险管理能力的匹配性等方面的情况，将信托公司划分为不同级别。

其次，不同级别的信托公司采用不同的缴纳标准。以保障基金计提比例与风险级别相配比的原则为依托，科学制定保障基金的计提比例。一方面对于评级高、信誉好、风控能力强的信托公司，可适当降低其认购标准；另一方面对于为了业绩不顾风控的低评级信托公司则要适当提高其认购标准。

（五）互联网金融业保障与补偿机制的完善

针对互联网应用的普遍性，应加快确立面对互联网金融业消费者的保障与补偿机制。首先，统一是否设立风险备付金等制度的态度，降低金融消费者对补偿不确定性的顾虑；其次，重新定位互联网金融行业保障与补偿机制的功能和目的，与其他行业相一致，即在于当金融服务机构出现重大经营风险时，及时向中小投资者进行偿付。

代结语　金融消费者保护视阈下我国行为监管的制度走向

金融消费者权益保护是金融市场健康发展的重要基石。与域外成熟国家相比，我国对金融消费者权益保护的国家立法显得较为滞后。目前，最高级别的政策性文件是国务院办公厅颁布的《关于加强金融消费者权益保护工作的指导意见》。但该指导意见在法律效力上更多的是一种纲领性、宣示性的文件，并非法律意义上具有普遍法律约束力的法律规范，无法作为日常行政监管或者司法审判援引的法律渊源。正是由于缺乏统一的立法和行为监管标准，所以，虽然我国已经初步构建起有关金融消费者权益保护的监管体系，有关金融消费者权益保护的行为监管要求也不断涌现，但这些行为监管的规定和要求却散落于各金融监管部门自行出台的行政规章或者政策文件中，这不仅增加了各被监管机构及其工作人员对于行为监管具体要求理解、执行的难度，同时也增加了被监管对象的守法成本。为此，今后我国应当出台高位阶的、统一的、专门针对金融消费者保护的法律或行政法规。相对而言，由国务院出台行政法规在现阶段应更为可行。在该行政法规中，应当明确如下几个方面问题：第一，应从金融安全的高度看待金融消费者保护。金融消费者保护不仅是维护消费者个人权利的需要，也是防范金融风险和维护金融稳定的需要。金融监管的目标不仅是为了金融机构的安全稳健，更需要维护金融消费者的正当权益。从长远来看，金融机构的发展离不开金融消费者的依赖和信任，"杀鸡取卵"式发展最终会祸及金融业本身。第二，应构建新的监管体制，尤其是应当通过立法逐步确立以消费者保护为导向，消费者保护、宏观审慎监管及微观审慎监管相结合的监管机制。第三，应当细化行为监管的具体要求，增加规则的操作性。尤其是对金融产品和服务的信息披露、个人金融数据保护、账户管理、非法商业行为的规制、金融机构保障与补偿机制等。第四，应注重多元化的纠纷解决机制构建。尤其是从投诉机制、调解机制、仲裁机制等主要的ADR方式着手，探索制度的突破点，增强制度的可适用性。第五，应建立对监管者的问责制度。权力与责任统一是监管权行使的一项基本准则。在

2008 年国际金融危机中，金融消费者保护的失败固然与金融法制相对滞后于金融创新有关，但一些监管机构负有消费者保护的法定职责，但实际上顾此失彼，有法不依，面对多个方面在危机前发出的警告置之不理，教训也十分深刻。危机爆发后，美英监管改革重点从体制上实现消费者保护与审慎监管的分离，消除消费者保护职能分散在不同机构的弊端，的确是监管制度的一种创新，但同时还是忽视了另一个重要问题，即对监管者的问责制。在完善我国金融消费者保护制度时，应当弥补上述不足，在规定消费者保护监管目标与监管权力的同时，应当规定明确的问责制，建立定期评估监管者是否实现监管目标的机制，对监管过程中监管者的不当作为或不作为追究相应的法律责任。①

　　此外，对于金融消费者权益的保护还应当关注两个方面的问题：一是就金融机构而言，应当调整其经营理念。对于金融机构而言，需要从公司战略、治理框架、风险文化、风险偏好、激励机制、薪酬结构、行为准则等方面全方位评估，重视自身管理与经营行为中某一方面的缺陷可能给客户造成的不良后果，以便采取针对性措施，积极主动适应我国金融业行为监管新理念和新趋势。重塑治理框架，培育良好的行为和风险文化。进一步明确公司价值、战略、董事会责任、个人责任、激励机制和风险文化等方面的政策，从各个方面涵盖公平对待客户的承诺。从公平对待客户和产生良好客户体验的角度出发，获取客户的信任、让客户了解产品、为客户提供公平交易以及确保产品的透明度等。健全管理流程，改善与业绩挂钩的激励机制。提高实践标准，完善面向消费者的行为准则。金融机构应进一步提高市场实践标准，强化行为准则的"确定性"，减少执行中的"灰色地带"，行为准则应充分考虑消费者利益，制定强有力的且以面向消费者为宗旨的行为准则并付诸实践。② 二是从宏观的营商环境来看，应当不断优化我国的营商环境。重视市场诚信度建设，促进形成金融机构诚信经营、消费者诚实守信的环境。一些金融消费者纠纷的本质就是交易双方的博弈，属于市场机制作用的具体表现。对这类情况需要提高政府相关部门的风险容忍度，促进消费者对自己的金融决策负责，减少道德风险的发生。

---

　　① 岳彩申，张晓东. 金融监管制度发展的新趋势——消费者保护与审慎监管的分离 [J]. 上海财经大学学报，2011（3）.

　　② 惠平. 积极适应行为监管的新理念 [J]. 中国金融，2017（17）.

附件1

中国行为监管体制与金融消费者保护现状
之
中期调研报告

引 言

自 2004 年光大银行推出"阳光理财 B 计划"的第一只境内人民币银行理财产品以来，我国金融市场上的金融产品出现不断创新的格局。总体而言，除了银行理财产品外，信托集合计划中的资金信托计划产品、证券投资基金的公募型基金产品、券商和基金子公司的资管产品、保险公司以具有投资属性的附加险为特征的新型人身险种、私募投资基金、通过互联网平台从事的募集资金及投资行为，以及不具有金融执照资格的其他主体所从事的借贷、融资、理财、投资等金融产品层出不穷，各金融产品的规模在整个国民经济的比重不可小觑。比如，2016 年我国国民生产总值为 74 万亿元、M₂ 余额为 155 万亿元，2016 年末全部金融机构本外币各项存款余额为 155.5 万亿元;① 而根据银行业理财登记托管中心 2018 年 2 月发布的《中国银行业理财市场报告（2017）》显示，截至 2017 年末，全国银行业理财产品存续余额为 29.54 万亿元;② 依据中国银监会显示的数据，截至 2017 年 6 月底，中国 68 家信托公司受托管理信托资产规模已突破 23 万亿元人民币;③ 截至 2017 年末，全国 113 家基金管理公司管理资产合计达 11.6 万亿元，④ 22446 家私募基金管理人管理着总计 111003 亿元规模的 66418 只私募基金产品;⑤ 截至 2016 年 6 月 30 日，证监会管辖下的基金专户已达 16.5 万亿元，券商资管计划 14.8 万亿元。⑥ 在前述金融产品得到迅猛发展的背景下，针对这

---

① 数据来源：国家统计局网站、上海证券交易所、深圳证券交易所、中国证券登记结算有限责任公司及中国债券登记结算有限责任公司披露数据。

② http：//www.xinhuanet.com/money/2018-02/06/c_1122373775.htm.

③ http：//www.xinhuanet.com/fortune/2017-08/30/c_129692946.htm.

④ http：//www.financialnews.com.cn/jg/dt/201805/t20180517_138248.html.

⑤ http：//www.csrc.gov.cn/pub/zjhpublic/G00306226/201801/t20180125_333157.htm.

⑥ http：//www.pe.pedaily.cn/201611/20161117405537.shtml.

些金融产品的金融消费者权益保护体系也逐步得以建立：

Ⅰ．原"一行三会"格局下的金融消费者保护行政部门的成立

➢ 2011 年 10 月，中国保监会保险消费者权益保护局正式成立；

➢ 2011 年 12 月，中国证监会投资者保护局正式成立；

➢ 2012 年 11 月，中国银监会银行业消费者权益保护局正式成立；

➢ 2012 年 12 月，中国人民银行金融消费者权益保护局正式成立。

Ⅱ．国务院层面对于金融消费者权益保护工作的重视

2015 年 11 月，《国务院办公厅关于加强金融消费者权益保护工作的指导意见》指出"金融消费者是金融市场的重要参与者，也是金融业持续健康发展的推动者。加强金融消费者权益保护工作，是防范和化解金融风险的重要内容，对提升金融消费者信心、维护金融安全与稳定、促进社会公平正义和社会和谐具有积极意义"；2015 年 12 月，国务院关于印发推进普惠金融发展规划（2016—2020 年）的通知，"修订完善现有法律法规和部门规章制度，建立健全普惠金融消费者权益保护制度体系，明确金融机构在客户权益保护方面的义务与责任"。

在前述机构和国务院文件出台的背景下，在原有"一行三会"金融监管格局下，各金融监管机构事实上已经基于"行为监管"的基本要求在各自监管系统内进行了许多行为监管的努力和要求，现按照行为监管的类别一一总结如下。①

Ⅰ．关于金融消费者、金融产品的界定

虽然 2015 年 11 月 13 日国务院办公厅发布的《国务院办公厅关于加强金融消费者权益保护工作的指导意见》中提到"金融消费者权益保护工作，是防范和化解金融风险的重要内容，对提升金融消费者信心、维护金融安全与稳定、促进社会公平正义和社会和谐具有积极意义。随着我国金融市场改革发展不断深化，金融产品与服务日趋丰富，在为金融消费者带来便利的同时，也存在提供金融产品与服务的行为不规范，金融消费纠纷频发，金融消费者权益保护意识不强、识别风险能力亟待提高等问题"和 2015 年

---

① 本附件中所引用的法律规范均指该等法律规范颁布时的规定与效力。基于近几年"负面清单"制度改革和中国银监会、中国保监会的合并，以及有关法律法规的修改（比如《证券法》），本报告中所引用的少部分法律法规得以修、改、废，但本报告在出版校对时并没有专门更新此等法律规范的效力状态，特此说明，敬请读者注意。

12月31日《国务院关于印发推进普惠金融发展规划（2016—2020年）的通知》中指明"要修订完善现有法律法规和部门规章制度，建立健全普惠金融消费者权益保护制度体系，明确金融机构在客户权益保护方面的义务与责任"中均提到"金融消费者"这一名词，但无论是前述指导意见、通知还是法律层面，我国没有在立法层面对于"金融消费者"进行统一的界定，因此既无"金融消费者"的定义也无对于"金融消费者"外延的归纳。《消费者权益保护法》第二条虽然规定"消费者为生活需要购买、使用商品或接受服务，其权益受本法保护"，但其不仅未对什么是"消费者"给出明确界定，并且在事实上也仅就金融企业在签订格式合同和服务信息方面做出要求，并没有就金融机构向其客户所提供的产品服务明确纳入《消费者权益保护法》的保护范围。由此，在银行、证券、信托、保险实行"分业经营、分业监管"的金融监管框架下，所谓的金融消费者、金融产品的定义在实践中都是依托于各个监管机构自身对于金融消费者和金融产品的界定。

就"金融消费者"的定义而言，在央行层面，《中国人民银行金融消费者权益保护实施办法》第二条规定"金融消费者是指购买、使用金融机构提供的金融产品和服务的自然人"；在原中国银监会层面，《银行业消费者权益保护工作指引》明确银行业消费者"为购买或使用银行业产品和接受银行业服务的自然人"；原中国保监会公布的《保险消费投诉处理管理办法》第四十三条对于保险消费者的范围界定为"本办法所称保险消费者，包括投保人、被保险人和受益人"；而就中国证监会所管辖的领域而言，中国证监会也没有对其管辖范围内的金融机构所对应的金融消费者进行明晰的界定，但通过散落于其所颁布的各类限制证券公司、基金公司产品的规章而言，证监会系统内的金融消费者多为那些购买受中国证监会监管的金融机构（证券公司、基金公司）所发行的证券类金融产品的购买者，其主要还是合格投资者。

就"金融产品"的范围而言，我国并没有明确的金融产品概念，与金融消费者保护所对应的概念还是不同类型的金融机构各自发行的产品，我们将不同行业的金融产品做了一个大致的概括：

行业类别	对应的金融产品（服务）
银行	（1）储蓄业务；（2）贷款业务；（3）支付结算服务；（4）代理业务（包括代理基金销售、代理保险销售、代销国债、代理证券业务、代理保险业务和其他代理业务等）；（5）银行卡业务，通常包括提供借记卡服务、提供信用卡产品服务；（6）个人投资理财业务（包括银行理财产品等）

行业类别	对应的金融产品（服务）
信托	集合资金信托计划、单一资金信托计划、信托贷款
证券	股票、公司债券、证券投资基金、私募投资基金、券商资管计划产品、基金资管计划、期货交易、个股期权
保险	《保险法》规定的保险产品仅指商业保险产品，包括财产保险和人身保险。主要险种包括农业保险、企业财产保险、家庭财产保险、工程保险、责任保险、信用保险、保证保险、船舶保险、货运险、特殊风险保险、意外伤害保险、短期健康保险等。其中目前主要涉及比较多纠纷的是以分红险、投连险和万能险等附加险为销售"卖点"的寿险产品
互联网平台	支付结算业务（第三方支付）、信用供给业务（消费金融、互联网征信）、资产运用业务（借贷众筹、预售众筹、股权众筹、互联网基金销售等理财业务）、风险管理业务（互联网保险）
民间金融	民间借贷、现金贷、P2P 网络贷款

Ⅱ．我国现行金融消费者权益保护的监管体系

一、我国金融消费者权益保护监管体系的基本格局

总体而言，我国在原有的"一行三会"格局下形成了各自的金融消费者权益保护体系：

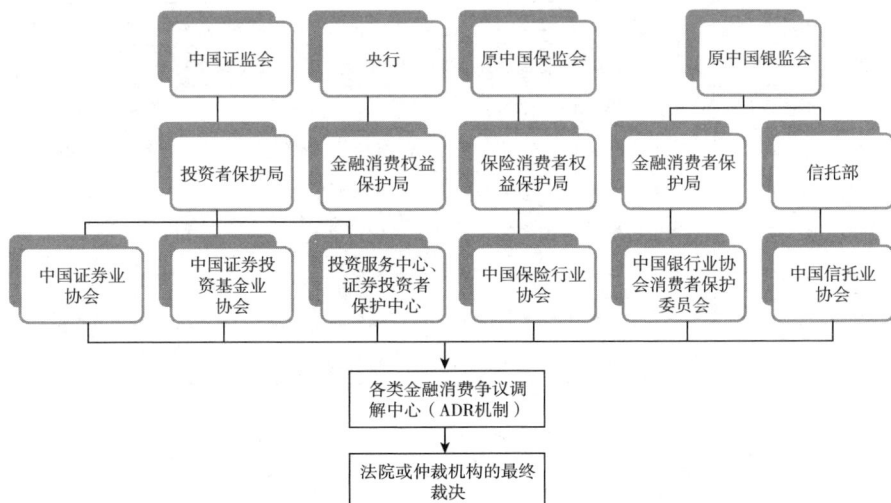

二、现有金融消费者权益保护法规的基本梳理

(一) 国务院有关规定

发布时间	文件名称
2015.07.18	《关于促进互联网金融健康发展的指导意见》
2015.11.04	《关于加强金融消费者权益保护工作的指导意见》
2015.12.31	《关于印发推进普惠金融发展规划（2016—2020年）的通知》

(二) 央行有关金融消费者权益保护的主要规定

颁布时间	法规名称
2016.12.14	《中国人民银行金融消费权益保护工作管理办法》
2016.12.27	《中国人民银行金融消费者权益保护实施办法》
2001.06.29	《网上银行业务管理暂行办法》
2002.05.15	《商业银行信息披露暂行办法》
2003.04.10	《人民币银行结算账户管理办法》
2005.08.05	《中国人民银行突发事件应急预案管理办法》
2005.08.18	《个人信用信息基础数据库管理暂行办法》
2007.06.21	《金融机构客户身份识别和客户身份资料及交易记录保存管理办法》
2010.04.14	《中国人民银行执法检查程序规定》
2011.01.21	《关于银行业金融机构做好个人金融信息保护工作的通知》
2013.05.07	《中国人民银行金融消费权益保护工作管理办法（试行）》
2014.06.22	《银行办理结售汇业务管理办法》
2016.03.24	《中国人民银行、银监会关于加大对新消费领域金融支持的指导意见》
2016.12.14	《中国人民银行金融消费者权益保护实施办法》
2017.01.13	《关于实施支付机构客户备付金集中存管有关事项的通知》
2017.05.31	《关于强化银行卡磁条交易安全管理的通知》
2017.12.15	《关于金融支持深度贫困地区脱贫攻坚的意见》
2018.01.12	《关于改进个人银行账户分类管理有关事项的通知》

（三）原中国银监会有关银行业金融消费者权益保护的主要规定

发布时间	文件名称	效力级别		
		法律	部门规章	部门规范性文件
2005.09.24	《商业银行个人理财业务风险管理指引》			√
2006.12.05	《商业银行金融创新指引》			√
2006.06.13	《关于商业银行开展个人理财业务风险提示的通知》			√
2007.01.05	《中国银行业监督管理委员会公众教育服务区管理暂行规定》			√
2007.10.11	《关于加强银行业客户投诉处理工作的通知》			√
2008.04.03	《关于进一步规范商业银行个人理财业务有关问题的通知》			√
2010.04.12	《关于加强涉农信贷与涉农保险合作的意见》			√
2011.01.21	《关于银行业金融机构做好个人金融信息保护工作的通知》			√
2011.02.09	《中国银监会关于进一步推进改革发展加强风险防范的通知》			√
2011.08.28	《商业银行理财产品销售管理办法》		√	
2012.03.23	《关于完善银行业金融机构客户投诉处理机制切实做好金融消费者保护工作的通知》			√
2012.06.25	《关于农村中小金融机构实施阳光信贷工程的指导意见》			√
2012.12.11	《关于做好老少边穷地区农村金融服务工作有关事项的通知》			√
2013.07.19	《商业银行公司治理指引》			√
2013.08.30	《银行业消费者权益保护工作指引》			√
2014.01.14	《个人信用信息基础数据库管理暂行办法》			√
2014.03.06	《关于全面做好扶贫开发金融服务工作的指导意见》			√
2014.04.22	《关于金融服务"三农"发展的若干意见》			√

续表

发布时间	文件名称	效力级别		
		法律	部门规章	部门规范性文件
2014.05.19	《关于加强农村中小金融机构服务体系建设的通知》			√
2015.07.31	《关于贯彻落实〈中共中央关于全面推进依法治国若干重大问题的决定〉的指导意见》			√
2015.07.18	《关于促进互联网金融健康发展的指导意见》			√
2016.03.16	《关于金融助推脱贫攻坚的实施意见》			√
2016.03.23	《关于完善银行卡刷卡手续费定价机制的通知》			√
2016.03.30	《关于加大对新消费领域金融支持的指导意见》			√
2016.04.18	《关于信用卡业务有关事项的通知》			√
2016.06.08	《银行卡清算机构管理办法》		√	
2017.04.07	《关于银行业风险防控工作的指导意见》			√
2017.10.20	《中国银监会办公厅关于印发银行业金融机构销售专区录音录像管理暂行规定的通知》			√
2018.01.12	《中国银监会关于进一步深化整治银行业市场乱象的通知》			√
2018.01.13	《关于银行业金融机构分支机构变更营业场所问题的通知》			√

（四）原中国银监会有关信托业消费者权益保护的主要规定

类别	名称	生效时间
法律	《信托法》	2001.10.01
部门规章	《信托公司管理办法》	2007.03.01
	《信托公司集合资金信托计划管理办法》	2007.03.01
	《信托公司净资本管理办法》	2010.08.24
其他规范性文件	《信托投资公司信息披露管理暂行办法》	2005.01.01
	《信托公司治理指引》	2007.03.01
	《银行与信托公司业务合作指引》	2008.12.04
	《信托公司证券投资信托业务操作指引》	2009.01.23

类别	名称	生效时间
其他规范性文件	《中国银监会办公厅关于加强信托公司房地产信托业务监管有关问题的通知》	2010.02.11
	《中国银监会关于进一步推进改革发展　加强风险防范的通知》	2011.02.09
	《中国银监会关于完善银行业金融机构客户投诉处理机制　切实做好金融消费者保护工作的通知》	2012.03.23
	《中国银监会关于印发银行业消费者权益保护工作指引的通知》	2013.08.30
	《中国银监会办公厅关于信托公司风险监管的指导意见》	2014.04.08
	《信托业保障基金管理办法》	2014.12.10
	《中国银监会办公厅关于做好信托业保障基金筹集和管理等有关具体事项的通知》	2015.02.25
	《国务院办公厅关于加强金融消费者权益保护工作的指导意见》	2015.11.04
	《中国银监会办公厅关于进一步加强信托公司风险监管工作的意见》	2016.03.18
	《中国人民银行金融消费者权益保护实施办法》	2016.12.14
	《中国银监会关于印发信托登记管理办法的通知》	2017.09.01
	《中国银监会办公厅关于印发银行业金融机构销售专区录音录像管理暂行规定的通知》	2017.10.20
	《中国银监会关于进一步深化整治银行业市场乱象的通知》	2018.01.12

（五）证监会有关金融消费者权益保护的主要规定

中国证监会

- 《证券投资基金信息披露管理办法》《基金管理公司特定多个客户资产管理合同内容与格式准则》（信息披露要求）
- 《期货公司期货投资咨询业务试行办法》（投资咨询）
- 《证券投资者保护基金管理办法》（投资者保护）
- 《证券公司及基金管理公司子公司资产证券化业务管理规定》（资产证券化）
- 《保险机构销售证券投资基金管理暂行规定》（异业合作）
- 《证券投资基金销售管理办法》《证券投资基金销售机构通过第三方电子商务平台开展业务管理暂行规定》
- 《证券公司代销金融产品管理规定》（代销）
- 《证券公司客户资产管理业务管理办法》《基金管理公司特定客户资产管理业务试点办法》《私募基金监督管理暂行办法》（合格投资者、资金募集）
- 《证券投资基金销售适用性指导意见》《开放式证券投资基金销售费用管理规定》（销售行为）
- 《证券期货投资者适当性管理办法》《关于进一步加强投资者教育、强化市场监管有关工作的通知》（涉及产品风险评估、合规推荐、适用性管理）
- 《货币市场基金监督管理办法》（产品的宣传与推介与信息披露）

（六）原保监会有关金融消费者权益保护的主要规定

法规的层级体系	法规名称
法律	《中华人民共和国保险法》
	《中华人民共和国消费者权益保护法》
行政法规	《机动车交通事故责任强制保险条例》
	《中华人民共和国外资保险公司管理条例》
	《存款保险条例》
国务院规范性文件	《国务院关于加快发展现代保险服务业的若干意见》
	《国务院办公厅关于加强金融消费者权益保护工作的指导意见》
保监会部门规章	《人身保险业务基本服务规定》
	《健康保险管理办法》
	《财产保险公司保险条款和保险费率管理办法》
	《保险保障基金管理办法》
	《保险公司信息披露管理办法》
	《人身保险新型产品信息披露管理办法》
	《保险公司管理规定》
	《保险经纪机构监管规定》
	《保险专业代理机构监管规定》
保监会部门规范性文件	《中国保监会关于加强保险消费风险提示工作的意见》
	《关于做好保险消费者权益保护工作的通知》
	《关于规范财产保险公司电话营销业务市场秩序禁止电话营销扰民有关事项的通知》
	《人身保险电话销售业务管理办法》
	《关于加强反保险欺诈工作的指导意见》
	《中国保险监督管理委员会公告（〔2012〕5 号）——12378 保险消费者投诉维权热线管理办法（试行）》
	《关于加强机动车辆商业保险条款费率管理的通知》
	《机动车辆保险理赔管理指引》
	《中国保险监督管理委员会关于支持汽车企业代理保险业务专业化经营有关事项的通知》
	《中国保险监督管理委员会关于普通型人身保险费率政策改革有关事项的通知》

续表

法规的层级体系	法规名称
保监会部门规范性文件	《中国保险监督管理委员会关于人身保险业综合治理销售误导有关工作的通知》
	《关于人身保险伤残程度与保险金给付比例有关事项的通知》
	《中国保险监督管理委员会关于〈健康保险管理办法〉实施中有关问题的通知》
	《中国保险监督管理委员会关于印发〈保险公司非寿险业务准备金管理办法实施细则（试行）〉的通知》
	《保险销售行为可回溯管理暂行办法》
	《中国保监会关于加强农业保险条款和费率管理的通知》
保监会文件	《2017年保险消费者权益保护工作要点》《2018年保险消费者权益保护工作要点》
	《中国保监会关于综合治理车险理赔难的工作方案》

Ⅲ. 有关投资者适当性管理的规定

《金融机构客户身份识别和客户身份资料及交易记录保存管理办法》①第三条规定金融机构应当勤勉尽责，建立健全和执行客户身份识别制度，遵循"了解你的客户"的原则，针对具有不同洗钱或者恐怖融资风险特征的客户、业务关系或者交易，采取相应的措施，了解客户及其交易目的和交易性质，了解实际控制客户的自然人和交易的实际受益人。金融机构应当按照安全、准确、完整、保密的原则，妥善保存客户身份资料和交易记录，确保能足以重现每项交易，以提供识别客户身份、监测分析交易情况、调查可疑交易活动和查处洗钱案件所需的信息。第四条规定：金融机构应当根据反洗钱和反恐怖融资方面的法律规定，建立和健全客户身份识别、客户身份资料和交易记录保存等方面的内部操作规程，指定专人负责反洗钱和反恐融资合规管理工作，合理设计业务流程和操作规范，并定期进行内部审计，评估内部操作规程是否健全、有效，及时修改和完善相关制度。

---

① 该办法由中国人民银行联合原中国银监会、原中国保监会、中国证监会依据《反洗钱法》联合制定。

（一）银行业有关投资者适当性管理的规定

《中国人民银行金融消费者权益保护实施办法》对金融机构的投资者适当性管理要求进行了原则性规定，要求"金融机构应当根据金融产品和服务的特性评估其对金融消费者的适合度，合理划分金融产品和服务风险等级以及金融消费者风险承受等级，将合适的金融产品和服务提供给适当的金融消费者。金融机构不得向低风险承受等级的金融消费者推荐高风险金融产品"。

与下文所介绍的证监会的做法不同，银行业系统并没有一个专门的投资者适当性管理办法，无论是央行还是中国银监会在金融产品销售上没有一个专门的"投资者适当性管理"的专项规定，银监会系统对于投资者适当性管理在起步时还仅仅是限于在反洗钱方面的客户身份识别（KYC）的要求，直到2006年银行理财产品开始兴起，才逐渐在不同的业务监管规则中提到了"投资者适当性审核"要求。

比如2005年3月，中国银监会发布《关于加大防范操作风险工作力度的通知》（银监发〔2005〕17号）首次提出"严格遵循'了解你的客户'（KYC）和'了解你的客户业务'（KYB）的原则，洞察和了解该客户的一切主要情况，了解其业务及财务管理的基本状况和变化"的要求。

2006年6月，中国银监会发布《关于商业银行开展个人理财业务风险提示的通知》第二条规定"商业银行在开展理财业务时，应按照'了解你的客户'原则对客户的财务状况、风险认知和承受能力等进行充分了解和评估，并按照《办法》要求，将有关评估意见告知客户，双方签字确认"。

2009年7月，中国银监会发布的《关于进一步规范商业银行个人理财业务有关问题的通知》（银监发〔2009〕65号）进一步规定："商业银行在向客户销售理财产品前，应按照'了解你的客户'原则，充分了解客户的财务状况、投资目的、投资经验、风险偏好、投资预期等情况，建立客户资料档案；同时，应建立客户评估机制，针对不同的理财产品设计专门的产品适合度评估书，对客户的产品适合度进行评估，并由客户对评估结果进行签字确认。对于与股票相关或结构较为复杂的理财产品，商业银行尤其应注意选择科学、合理的评估方法，防止错误销售"。

2013年11月，由中国银监会和中国证监会联合颁布的《关于商业银行发行公司债券补充资本的指导意见》。要求商业银行在发行减记债的过程中要"对公开发行的减记债的交易机制实行差异化管理，并建立相应的投资者适当性管理制度，健全风险控制机制和措施"。

2017 年 4 月，《中国银监会关于银行业风险防控工作的指导意见》（银监发〔2017〕6 号）第十九条规定："银行业金融机构应当按照风险匹配原则，严格区分公募与私募、批发与零售、自营与代客等不同产品类型，充分披露产品信息和揭示风险，将投资者分层管理落到实处。只有面向高资产净值、私人银行和机构客户发行的银行理财产品，可投资于境内二级市场股票、未上市企业股权等权益类资产"。

2018 年 4 月，《中国银监会关于进一步深化整治银行业市场乱象的通知》（银监发〔2018〕4 号）中对于 2018 年整治银行业市场乱象工作要点中指出银行业存在"强制捆绑、搭售或诱导客户购买与其风险承受能力不相符合的产品"的问题。

（二）证券业有关投资者适当性管理的规定

在投资者适当性保护方面，中国证监会专门发布了《证券期货投资者适当性管理办法》以规定受其管辖的行业及金融机构需遵守的基本规则。比如，在《证券期货投资者适当性管理办法》第六条中规定了"了解你的客户"要求："经营机构向投资者销售产品或者提供服务时，应当了解投资者的下列信息：（一）自然人的姓名、住址、职业、年龄、联系方式，法人或者其他组织的名称、注册地址、办公地址、性质、资质及经营范围等基本信息；（二）收入来源和数额、资产、债务等财务状况；（三）投资相关的学习、工作经历及投资经验；（四）投资期限、品种、期望收益等投资目标；（五）风险偏好及可承受的损失；（六）诚信记录；（七）实际控制投资者的自然人和交易的实际受益人；（八）法律法规、自律规则规定的投资者准入要求相关信息；（九）其他必要信息"。

除此之外，中国证监会还就一些具体的证券产品的销售设定了相应的投资者适当审核要求，比如：

（1）在证券投资基金销售方面，《证券投资基金销售管理办法》第五十九条"基金销售机构在销售基金和相关产品的过程中，应当坚持投资人利益优先原则，注重根据投资人的风险承受能力销售不同风险等级的产品，把合适的产品销售给合适的基金投资人"；第六十四条"基金销售机构办理基金销售业务时应当根据反洗钱法规相关要求识别客户身份，核对客户的有效身份证件，登记客户身份基本信息，确保基金账户持有人名称与身份证明文件中记载的名称一致，并留存有效身份证件的复印件或者影印件"。

与此同时，《投资基金销售适用性指导意见》第七条要求"基金销售机构建立基金销售适用性管理制度，应当至少包括以下内容：（一）对基金管理人进行审慎调查的方式和方法；（二）对基金产品的风险等级进行设置、对基金产品进行风险评价的方式或方法；（三）对基金投资人风险承受能力进行调查和评价的方式和方法；（四）对基金产品和基金投资人进行匹配的方法"；第十八条要求"基金销售机构应当建立基金投资人调查制度，制定科学合理的调查方法和清晰有效的作业流程，对基金投资人的风险承受能力进行调查和评价"。

（2）在金融产品代销方面，《证券公司代销金融产品管理规定》第六条规定"证券公司代销金融产品，应当建立委托人资格审查、金融产品尽职调查与风险评估、销售适当性管理等制度"；第十二条"证券公司向客户推介金融产品，应当了解客户的身份、财产和收入状况、金融知识和投资经验、投资目标、风险偏好等基本情况，评估其购买金融产品的适当性。证券公司认为客户购买金融产品不适当或者无法判断适当性的，不得向其推介；客户主动要求购买的，证券公司应当将判断结论书面告知客户，提示其审慎决策，并由客户签字确认"。

（3）在资管产品方面，《证券公司客户资产管理业务管理办法》第三条规定"证券公司从事客户资产管理业务，应当充分了解客户，对客户进行分类，遵循风险匹配原则，向客户推荐适当的产品或服务，禁止误导客户购买与其风险承受能力不相符合的产品或服务"；第三十七条规定"在签订资产管理合同之前，证券公司、推广机构应当了解客户的资产与收入状况、风险承受能力以及投资偏好等基本情况，客户应当如实提供相关信息。证券公司、推广机构应当根据所了解的客户情况推荐适当的资产管理计划"。《证券公司及基金管理公司子公司资产证券化业务管理规定》第三十三条规定"专项计划的管理人以及资产支持证券的销售机构应当采取下列措施，保障投资者的投资决定是在充分知悉资产支持证券风险收益特点的情形下做出的审慎决定：（一）了解投资者的财产与收入状况、风险承受能力和投资偏好等，推荐与其风险承受能力相匹配的资产支持证券……"。

（4）在私募基金募集方面，《私募投资基金监督管理暂行办法》第十六条要求"私募基金管理人自行销售私募基金的，应当采取问卷调查等方式，对投资者的风险识别能力和风险承担能力进行评估，由投资者书面承诺符合合格投资者条件；应当制作风险揭示书，由投资者签字确认……投资者风险识别能力和承担能力问卷及风险揭示书的内容与格式指引，由基金业协会按照不同类别私募基金的特点制定";第十八条要求" 投资者应当如实填写风险识别能力和承担能力问卷,如实承诺资产或者收入情况,并对其真实性、准确性和完整性负责。填写虚假信息或者提供虚假承诺文件的,应当承担相应责任"。

而在股票投资方面,中国证监会还针对拟投资于创业板、中小企业板的投资者发布了《创业板市场投资者适当性管理暂行规定》,要求向投资者提供证券账户开户和交易服务的证券公司应当区分投资者的不同情况,向投资者充分揭示市场风险,并在营业场所现场与投资者书面签订《创业板市场投资风险揭示书》;投资者申请开通创业板市场交易,应当配合证券公司开展的投资者适当性管理工作,如实提供所需信息,不得采取弄虚作假等手段规避有关要求。

(三)信托业有关投资者适当性管理的规定

在信托产品方面,有关投资者适当性管理适用的监管规则主要包括:《信托公司集合资金信托计划管理办法》《中国银监会办公厅关于信托公司风险监管的指导意见》《中国人民银行金融消费者权益保护实施办法》《中国银监会关于印发银行业消费者权益保护工作指引的通知》《信托公司信托业务监管分类指引(试行)》等。

具体而言,集合资金信托计划的自然人投资者应当符合《信托公司集合资金信托计划管理办法》确立的合格投资者标准,拥有法定要求的金融资产或收入且能识别、判断和承担相应的信托风险;信托公司应收集投资者个人需求和风险偏好信息,准确划分投资者;对于信托产品按照业务分类和评级体系进行差异化分类,以便将合适的产品推荐给合适的投资者。

(四)保险业有关投资者适当性管理的规定

在保险销售方面,中国保监会要求保险公司对投资连结保险建立风险测评制度,对客户的财务状况、投资经验、投保目的、相关风险认知和承受能力等进行分析,对其是否适合购买投资连结保险产品予以评估并予以告知。

《互联网保险业务监管暂行办法》第二十条要求"保险机构应建立健全客户身份识别制度,加强对大额交易和可疑交易的监控和报告,严格遵守反洗钱有关规定"。

（五）互联网金融及民间金融有关投资者适当性管理的规定

《网络借贷信息中介机构业务活动管理暂行办法》第九条规定：网络借贷信息平台应该依法履行客户身份识别、可疑交易报告、客户身份资料和交易记录保存等反洗钱和反恐怖融资义务。

《关于规范整顿"现金贷"业务的通知》（整治办函〔2017〕141号）要求：各类机构应当遵守"了解你的客户"原则，充分保护金融消费者权益，不得以任何方式诱导借款人过度举债，陷入债务陷阱。应全面持续评估借款人的信用情况、偿付能力、贷款用途等，审慎确定借款人适当性等。

《关于促进互联网金融健康发展的指导意见》第十五条要求"建立互联网金融的合格投资者制度，提升投资者保护水平"。

《网络借贷信息中介机构业务活动管理暂行办法》第九条要求"网络借贷信息中介机构应当履行对出借人与借款人的资格条件、信息的真实性、融资项目的真实性、合法性进行必要审核的义务"；第二十六条要求"网络借贷信息中介机构应当对出借人的年龄、财务状况、投资经验、风险偏好、风险承受能力等进行尽职评估，不得向未进行风险评估的出借人提供交易服务"。

（六）其他

除此之外，2018年4月由人民银行等四部委联合颁布的《关于规范金融机构资产管理业务的指导意见》（以下简称资管新规）同样强调金融机构加强投资者适当性管理。比如，资产管理产品的投资者被划分为不特定社会公众和合格投资者两大类。合格投资者是指具备相应风险识别能力和风险承担能力，投资于单只资产管理产品不低于一定金额且符合特定条件的自然人和法人或者其他组织；金融机构发行和销售资产管理产品，应当坚持"了解产品"和"了解客户"的经营理念，加强投资者适当性管理，向投资者销售与其风险识别能力和风险承担能力相适应的资产管理产品。禁止欺诈或者误导投资者购买与其风险承担能力不匹配的资产管理产品；私募产品的投资范围由合同约定……严格遵守投资者适当性管理要求。"资管新规"强调金融机构加强投资者适当性管理，其中自然人合格投资者是指具有2年以上投资经历，且满足以下条件之一：家庭金融净资产不低于300万元，家庭金融资产不低于500万元，或者近3年本人年均收入不低于40万元的自然人。新《资管新规》针对合格投资者投向不同种类的产品分别设置了最低投资金额。金融机构不得向投资者推荐与其风险识别能力和风险承担能力不相当的资管产品。

在司法层面，依据2015年12月发布的《最高人民法院关于当前商事审判工作中的若干具体问题》，最高人民法院要求在涉及金融纠纷案件审理中"正确处理契约自由与契约正义的关系。……因此，必须依法确定卖方机构'适当性'义务，确保金融消费者在充分了解投资标的及其风险的基础上自主做出决定，实现契约正义"。

Ⅳ. 合理宣传的要求

（一）银行业有关合理宣传的要求

《关于印发银行业消费者权益保护工作指引的通知》《关于加强金融消费者权益保护工作的指导意见》《关于银行业风险防控工作的指导意见》《中国人民银行金融消费者权益保护实施办法》《关于银行业金融机构分支机构变更营业场所问题的通知》《商业银行个人理财业务风险管理指引》《关于商业银行开展个人理财业务风险提示的通知》《关于进一步规范商业银行个人理财业务有关问题的通知》《关于农村中小金融机构实施阳光信贷工程的指导意见》等法律法规对知情权做出较为详细的规定，包括不得发布夸大收益掩饰风险等欺诈信息，不得混淆和模糊金融产品以误导消费者，运用通俗易懂的语言披露、充分提示风险并对专业术语进行解释说明、留存相关资料的期限、承担义务不得低于营销广告等形式的标准。

《中国人民银行金融消费者权益保护实施办法》要求，金融机构在进行营销活动时，不得有下列行为：（1）虚假、欺诈、隐瞒或者引人误解的宣传；（2）损害其他同业信誉；（3）冒用、使用与他人相同或者相近的注册商标、字号、宣传册页，有可能使金融消费者混淆；（4）对业绩或者产品收益等夸大宣传；（5）利用金融管理部门对金融产品和服务的审核或者备案程序，误导金融消费者认为金融管理部门已对该金融产品和服务提供保证；（6）对未按要求经金融管理部门核准或者备案的金融产品和服务进行预先宣传或者促销；（7）非保本投资型金融产品营销内容使金融消费者误信能保证本金安全或者保证盈利；（8）未通过足以引起金融消费者注意的文字、符号、字体等特别标识对限制金融消费者权利的事项进行说明；（9）其他违反消费者权益保护相关法律法规和监管规定的行为。

（二）证券业有关合理宣传的要求

《证券投资基金销售管理办法》第四章专章规定"基金宣传推介材料"的规定，比如第四十五条规定："基金宣传推介材料应当含有明确、醒目的风险提示和警示性文字，以提醒投资人注意投资风险，仔细阅读基金合同和基金招募说明书，了解基金的具体情况。有足够平面空间的基金宣传推介材料应当在材料中加入具有符合规定的必备内容的风险提示函。电视、电影、互联网资料、公共网站链接形式的宣传推介材料应当包括为时至少5秒钟的影像显示，提示投资人注意风险并参考该基金的销售文件。电台广播应当以旁白形式表达上述内容"。

《证券投资基金销售管理办法》第三十九条规定："基金宣传推介材料对不同基金的业绩进行比较的，应当使用可比的数据来源、统计方法和比较其间，并且有关数据来源、统计方法应当公平、准确，具有关联性"。

《货币市场基金监督管理办法》第十九条规定"基金管理人、基金销售机构在从事货币市场基金销售活动过程中，应当按照有关法律法规规定制作宣传推介材料，严格规范宣传推介行为，充分揭示投资风险，不得承诺收益，不得使用与货币市场基金风险收益特征不相匹配的表述，不得夸大或者片面宣传货币市场基金的投资收益或者过往业绩"；第二十三条规定"基金管理人、基金销售机构、基金销售支付结算机构以及互联网机构在从事或者参与货币市场基金销售过程中，向投资人提供快速赎回等增值服务的，应当充分揭示增值服务的业务规则，并采取有效方式披露增值服务的内容、范围、权利义务、费用及限制条件等信息，不得片面强调增值服务便利性，不得使用夸大或者虚假用语宣传增值服务"。

《证券投资基金销售管理办法》第三十五条规定"基金宣传推介材料必须真实、准确，与基金合同、基金招募说明书相符，不得有下列情形：（一）虚假记载、误导性陈述或者重大遗漏；（二）预测基金的证券投资业绩；（三）违规承诺收益或者承担损失；（四）诋毁其他基金管理人、基金托管人或者基金销售机构，或者其他基金管理人募集或者管理的基金；（五）夸大或者片面宣传基金，违规使用安全、保证、承诺、保险、避险、有保障、高收益、无风险等可能使投资人认为没有风险的或者片面强调集中营销时间限制的表述"；第三十七条要求"基金宣传推介材料登载该基金、基金管理人管理的其他基金的过往业绩，应当遵守下列规定：（一）按照有关法律法规的规定或者行业公认的准则计算基金的业绩表现数据；

（二）引用的统计数据和资料应当真实、准确，并注明出处，不得引用未经核实、尚未发生或者模拟的数据；对于推介定期定额投资业务等需要模拟历史业绩的，应当采用我国证券市场或者境外成熟证券市场具有代表性的指数，对其过往足够长时间的实际收益率进行模拟，同时注明相应的复合年平均收益率；此外，还应当说明模拟数据的来源、模拟方法及主要计算公式，并进行相应的风险提示"；第三十八条规定"基金宣传推介材料登载基金过往业绩的，应当特别声明，基金的过往业绩并不预示其未来表现，基金管理人管理的其他基金的业绩并不构成基金业绩表现的保证"。

《证券公司代销金融产品管理规定》第十条规定"证券公司应当在代销合同签署后 5 个工作日内，向证券公司住所地证监会派出机构报备金融产品说明书、宣传推介材料和拟向客户提供的其他文件、资料"；第十三条规定"证券公司应当采取适当方式，向客户披露委托人提供的金融产品合同当事人情况介绍、金融产品说明书等材料，全面、公正、准确地介绍金融产品有关信息，充分说明金融产品的信用风险、市场风险、流动性风险等主要风险特征，并披露其与金融合同当事人之间是否存在关联关系"。《证券投资基金销售管理办法》第三十三条规定"基金管理人的基金宣传推介材料，应当事先经基金管理人负责基金销售业务的高级管理人员和督察长检查，出具合规意见书，并自向公众分发或者发布之日起 5 个工作日内报主要经营活动所在地中国证监会派出机构备案。其他基金销售机构的基金宣传推介材料，应当事先经基金销售机构负责基金销售业务和合规的高级管理人员检查，出具合规意见书，并自向公众分发或者发布之日起 5 个工作日内报工商注册登记所在地中国证监会派出机构备案"。

（三）保险业有关合理宣传的要求

《保险机构销售证券投资基金管理暂行规定》第十六条规定："保险机构应当按照中国证监会对基金宣传推介材料管理的有关要求，加强对宣传推介材料的管理"。

《人身保险新型产品信息披露管理办法》规定保险公司在宣传、销售人身保险新型产品演示保单利益时，应当按照高、中、低三档演示新型产品未来的利益给付，不得承诺保险利益之外的其他收益，不得使用利息，预期收益等字眼进行宣传。

《互联网保险业务监管暂行办法》第八条规定："保险机构开展互联网保险业务，不得进行不实陈述、片面或夸大宣传过往业绩、违规承诺收益或者承担损失等误导性描述。保险机构应在开展互联网保险业务的相关网络平台的显著位置，以清晰易懂的语言列明保险产品及服务等信息"。

《中国保监会关于加强互联网平台保证保险业务管理的通知》规定，保险公司与互联网平台签署的协议中，应当明确互联网平台不得采取扩大保险责任等方式开展误导性宣传。

《保险代理、经纪公司互联网保险业务监管办法（试行）》要求对保险代理和经纪公司等保险机构开展互联网保险业务时，不得进行不实陈述、片面或夸大宣传过往业绩、违规承诺收益或者承担损失等误导性描述。

（四）互联网金融及民间金融合理宣传的要求

《关于促进互联网金融健康发展的指导意见》严禁网络销售金融产品过程中的不实宣传、强制捆绑销售。

《消费金融公司试点管理办法》第三十三条规定了消费金融公司业务办理应当遵循公开透明原则，充分履行告知义务，使借款人明确了解贷款金额、期限、价格、还款方式等内容，并在合同中载明。

《互联网保险业务监管暂行办法》第八条规定了保险机构应在开展互联网保险业务的相关网络平台的显著位置，以清晰易懂的语言列明保险产品及服务等信息。

《网络借贷信息中介机构业务活动管理暂行办法》禁止虚构、夸大融资项目的真实性、收益前景，隐瞒融资项目的瑕疵及风险，以歧义性语言或其他欺骗性手段等进行虚假片面宣传或促销等，捏造、散布虚假信息或不完整信息损害他人商业信誉，误导出借人或借款人；网络借贷信息中介机构应当向出借人以醒目方式提示网络借贷风险和禁止性行为。

2016年4月12日下发的《互联网金融风险专项整治工作实施方案》要求："互联网金融领域广告等宣传行为应依法合规、真实准确，不得对金融产品和业务进行不当宣传。未取得相关金融业务资质的从业机构，不得对金融业务或公司形象进行宣传。取得相关业务资质的，宣传内容应符合相关法律法规规定，需经有权部门许可的，应当与许可的内容相符合，不得进行误导性、虚假违法宣传"。2016年10月13日《开展互联网金融广告及以投资理财名义从事金融活动风险专项整治工作实施方案的通知》（工商办字〔2016〕61号）明确规定，互联网金融广告应当依法合规、真实可信，不得含有以下内容：……三是夸大或者片面宣传金融服务或者金融产品，在未提供客观证据的情况下，对过往业绩作虚假或夸大表述的。……五是对投资理财类产品的收益、安全性等情况进行虚假宣传，欺骗和误导消费者的。六是未经有关部门许可，以投资理财、投资咨询、贷款中介、信用担保、典当等名义发布的吸收存款、信用贷款内容的广告或与许可内容不相符的。七是引用不真实、不准确数据和资料的。

《股权众筹风险专项整治工作实施方案》重点整治平台通过虚构或夸大平台实力、融资项目信息和回报等方法，进行虚假宣传，误导投资者；要求平台及融资者发布的信息应当真实准确，不得违反相关法律法规规定，不得虚构项目误导或欺诈投资者，不得进行虚假陈述和误导性宣传。

Ⅴ. 信息披露要求

（一）银行业有关信息披露要求

2013 年，银监会印发《银行业消费者权益保护工作指引》，其中规定银行业金融机构应当向消费者披露金融产品和服务信息、银行业消费者权益保护工作开展情况等信息。2016 年，人民银行发布了《中国人民银行金融消费者权益保护实施办法》，再次强调：金融机构应按照相关监管规定披露与金融消费者权益保护相关的经营信息、金融产品和服务信息以及其他信息；金融机构推出金融科技创新产品前，应当开展外部安全评估，并及时向金融消费者准确披露金融产品的特点和风险。

针对市场上纠纷较多的银行理财产品，银监会在 2016 年 7 月专门起草了《商业银行理财业务监督管理办法》草案并公开征求意见。该征求意见稿在第三章第六节专门规定了商业银行在理财业务方面的信息披露要求。[①] 2018 年 4 月"资管新规"从整体上提出金融机构应当向投资者主动、真实、准确、完整、及时披露资产管理产品的募集信息、资金投向、杠杆水平、收益分配、托管安排、投资者账户信息和主要投资风险（国家法律法规另有规定的，从其规定），并按类别对不同产品的应披露事项进行了具体的规定。

就银行监管而言，信息披露的具体要求大致体现为：

（1）关于信息披露的标准。银行业行为监管和消费者保护中的信息披露，强调以银行业消费者能够理解的方式，及时、真实、准确、全面地向

---

① 该办法于 2018 年 9 月 26 日正式发布，"信息披露"要求体现在第三章第五节。

消费者披露相关信息，同时从反面规定禁止以夸大、虚假或引人误解的方式进行宣传。国务院办公厅在 2015 年发布的《关于加强金融消费者权益保护工作的指导意见》中规定，应通过保障金融消费者知情权来规范金融机构的信息披露义务，要求金融机构应当以通俗易懂的语言，及时、真实、准确、全面地向金融消费者披露可能影响其决策的信息，充分提示风险，不得发布夸大产品收益、掩饰产品风险等欺诈信息，不得作虚假或引人误解的宣传。随后，中国人民银行在《中国人民银行金融消费者权益保护实施办法》中强调，金融机构进行信息披露应当使用有利于金融消费者接受、理解的方式。2017 年，中国银监会在《关于切实弥补监管短板提升监管效能的通知》中再次强调，要将消费者是否能充分理解产品作为金融产品信息披露充分性的衡量标准，真实准确、完整及时地披露信息，不得隐瞒风险，不得误导消费者；同时，应当严格区分公募与私募、批发与零售、自营与代客等业务类型，明确信息披露标准和规范。

（2）关于信息披露的具体要求。原中国银监会在《银行业消费者权益保护工作指引》中规定，银行业金融机构应建立健全事前协调和管控机制，在产品和服务的设计开发、定价管理、协议制定、审批准入、营销推介及售后管理等各个业务环节，落实有关银行业消费者权益保护的内部规章和监管要求，使银行业消费者权益保护的措施在产品和服务进入市场前得以实施。[①] 针对银行开展的代理销售业务，银监会在《关于规范商业银行代理销售业务的通知》（2016 年）中强调，商业银行应向客户提供并提示其阅读相关销售文件，包括风险提示文件，以请客户抄写风险提示等方式充分揭示代销产品的风险，除国务院金融监督管理机构另有规定的以外，销售文件应当由客户签字逐一确认。通过电子渠道销售的，应由客户通过符合法律、行政法规要求的电子方式逐一确认。[②] 针对银行理财业务，银监会在公开征求意见的《商业银行理财业务监督管理办法（征求意见稿）》中要求，银行开展理财业务时，应当在理财产品发行阶段、理财产品存续阶段和理财计划终止阶段进行全过程信息披露。披露事项应当主要包括：全国银行业理财信息登记系统的编码；销售文件，包括说明书、销售协议书、风险揭示书和客户权益须知；发行公告；重大事项公告；理财定期报告；理财产品到期公告；涉及理财产品的诉讼；临时性信息披露；银监会规定的其

---

① 《银行业消费者权益保护工作指引》第 19 条。

② 《中国银监会关于规范商业银行代理销售业务的通知》（2016 年）第 27 条。

他信息。商业银行面向私人银行客户和机构客户发行的理财产品，可以根据与客户的约定，在指定渠道定向披露上述信息。当发生可能对理财产品客户或者理财产品收益产生重大影响的事件时，商业银行应在事件发生后2日内发布重大事项公告。

（二）证券业有关信息披露要求

《证券公司治理准则》第七十一条规定"证券公司在经营活动中应当履行法定的信息披露义务，保障客户在充分知情的基础上做出决定。证券公司向客户提供产品或者服务应当遵守法律、行政法规和中国证监会的规定，并对有关产品或者服务的内容及风险予以充分披露，不得有虚假陈述、误导及其他欺诈客户的行为"。

在基金产品发售过程中，《中华人民共和国证券投资基金法》第九十八条规定"基金销售机构应当向投资人充分揭示投资风险，并根据投资人的风险承担能力销售不同风险等级的基金产品"。《基金管理公司特定客户资产管理业务试点办法》第十七条要求"为多个客户办理特定资产管理业务的，资产管理人在签订资产管理合同前，应当保证有充足时间供资产委托人审阅合同内容，并对资产委托人资金能力、金融投资经验和投资目的进行充分了解，制作客户资料表和相关证明材料留存备查，并应指派专人就资产管理计划向资产委托人做出详细说明"。

在期货产品中，《期货公司资产管理业务试点办法》第十六条规定"期货公司应当向客户充分揭示资产管理业务的风险，说明和解释有关资产管理投资策略和合同条款，并将风险揭示书交客户当面签字或者盖章确认"；第十八条规定"期货公司使用的客户承诺书、风险揭示书、资产管理合同文本应当包括中期协制定的合同必备条款，并及时报住所地中国证监会派出机构备案"；第二十三条规定"期货公司应当与客户明确约定事前的风险提示机制，期货公司要根据委托资产的亏损情况及时向客户提示风险。期货公司应当与客户明确约定，委托其间委托资产亏损达到起始委托资产一定比例时，期货公司应当按照合同约定的方式和时间及时告知客户，客户有权提前终止资产管理委托。期货公司从事资产管理业务，发生变更投资经理等可能影响客户权益的重大事项时，期货公司应当按照合同约定的方式和时间及时告知客户，客户有权提前终止资产管理委托"。

在资产支持证券中，《证券公司及基金管理公司子公司资产证券化业务管理规定》第三十三条第（二）款"专项计划的管理人以及资产支持证券的销售机构应当采取下列措施，保障投资者的投资决定是在充分知悉资产支持证券风险收益特点的情形下做出的审慎决定……向投资者充分披露专项计划的基础资产情况、现金流预测情况以及对专项计划的影响、交易合同主要内容及资产支持证券的风险收益特点，告知投资资产支持证券的权利义务"；第四十一条规定"管理人及其他信息披露义务人应当按照本规定及所附《证券公司及基金管理公司子公司资产证券化业务信息披露指引》（以下简称《信息披露指引》）履行信息披露和报送义务。证券交易所、全国中小企业股份转让系统、中国证券业协会、中国基金业协会可以根据本规定及《信息披露指引》制定信息披露规则"。《基金管理公司特定多个客户资产管理合同内容与格式准则》第十二条规定"资产管理人保证已在签订本合同前充分地向资产委托人说明了有关法律法规和相关投资工具的运作市场及方式，同时揭示了相关风险"。

此外，在产品代销方面，《证券公司代销金融产品管理规定》第十三条规定了"证券公司应当采取适当方式，向客户披露委托人提供的金融产品合同当事人情况介绍、金融产品说明书等材料，全面、公正、准确地介绍金融产品有关信息，充分说明金融产品的信用风险、市场风险、流动性风险等主要风险特征，并披露其与金融合同当事人之间是否存在关联关系"。

（三）信托业有关信息披露要求

《信托法》第二十条规定："委托人有权了解其信托财产的管理运用、处分及收支情况，并有权要求受托人做出说明"；第三十三条规定："受托人应当每年定期将信托财产的管理运用、处分及收支情况，报告委托人"。

根据要求，信托公司在售前、售中及售后等不同阶段都应当履行信息披露的义务，监管部门的规范性文件对其披露的内容、形式、时间等进行了详细的规定。比如《信托公司管理办法》第二十五条规定"信托公司在处理信托事务时应当避免利益冲突，在无法避免时，应向委托人、受益人予以充分的信息披露，或拒绝从事该项业务"。《信托公司集合资金信托计划管理办法》第三十四条规定"信托公司应当依照法律法规的规定和信托计划文件的约定按时披露信息，并保证所披露信息的真实性、准确性和完整性"；第三十五条规定"受益人有权向信托公司查询与其信托财产相关的信息，信托公司应在不损害其他受益人合法权益的前提下，准确、及时、完整地提供相关信息，不得拒绝、推诿"。

除此之外，针对特定的信托产品也有一些额外的信息披露要求，比如

《信托公司证券投资信托业务操作指引》中专门规定了信托单位净值的披露要求。人民银行针对资产支持证券业务发布了统一化、标准化的信息披露指引，重点内容包括：在发行期与存续期加强对基础资产、原始权益人的风险揭示；在存续期，针对基础资产现金流与评估预测数据出现偏差大于10%、累积违约率升高并超过预设值、资产服务机构及中介服务机构等主体履职能力降低等事件要加强关注和持续披露；对于设有循环购买的产品，加强对循环购买基础资产质量的披露。

（四）保险业有关信息披露要求

保险法规定订立保险合同前保险人的提示说明义务。保监会多部部门规章对保险公司销售保险产品，尤其是新型人身险等保险业务为保险公司规定了相关信息披露规则。如对于具有投资分红功能的人身保险产品，保险公司应当向投保人出示保险条款、产品说明书，并在上述材料中就责任免除、费用扣除、产品期限、退保损失等，以及人身保险新型产品的风险和特点、收益的不确定性等问题向投保人给予明确说明和提示。向个人销售新型产品的，还应当出示投保提示书、投保单应当包含投保人确认栏，并由投保人抄录已阅读保险条款、产品说明书和投保提示书，了解本产品的特点和保单利益的不确定性的说明。

（五）互联网金融及民间金融有关信息披露要求

《关于促进互联网金融健康发展的指导意见》要求完善互联网金融的信息披露、风险提示和合格投资者制度。加强互联网金融产品合同内容、免责条款规定等与消费者利益相关的信息披露工作，依法监督处理经营者利用合同格式条款侵害消费者合法权益的违法、违规行为。人民银行、银监会、证监会、保监会会同有关行政执法部门，根据职责分工依法开展互联网金融领域消费者和投资者权益保护工作。

《网络借贷信息中介机构业务活动信息披露指引》第八条要求平台在每月5个工作日内，向公众披露至于上一月末经网络借贷信息中介机构撮合交易的各类信息；第九条要求及时披露借款人基本信息、项目基本信息、项目风险评估及可能产生的风险结果、已撮合未到期项目有关信息等，并具体规范了披露时间点。要求平台应设置信息披露专栏、使用中文进行披露，在官网明显位置披露有关咨询、投诉、举报方式。

Ⅵ. 公平交易的要求

《国务院办公厅关于加强金融消费者权益保护工作的指导意见》之三"规范金融机构行为"的第（五）～（六）点中要求"（五）保障金融消费者自主选择权。金融机构应当在法律法规和监管规定允许范围内，充分尊重金融消费者意愿，由消费者自主选择、自行决定是否购买金融产品或接受金融服务，不得强买强卖，不得违背金融消费者意愿搭售产品和服务，不得附加其他不合理条件，不得采用引人误解的手段诱使金融消费者购买其他产品。（六）保障金融消费者公平交易权。金融机构不得设置违反公平原则的交易条件，在格式合同中不得加重金融消费者责任、限制或者排除金融消费者合法权利，不得限制金融消费者寻求法律救济途径，不得减轻、免除本机构损害金融消费者合法权益应当承担的民事责任"。

（一）银行业有关公平交易的要求

《关于印发银行业消费者权益保护工作指引的通知》《关于加强金融消费者权益保护工作的指导意见》《中国人民银行金融消费者权益保护实施办法》对公平交易权做出规定，主要针对格式合同条款的规范，如不得出现误导、欺诈条款，不得加重消费者责任免除己方责任等。

（二）证券业有关公平交易的要求

《货币市场基金监督管理办法》第二十条要求"基金销售支付结算机构等相关机构开展与货币市场基金相关的业务推广活动，应当事先征得合作基金管理人或者基金销售机构的同意，严格遵守相关法律法规的规定，不得混同、比较货币市场基金与银行存款及其他产品的投资收益，不得以宣传理财账户或者服务平台等名义变相从事货币市场基金的宣传推介活动"。第二十一条要求"基金管理人、基金销售机构独立或者与互联网机构等其他机构合作开展货币市场基金互联网销售业务时，应当采取显著方式向投资人揭示提供基金销售服务的主体、投资风险以及销售的货币市场基金名称，不得以理财账户或者服务平台的名义代替基金名称，并对合作业务范围、法律关系界定、信息安全保障、客户信息保密、合规经营义务、应急处置机制、防范非法证券活动、合作终止时的业务处理方案、违约责任承担和投资人权益保护等进行明确约定"。第二十三条要求"基金管理人、基金销售机构、基金销售支付结算机构以及互联网机构在从事或者参与货币市场基金销售过程中，向投资人提供快速赎回等增值服务的，应当充分揭示增值服务的业务规则，并采取有效方式披露增值服务的内容、范围、权利义务、费用及限制条件等信息，不得片面强调增值服务便利性，不得使用夸大或者虚假用语宣传增值服务"。

（三）信托业有关公平交易的要求

《信托法》第二十六条第一款规定"受托人除依照本法规定取得报酬外，受托人不得利用信托财产为自己谋利"。

《信托公司集合资金信托计划管理办法》第八条规定"信托公司推介信托计划时，不得有以下行为：（一）以任何方式承诺信托资金不受损失，或者以任何方式承诺信托资金的最低收益；（二）进行公开营销宣传；（三）委托非金融机构进行推介；（四）推介材料含有与信托文件不符的内容，或者存在虚假记载、误导性陈述或重大遗漏等情况；（五）对公司过去的经营业绩作夸大介绍，或者恶意贬低同行；（六）中国银行业监督管理委员会禁止的其他行为"。

《银行与信托公司业务合作指引》第九条规定"银行开展银信理财合作，应当有清晰的战略规划，制定符合本行实际的合作战略并经董事会或理事会通过，同时遵守以下规定：……（四）未经严格测算并提供测算依据和测算方式，理财计划推介中不得使用'预期收益率''最高收益率'或意思相近的表述；……"。

《信托公司证券投资信托业务操作指引》第二十四条规定"信托公司开展证券投资信托业务不得有以下行为：（一）以任何方式承诺信托资金不受损失，或者以任何方式承诺信托资金的最低收益；（二）为证券投资信托产品设定预期收益率……"。

（四）保险业有关公平交易的要求

在财产保险领域，保监会要求保险条款和保险费率名称应当清晰明了，能客观全面反映保险责任的主要内容，名称不得使用易引起歧义的词汇，不得曲解保险责任，不得误导消费者。

在人身保险方面，保险公司在宣传、销售人身保险新型产品演示保单利益时，应当按照高、中、低三档演示新型产品未来的利益给付，不得承诺保险利益之外的其他收益，不得使用利息，预期收益等字眼进行宣传。

此外，原中国保监会要求保险机构开展互联网保险业务，不得进行不实陈述、片面或夸大宣传过往业绩、违规承诺收益或者承担损失等误导性描述。

Ⅶ. 冷静期

（一）银行业有关冷静期的做法

目前我们尚未看到银行监管机构或者银行业协会就有关消费者接受服务后的冷静期（犹豫期）进行规定，但市场上有一些外资银行自 2009 年就其发行的理财产品在产品募集说明书中引入了冷静期的做法。

（二）证券业有关冷静期的做法

《证券投资基金销售管理办法》第四十五条规定"基金宣传推介材料应当含有明确、醒目的风险提示和警示性文字，以提醒投资人注意投资风险，仔细阅读基金合同和基金招募说明书，了解基金的具体情况"。

《私募投资基金募集行为管理办法》第十五条规定"私募基金募集应当履行下列程序：……（五）投资冷静期"；第二十六条规定"在投资者签署基金合同之前，募集机构应当向投资者说明有关法律法规，说明投资冷静期、回访确认等程序性安排以及投资者的相关权利，重点揭示私募基金风险，并与投资者签署风险揭示书"；第二十九条规定"各方应当在完成合格投资者确认程序后签署私募基金合同。基金合同应当约定给投资者设置不少于二十四小时的投资冷静期，募集机构在投资冷静期内不得主动联系投资者"；第三十条规定"募集机构应当在投资冷静期满后，指令本机构从事基金销售推介业务以外的人员以录音电话、电邮、信函等适当方式进行投资回访。回访过程不得出现诱导性陈述。募集机构在投资冷静期内进行的回访确认无效"。

《期货经营机构投资者适当性管理实施指引（试行）》第二十八条规定"经营机构向普通投资者销售或者提供高风险等级的产品或服务时，应当履行以下适当性义务：……（三）给予投资者至少 24 小时的冷静期或至少增加一次回访告知特别风险"。

（三）保险业有关冷静期的做法

保险其间超过一年的人身保险合同应当约定不得少于 20 日的犹豫期。

《互联网保险业务监管暂行办法》第八条中，互联网保险产品的销售页面上应包含下列内容：……（二）并以适当的方式突出提示理赔要求、保险合同中的犹豫期、费用扣除、退保损失、保险单现金价值等重点内容。

（四）互联网金融及民间金融有关冷静期的做法

《网络借贷信息中介机构业务活动管理暂行办法》第十九条规定"网络借贷信息中介机构应当为单一融资项目设置募集期，最长不超过 20 个工作日"。《上海市网络借贷信息中介机构合规审核与整改验收工作指引表》第八十一条规定"未对融资项目明确投标截止日期或募集期超过 20 天"。

Ⅷ. 客户账户管理要求

（一）银行业有关客户账户管理要求

2000 年国务院发布《个人存款账户实名制规定》，个人银行账户实名制度正式确立。银行账户实名制的具体要求包括银行账户名称与身份证件名称的一致性、身份证件的有效性、存款人真实意愿的表示三个核心要素。

中国人民银行 2015 年 12 月 25 日发布《关于改进个人银行账户服务加强账户管理的通知》，要求商业银行按照"了解你的客户"原则，落实个人银行账户实名制；采用科学、合理的方法对存款人进行风险评级，根据存款人身份信息核验方式及风险等级，审慎确定银行账户功能、支付渠道和支付限额，并首次提出将个人银行账户分为Ⅰ类、Ⅱ类、Ⅲ类账户。随后，在 2016 年人民银行《关于落实个人银行账户分类管理制度的通知》中，对个人银行账户分类管理制度进行了细化规定，规定每个人在每家银行只能开立一个Ⅰ类账户，在开立账户、身份认证、账户使用等方面作了优化改进，扩大了Ⅱ、Ⅲ类账户的应用范围，积极引导个人使用Ⅱ、Ⅲ类账户替代Ⅰ类账户用于网络支付和移动支付业务，利用Ⅱ、Ⅲ类账户办理日常消费、缴纳公共事业费、向支付账户充值等业务。2018 年 1 月中国人民银行发布了《关于改进个人银行账户分类管理有关事项的通知》，通知落实银行账户实名制和保护存款人合法权益为核心，从便利Ⅱ、Ⅲ类账户开立和使用着手，重点推广应用Ⅲ类账户，进一步发挥银行账户在小额支付领域的作用，以满足社会公众日益增长的多样化、个性化支付需求，充分发挥个人银行账户分类制度隔离风险、保护社会公众资金安全的作用。

此外，中国人民银行颁布的《金融消费者权益保护实施办法》第八条还规定："金融机构应当建立健全金融消费者权益保护的各项内控制度，包括但不限于以下内容：……（二）金融产品和服务信息披露机制；（三）金融产品和服务信息查询机制。"

（二）证券业有关客户账户管理要求

《证券公司客户资产管理业务管理办法》第四十条规定"证券公司应当至少每季度向客户提供一次准确、完整的资产管理报告，对报告期内客户资产的配置状况、价值变动等情况做出详细说明。证券公司应当保证客户能够按照资产管理合同约定的时间和方式查询客户资产配置状况等信息。发生资产管理合同约定的、可能影响客户利益的重大事项时，证券公司应当及时告知客户"。

《私募投资基金监督管理暂行办法》第二十四条规定"私募基金管理人、私募基金托管人应当按照合同约定，如实向投资者披露基金投资、资产负债、投资收益分配、基金承担的费用和业绩报酬、可能存在的利益冲突情况以及可能影响投资者合法权益的其他重大信息，不得隐瞒或者提供虚假信息。信息披露规则由基金业协会另行制定"。

《证券公司代销金融产品管理规定》第十五条规定"金融产品存续期间，客户要求了解金融产品相关信息的，证券公司应当向客户告知委托人提供的金融产品相关信息，或者协助客户向委托人查询相关信息"。

《基金管理公司特定多个客户资产管理合同内容与格式准则》第三十八条规定"列明资产管理人向资产委托人报告的种类、内容、时间和途径等有关事项，以及资产委托人向资产管理人查询资产管理计划财产投资运作情况和向资产托管人查询资产管理计划财产托管情况的具体时间和方式。涉及证券投资明细的，原则上每季度至多报告一次。订明资产管理人每月至少应向资产委托人报告一次经资产托管人复核的计划份额净值"。

《证券公司监督管理条例》第三十一条规定"证券公司从事证券资产管理业务、融资融券业务，应当按照规定编制对账单，按月寄送客户。证券公司与客户对对账单送交时间或者方式另有约定的，从其约定"；第三十二条规定"证券公司应当建立信息查询制度，保证客户在证券公司营业时间内能够随时查询其委托记录、交易记录、证券和资金余额，以及证券公司业务经办人员和证券经纪人的姓名、执业证书、证券经纪人证书编号等信息"。

《证券公司客户资产管理业务管理办法》第四十条规定"证券公司应当

至少每季度向客户提供一次准确、完整的资产管理报告，对报告期内客户资产的配置状况、价值变动等情况做出详细说明。证券公司应当保证客户能够按照资产管理合同约定的时间和方式查询客户资产配置状况等信息。发生资产管理合同约定的、可能影响客户利益的重大事项时，证券公司应当及时告知客户。"

《期货公司资产管理业务试点办法》第二十一条规定"期货公司应当每日向监控中心投资者查询系统提供客户委托资产的盈亏、净值信息。期货公司和监控中心应当保障客户能够及时查询委托资产的盈亏、净值信息"。

《证券投资基金信息披露管理办法》第十七条规定"基金管理人应当在开放式基金的基金合同、招募说明书等信息披露文件上载明基金份额申购、赎回价格的计算方式及有关申购、赎回费率，并保证投资人能够在基金份额发售网点查阅或者复制前述信息资料"；第三十一条规定"招募说明书公布后，应当分别置备于基金管理人、基金托管人和基金份额发售机构的住所，供公众查阅、复制。上市交易公告书公布后，应当分别置备于基金管理人的住所和基金上市交易的证券交易所，供公众查阅、复制。基金定期报告公布后，应当分别置备于基金管理人和基金托管人的住所，以及基金上市交易的证券交易所，供公众查阅、复制"。

《基金管理公司特定多个客户资产管理合同内容与格式准则》第三十八条规定"列明资产管理人向资产委托人报告的种类、内容、时间和途径等有关事项，以及资产委托人向资产管理人查询资产管理计划财产投资运作情况和向资产托管人查询资产管理计划财产托管情况的具体时间和方式。涉及证券投资明细的，原则上每季度至多报告一次"。

《证券投资基金信息披露内容与格式准则第6号（基金合同的内容与格式）》第二十三条规定"根据《基金法》《运作办法》及其他有关规定列明基金份额持有人的权利，包括但不限于：（六）查阅或者复制公开披露的基金信息资料"。

《关于加强证券经纪业务管理的规定》第三条第（三）款规定"证券公司应当根据法律法规、证监会的规定及合同约定，以信函、电子邮件、手机短信、网上查询或者与客户约定的其他方式，保证客户至少在证券公司营业时间内能够查询其委托、交易记录、证券和资金余额等信息。"

（三）信托业有关客户账户管理要求

《信托公司集合资金信托计划管理办法》第三十六条规定："信托计划

设立后，信托公司应当依信托计划的不同，按季制作信托资金管理报告、信托资金运用及收益情况表。"第三十七条规定："信托资金管理报告至少应包含以下内容：（一）信托财产专户的开立情况；（二）信托资金管理、运用、处分和收益情况；（三）信托经理变更情况；（四）信托资金运用重大变动说明；（五）涉及诉讼或者损害信托计划财产、受益人利益的情形；（六）信托计划文件约定的其他内容。"第三十八条规定："信托计划发生下列情形之一的，信托公司应当在获知有关情况后三个工作日内向受益人披露，并自披露之日起七个工作日内向受益人书面提出信托公司采取的应对措施：（一）信托财产可能遭受重大损失；（二）信托资金使用方的财务状况严重恶化；（三）信托计划的担保方不能继续提供有效的担保"。

《中国人民银行关于信托投资公司人民币银行结算账户开立和使用有关事项的通知》第一条规定"信托投资公司对受托的信托财产，应在商业银行设置专用存款账户（以下简称信托财产专户）。委托人约定信托投资公司单独管理、运用和处分信托财产时，信托投资公司应在商业银行按一个信托文件设置一个账户的原则为该项信托财产开立信托财产专户；委托人约定信托投资公司可以按某一特定计划管理、运用和处分信托财产时，信托投资公司应在商业银行按一个计划设置一个账户的原则为该项计划开立信托财产专户"。第四条规定"关于信托财产专户的变更和撤销：（一）单个信托或信托计划受托人发生变更的，应及时办理信托财产专户信息变更，除《人民币银行结算账户管理办法》中要求提供的证明文件外，还应提供信托关系变更文件。（二）单个信托或信托计划届满后，受托人应及时清理信托财产专户。账户仍有余额的，受托人应按信托合同的约定处理，并及时撤销账户。（三）单个信托或信托计划因故未设立的，信托投资公司应及时清理该信托财产专户，并将信托财产专户中的资金余额返回原委托人"。

《中国银监会办公厅关于规范信托投资公司证券业务经营与管理有关问题的通知》规定"信托投资公司应当将开立专户的情况及时向委托人、受益人进行披露，并将开立信托专用证券账户和信托专用资金账户的情况向直接监管的银行业监督管理部门报告。对原证券业务逾期未开立专户的，应当报告未开立的原因和事由。"

《中国银监会、中国证监会关于信托投资公司开设信托专用证券账户和信托专用资金账户有关问题的通知》规定"五、中国证券登记结算公司和证券公司受理开立有关专用账户后，应遵照《中华人民共和国信托法》、《中华人民共和国证券法》等法律、法规的规定，为信托当事人保密，并配合信托投资公司接受委托人和受益人对其信托资金的检查、查询，配合监管部门对专用账户的检查、查询"。

（四）保险业有关客户账户管理要求

在账户知情权方面，原中国保监会要求投连险等新型人身险，保险公司每年至少向投保人提供一份保单状态报告。金融机构应当采取持续的客户身份识别措施，关注客户及其日常经营活动、金融交易情况，及时提示客户更新资料信息。

在客户自主查询保障方面，原中国保监会要求相关保险机构完善财产保险承保理赔信息客户自主查询制度，扩大查询范围。在实践中，投保人可以在保险人的官方网站注册，注册后即可查看自己保单相关信息。

IX. 从业人员资格和培训要求

（一）银行业有关从业人员资格和培训要求

2013 年 12 月 23 日，人力资源和社会保障部、银监会印发《银行业专业人员职业资格制度暂行规定》。建立银行业专业人员职业资格考试制度，目的是建立银行业从业标准和用人规范，确立银行业专业人员从业的起点标准，为银行业金融机构和客户鉴别从业者能力提供识别标杆，同时也为银行业专业人员提供继续教育的支持。

《商业银行个人理财业务管理暂行办法》第二十条规定，商业银行应配备与开展的个人理财业务相适应的理财业务人员，保证个人理财业务人员每年的培训时间不少于 20 小时。商业银行应详细记录理财业务人员的培训方式、培训时间及考核结果等，未达到培训要求的理财业务人员应暂停从事个人理财业务活动。

《商业银行理财产品销售管理办法》第五十五条规定，商业银行应当向销售人员提供每年不少于 20 小时的培训，确保销售人员掌握理财业务监管政策、规章制度，熟悉理财产品宣传销售文本、产品风险特性等专业知识。

（二）证券业有关从业人员资格和培训要求

《中华人民共和国证券法》第一百七十六条规定：……（四）制定和实施证券行业自律规则，监督、检查会员及其从业人员行为，对违反法律、行政法规、自律规则或者协会章程的，按照规定给予纪律处分或者实施其他自律管理措施；（五）制定证券行业业务规范，组织从业人员的业务培训。

《中华人民共和国证券投资基金法》第一百一十一条规定：基金行业协会履行下列职责：……（四）制定行业执业标准和业务规范，组织基金从业人员的从业考试、资质管理和业务培训。

《证券投资基金销售管理办法》第五十七条规定：未经基金销售机构聘任，任何人员不得从事基金销售活动，中国证监会另有规定的除外。宣传推介基金的人员、基金销售信息管理平台系统运营维护人员等从事基金销售业务的人员应当取得基金销售业务资格。基金销售机构应当建立健全并有效执行基金销售人员的持续培训制度，加强对基金销售人员行为规范的检查和监督。

《证券公司代销金融产品管理规定》第十七条规定：证券公司从事代销金融产品活动的人员，应当具有证券从业资格，并遵守证券从业人员的管理规定。证券公司应当对金融产品营销人员进行必要的培训，保证其充分了解所负责推介金融产品的信息及与代销活动有关的公司内部管理规定和监管要求。

《证券投资基金销售适用性指导意见》第四条规定：基金销售机构应当参照本指导意见，建立健全基金销售适用性管理制度，做好销售人员的业务培训工作，加强对基金销售行为的管理，加大对基金投资人的风险提示，降低因销售过程中产品错配而导致的基金投资人投诉风险。第二十九条规定：基金销售机构应当就基金销售适用性的理论和实践对基金销售人员实行专题培训。

《中国证券业协会证券业从业人员培训纲要（试行）》第二条规定：本纲要适用于中国证券业协会（以下简称"协会"）规划、部署与组织实施的从业人员后续职业培训和惩戒培训。从业资格考试、专业水平考试的应试培训，在相关考试办法中另行规定。第四条规定：从业人员培训由协会、会员公司和特别会员等培训单位组织实施。第五条规定：从业人员培训应符合证券业特点，内容上要注重实效性、针对性和前瞻性。

中国证券业协会发布《关于使用中国证券业协会远程培训系统开展证券从业人员后续职业培训及相关问题的通知》，自 2008 年起，证券从业人员应当按照《证券从业人员后续职业培训大纲》（以下简称《大纲》）的要求，在年检其间完成 30 个后续职业培训学时，且每年不少于 15 学时，其中必修学时不少于 10 学时，选修学时不少于 5 学时。证券从业人员每年须通过协会远程培训系统完成 10 个必修后续职业培训学时，否则不得参加从业人员年检。最新适用的培训大纲是《证券业从业人员后续职业培训大纲（2014）》。

类似地，中国证券基金业协会也通过《基金从业人员后续职业培训大纲》制定了基金销售人员的基金销售管理培训，主要包括"基金销售行为规范及信息管理""基金客户服务"和"投资者教育"三大板块的培训内容。

（三）信托业有关从业人员资格和培训要求

中国信托业协会制定从业人员道德和行为准则，对信托从业人员进行自律管理，组织信托从业人员资格考试和相关培训。依据《信托公司证券投资信托业务操作指引》第九条的规定，信托公司在推介证券投资信托产品时，应当制作详细的推介计划书，制定统一的推介流程，并对推介人员进行上岗前培训。

（四）保险业有关从业人员资格和培训要求

2015 年在简政放权的改革背景下，目前中国取消保险代理人、经纪人资格考试，改由保险公司内部专业培训、考核合格后上岗。如保险公司委托保险代理机构销售保险产品，应当对保险代理机构的保险销售从业人员进行培训。一般而言，保险销售从业人员的培训内容至少应当包括业务知识、法律知识及职业道德、本公司保险产品的相关知识。

X．个人信息保护

《中华人民共和国网络安全法》第四十条规定"网络运营者应当对其收集的用户信息严格保密，并建立健全用户信息保护制度"；第四十一条规定"网络运营者收集、使用个人信息，应当遵循合法、正当、必要的原则，公开收集、使用规则，明示收集、使用信息的目的、方式和范围，并经被收集者同意。网络运营者不得收集与其提供的服务无关的个人信息，不得违反法律、行政法规的规定和双方的约定收集、使用个人信息，并应当依照法律、行政法规的规定和与用户的约定，处理其保存的个人信息"；第四十二条规定"网络运营者不得泄露、篡改、毁损其收集的个人信息；未经被收集者同意，不得向他人提供个人信息。但是，经过处理无法识别特定个人且不能复原的除外。网络运营者应当采取技术措施和其他必要措施，确保其收集的个人信息安全，防止信息泄露、毁损、丢失。在发生或者可能发生个人信息泄露、毁损、丢失的情况时，应当立即采取补救措施，按照规定及时告知用户并向有关主管部门报告"。

《国务院办公厅关于加强金融消费者权益保护工作的指导意见》之三"规范金融机构行为"的第（十）点中要求"保障金融消费者信息安全权。金融机构应当采取有效措施加强对第三方合作机构的管理，明确双方权利义务关系，严格防控金融消费者信息泄露风险，保障金融消费者信息安全"。

《征信业管理条例》第三条规定"从事征信业务及相关活动，应当遵守法律法规，诚实守信，不得危害国家秘密，不得侵犯商业秘密和个人隐私"。第十三条规定"采集个人信息应当经信息主体本人同意，未经本人同意不得采集。但是，依照法律、行政法规规定公开的信息除外。企业的董事、监事、高级管理人员与其履行职务相关的信息，不作为个人信息"。

（一）银行业有关个人信息保护要求

《关于印发银行业消费者权益保护工作指引的通知》《关于加强金融消费者权益保护工作的指导意见》《关于银行业金融机构做好个人金融信息保护工作的通知》《中国人民银行金融消费者权益保护实施办法》《个人信用信息基础数据库管理暂行办法》等法规对金融消费者信息安全权做出详细的规定，如加强第三方合作机构的管理，构建银行金融机构收集保存和使用个人金融信息时的操作规范和内部控制机制等，以防控金融消费者信息泄露风险，保护金融消费者的信息安全。

2003年通过的《中华人民共和国银行业监督管理法》首次涉及银行业监督管理机构的保密责任，要求银行业监督管理机构的工作人员应当履行保密义务。同年，人民银行颁布《人民币结算账户管理办法》，针对银行保护个人客户银行账户结算的相关资料做出具体规定，要求银行保护客户银行结算信息的安全。2011年人民银行首次针对银行业消费者隐私权专门做出规定，印发了《关于银行业金融机构做好银行业金融消费者隐私权保护工作的通知》，要求银行业金融机构应当严格遵守法律规定，在收集、保存、使用以及向外提供银行业金融消费者隐私信息的过程中，采取有效措施，加强对银行业金融消费者隐私权的保护工作，以确保信息安全，防止信息泄露和滥用等问题发生。其中特别强调，银行业金融机构在收集个人金融信息时，应当遵循合法和合理原则，一方面不得收集与业务无关的信息，另一方面也不得采取不正当方式收集信息，以此规范银行业金融机构收集、使用和对外提供个人金融信息行为，保护金融消费者合法权益，维护金融稳定。《金融消费者权益保护实施办法》第八条规定了金融机构应当建立包括"个人金融信息保护机制"在内的金融消费者权益保护的各项内控制度；2013 年银监会专门针对该问题也印发了《关于银行业消费者权益保护工作指引的通知》，规定银行业金融机构应采取积极有效措施，努力加强对银行业金融消费者隐私权的保护工作，杜绝篡改、违法使用银行业金融消费者隐私权的不良行为，若未经银行业消费者授权或同意，不得向第三方提供个人金融信息，银行业金融机构应在尊重银行业金融消费者隐私权的过程中起到率先垂范的作用。该规定体现了银监会作为银行业监管机构对于银行业金融消费者隐私权保护的重视和加强，有利于督促银行业提高保护银行业金融消费者隐私权的认识，保护消费者权益。随着金融消费者权益保护意识的加强，2015 年国务院办公厅再次强调金融机构应当保护金融消费者的"信息安全权"等基本权利，通过印发《关于加强金融消费者权益保护工作的指导意见》进一步规定，金融机构应采取有效措施加强对第三方合作机构的管理，明确双方权利义务关系，严格防控金融消费者信息泄露风险，保障金融消费者信息安全。

（二）证券业有关个人信息保护要求

《证券期货投资者适当性管理办法》第三十二条规定：经营机构应当按照相关规定妥善保存其履行适当性义务的相关信息资料，防止泄露或者被不当利用，接受中国证监会及其派出机构和自律组织的检查。对匹配方案、告知警示资料、录音录像资料、自查报告等的保存期限不得少于 20 年。

《证券期货业信息安全保障管理办法》第三条规定：证券期货业信息安全保障工作实行"谁运行、谁负责，谁使用、谁负责"、安全优先、保障发展的原则。第四条规定：证券期货业信息安全保障的责任主体应当执行国家信息安全相关法律、行政法规和行业相关技术管理规定、技术规则、技术指引和技术标准，开展信息安全工作，保护投资者交易安全和数据安全，并对本机构信息系统安全运行承担责任。

《转融通业务监督管理试行办法》第四十九条规定：证券金融公司及其工作人员应当对因履行职责而获悉的信息保密。法律、行政法规和本办法另有规定的除外。

《客户交易结算资金管理办法》第二十四条规定：存管银行、结算银行、结算公司及其工作人员应当对证券交易结算资金的情况保密。存管银行、结算银行和结算公司有权拒绝任何单位或个人的查询，但法律、法规另有规定以及证监会、开户证券公司和结算公司根据预定的程序所作的查询除外。

《期货公司管理办法》第六十三条规定：期货公司应当建立客户资料档案，除依法接受调查和检查外，应当为客户保密。

在互联网基金销售方面，《证券投资基金销售机构通过第三方电子商务平台开展业务管理暂行规定》第十六条要求基金销售机构、第三方电子商务平台经营者和相关服务提供商应当保证基金投资人身份资料及交易信息的安全。

（三）信托业有关个人信息保护要求

《信托法》第三十三条规定"受托人对委托人、受益人以及处理信托事务的情况和资料负有依法保密的义务"；《信托登记管理办法》第三十一条规定"信托登记信息受法律保护，信托登记公司应当对信托登记信息及相关文件依法保密。除法律、行政法规或者国务院银行业监督管理机构规定可以公开的情形外，任何单位或者个人不得查询或者获取信托登记信息"；第三十二条规定"除法律、行政法规规定或者国务院银行业监督管理机构同意的情形外，信托登记公司不得将由信托登记信息统计、分析形成的有关信息进行披露或者对外提供"；第三十四条规定"信托登记公司应当根据法律、行政法规、国务院银行业监督管理机构的规定以及信托文件约定的信托登记信息保密要求，设置不同级别的查询权限"；《信托业保障基金管理办法》第十条规定"保障基金公司应当与国务院银行业监督管理机构建立信息共享机制。保障基金公司对其获悉的各项非公开信息负有保密义务"。

（四）保险业有关个人信息保护要求

在个人信息安全方面，《保险法》规定了保险公司等不得泄露投保人、被保险人的商业秘密。有关人身保险业务的部门规章加入了保护个人隐私的规定。相关部门规范性地明确了保护消费者信息和数据安全的工作安排，明确保监会对侵犯保险消费者隐私和数据保护的监管权。

在使用客户数据方面，网络服务提供者和其他企事业单位收集、使用公民个人电子信息，应当公开其收集、使用规则。开展互联网业务的保险公司应当在其网站公布使用个人信息的规则和政策的规定。

在征信机构和个人信息保护及监管方面，征信机构必须制定个人信息保护规则。征信个人信息的采集、错误信息修改、个人信息的自我查询和第三方查询均有相关规定。未经本人书面同意，第三方不得查询和使用。

《互联网保险业务监管暂行办法》第二条要求保险机构应保证互联网保险消费者享有不低于其他业务渠道的投保和理赔等保险服务，保障保险交易信息和消费者信息安全，应加强客户信息管理，确保客户资料信息真实有效，保证信息采集、处理及使用的安全性和合法性。

（五）互联网金融及民间金融的个人信息保护规定

《中华人民共和国消费者权益保护法》第十四条规定消费者在购买、使用商品和接受服务时，享有个人信息依法得到保护的权利。第二十九条规定经营者及其工作人员对收集的消费者个人信息必须严格保密，不得泄露、出售或者非法向他人提供。经营者应当采取技术措施和其他必要措施，确保信息安全，防止消费者个人信息泄露、丢失。

《关于促进互联网金融健康发展的指导意见》要求细化完善互联网金融个人信息保护的原则、标准和操作流程。

《网络借贷信息中介机构业务活动管理暂行办法》第二十二条、第二十三条要求对出借人与借款人的基本信息、交易信息使用电子签名、电子认证，同时使用第三方数字认证系统，并对其进行定期评估，采取适当的方法和技术，并妥善保存网络借贷业务活动数据和资料、借贷合同至少保存5年。

《非金融机构支付服务管理办法实施细则》中规定支付机构应当采取必要的管理措施和技术措施，防止客户身份信息和支付业务信息等资料灭失、损毁、泄露。《网络借贷信息中介机构业务活动管理暂行办法》第二十七条规定网络借贷信息中介机构应当加强出借人与借款人信息管理，确保出借人与借款人信息采集、处理及使用的合法性和安全性。网络借贷信息中介机构及其资金存管机构、其他各类外包服务机构等应当为业务开展过程中收集的出借人与借款人信息保密。

XI. 金融消费者教育

《国务院办公厅关于进一步加强资本市场中小投资者合法权益保护工作的意见》提到"强化中小投资者教育，加大普及证券期货知识力度。将投资者教育逐步纳入国民教育体系，有条件的地区可以先行试点。充分发挥媒体的舆论引导和宣传教育功能。证券期货经营机构应当承担各项产品和服务的投资者教育义务，保障费用支出和人员配备，将投资者教育纳入各业务环节。提高投资者风险防范意识。自律组织应当强化投资者教育功能，健全会员投资者教育服务自律规则。中小投资者应当树立理性投资意识，依法行使权利和履行义务，养成良好投资习惯，不听信传言，不盲目跟风，提高风险防范意识和自我保护能力。"

（一）银行业有关投资者教育要求

《关于加强金融消费者权益保护工作的指导意见》规定："保障金融消费者受教育权。金融机构应当进一步强化金融消费者教育，积极组织或参与金融知识普及活动，开展广泛、持续的日常性金融消费者教育，帮助金融消费者提高对金融产品和服务的认知能力及自我保护能力，提升金融消费者金融素养和诚实守信意识。"

《金融消费者权益保护实施办法》第九条规定"金融机构应当开展金融消费者权益保护员工教育和培训，提高员工的金融消费者权益保护意识和能力。金融机构应当每年至少开展一次金融消费者权益保护专题教育和培训，培训对象应当全面覆盖中高级管理人员及基层业务人员"。第二十五条要求"金融机构应当制定年度金融知识普及与金融消费者教育工作计划，结合自身特点开展日常性金融知识普及与金融消费者教育活动。金融机构不得以营销个别金融产品和服务替代金融知识普及与金融消费者教育。金融机构应当参与中国人民银行及其分支机构组织的金融知识普及活动"。

《中国人民银行金融消费权益保护工作管理办法（试行）》中提出，人民银行及其分支机构应当加强金融消费者教育工作，开展金融知识普及宣传活动；应当引导、督促金融机构组织开展金融消费者教育活动；对有关政府机构、消费者组织、行业协会、媒体等开展金融知识普及宣传工作应当予以支持。《银行业消费者权益保护工作指引》中同样明确，银行业金融机构应当积极主动开展银行业金融知识宣传教育活动，通过提升公众的金融意识和金融素质，主动预防和化解潜在矛盾。《中国银行业公众教育服务工作自律指引》则进一步扩大了教育实施机构的范围，要求中国银行业协会全体会员单位主动、规范、持续、系统地开展公众教育服务工作，提高社会公众金融知识水平。总之，通过对社会公众的金融知识普及，有助于培育消费者的金融意识、提升消费者的金融素质，提高银行业消费者对金融产品和服务内涵及风险的理解，进而防范和化解潜在矛盾，构建和谐的金融消费环境，促进银行业健康可持续发展。

（二）证券业有关投资者教育要求

《关于证券公司依法合规经营，进一步加强投资者教育有关工作的通知》要求做好"加强投资者教育和风险揭示工作"。通知要求：投资者教育和风险揭示工作是证券行业的一项基础工作。证券公司应当按照我会的监管要求和自律性组织的自律规则，制订投资者教育计划、工作制度和流程，明确投资者教育的内容、形式和经费预算，并指定一名高管和专门部门负责检查落实情况。证券公司应当按照我会《关于要求证券公司在营业网点建立投资者园地的通知》（证监办发〔2004〕51号）要求，做好投资者园地的建设工作。投资者园地要重点突出证券法规宣传、证券知识普及和风险揭示等内容，要设立信息公示专栏，公告本公司基本信息和获取公司财务报告的详细途径。证券公司应当通过公司网站、交易委托系统、客服中心等多种渠道，综合运用电视、报刊、网络、宣传材料、户外广告、培训讲座、电话语音提示、手机短信等多种方式进行投资者教育，向投资者客观充分揭示风险。

根据《中国证券业协会会员投资者教育工作指引（试行）》的规定，开展投资者教育工作的目的，是让投资者了解证券市场和各类证券投资品种的特点和风险，熟悉证券市场的法律法规，树立正确的投资理念，增强风险防范意识，依法维护自身合法权益；同时，帮助社会公众了解证券行业，自觉维护市场秩序，促进资本市场规范发展。

（三）信托业有关投资者教育要求

《中国银监会办公厅关于进一步加强信托公司风险监管工作的意见》要求加强投资者风险教育，增强投资者"买者自负"意识。中国信托业协会官网专设了"投资者教育"栏目，对信托计划业务模式、信托种类、信托公司介绍等内容进行介绍。

（四）保险业有关投资者教育要求

《加强保险消费者教育工作方案》确立了保险监管部门、行业组织、经营者和社会公众等多方参与的保险消费者教育工作机制。具体措施包括：将保险教育纳入中小学课程；保监会开通了"保险知识大讲堂"栏目、官方微博、"保监微课堂"微信公众号；发布公益广告；每年将7月8日作为全国保险公众宣传日在大众媒体上开展保险教育。此外，保险业协会等单位开展保险知识讲座、保险知识竞赛等活动参与其中。保险消费者自我保护意识增强，在感觉合法权益受到侵害时，会通过投诉、诉讼等维权途径进行维权。

（五）互联网金融与民间金融的投资者教育

2015年7月，中国人民银行等部委发布《关于促进互联网金融健康发展的指导意见》，明确指出要"研究制定互联网金融消费者教育规划，及时发布维权提示"。2016年4月，国务院办公厅印发《互联网金融风险专项整治工作实施方案》，强调在"做好组织保障，建设长效机制"方面，金融监管部门要"加强宣传教育和舆论引导"。目前，有关金融消费者教育制度构建问题的探讨主要以传统金融领域为视角，虽然对互联网金融消费者教育问题予以了一定的关注，但专门针对互联网金融消费者教育制度的系统论述较为少见。

《关于取缔地下钱庄及打击高利贷行为的通知》第四条规定：人民银行各分支行要会同有关部门，采取各种有效方式向广大群众宣传国家金融法规和信贷政策。特别是在地下钱庄和高利贷比较活跃的地方，要选择典型案例，宣传地下钱庄非法高利融资的危害性，教育广大群众增强风险防范意识，自觉抵制高利借贷活动，防止上当受骗。

《关于规范民间借贷行为　维护经济金融秩序有关事项的通知》第九条加强宣传引导，"银行业监督管理机构、公安机关、工商和市场监管部门、人民银行等有关单位采取各种有效方式向广大人民群众宣传国家金融法律法规和信贷规则。及时向社会公布典型案例，加大宣传教育力度，强化风险警示，增强广大人民群众的风险防范意识，引导自觉抵制非法民间借贷活动"。

《网络借贷信息中介机构业务活动管理暂行办法》第九条第（四）项要求P2P平台持续开展网络借贷知识普及和风险教育活动。

XII. 内部投诉与处理程序

（一）银行业有关内部投诉与处理

国务院办公厅《关于加强金融消费者权益保护工作的指导意见》（国办

发〔2015〕81号）规定"金融机构应当切实履行金融消费者投诉处理主体责任，在机构内部建立多层级投诉处理机制，完善投诉处理程序，建立投诉办理情况查询系统，提高金融消费者投诉处理质量和效率，接受社会监督"。2016年中国人民银行又出台了《中国人民银行金融消费者权益保护实施办法》（银发〔2016〕314号），其中第八条规定"金融机构应当建立健全金融消费者权益保护的各项内控制度，包括但不限于以下内容：……金融消费者投诉受理、处理机制"，并且对金融消费者投诉处理机制的投诉受理范围、受理机构、处理期限及不予受理等细节进行了详细规定；第三十五条规定"金融消费者与金融机构产生金融消费争议时，原则上应当先向金融机构投诉。金融机构对投诉不予受理或者在一定期限内不予处理，或者金融消费者认为金融机构处理结果不合理的，金融消费者可以向金融机构住所地、争议发生地或者合同签订地中国人民银行分支机构进行投诉"。

银监会发布的《银行业消费者权益保护工作指引》第二十三条规定，银行业金融机构应当为银行业消费者投诉提供必要的便利，实现各类投诉管理的统一化、规范化和系统化，确保投诉渠道畅通。

中国银监会发布《关于完善银行业金融机构客户投诉处理机制切实做好金融消费者保护工作的通知》规定："银行业金融机构应当完善客户投诉处理机制，制定投诉处理工作流程，落实岗位责任，及时妥善解决客户投诉事项，积极预防合规风险和声誉风险；应当设立或指定投诉处理部门，负责指导、协调、处理客户投诉事项。同时，银行业金融机构应当为客户投诉提供必要的便利。在各营业网点和官方网站的醒目位置公布电话、网络、信函等投诉处理渠道"。

目前根据银监会要求，国内各主要政策性银行、大型商业银行、股份制商业银行等金融机构均建立了客户投诉处理机构。中国人民银行专门开设了12363全国性金融消费者权益保护咨询投诉电话，受理金融消费者的咨询和投诉。

（二）证券业有关内部投诉与处理

《国务院办公厅关于进一步加强资本市场中小投资者合法权益保护工作的意见》提及建立多元化纠纷解决机制，完善纠纷解决机制。上市公司及证券期货经营机构等应当承担投资者投诉处理的首要责任，完善投诉处理机制并公开处理流程和办理情况。

《证券公司治理准则》第七十二条规定：证券公司应当设专职部门或者

岗位负责与客户进行沟通，处理客户的投诉等事宜。

《期货公司监督管理办法》第五十条规定：期货公司应当承担投资者投诉处理的首要责任，建立、健全客户投诉处理制度，公开投诉处理流程，妥善处理客户投诉及与客户的纠纷。

《期货公司管理办法》第六十四条规定：期货公司应当建立、健全客户投诉处理制度。期货公司应当将客户的投诉材料及处理结果存档。第六十五条规定：期货公司之间或者期货公司与客户之间发生期货业务纠纷的，可以提请中国期货业协会、期货交易所调解处理。

《关于加强证券经纪业务管理的规定》第三条第（五）款规定：建立健全客户投诉处理制度，妥善处理客户投诉和与客户的纠纷。证券公司及证券营业部应当在公司网站及营业场所显著位置公示客户投诉电话、传真、电子信箱，保证投诉电话至少在营业时间内有人值守。证券公司及证券营业部应当建立客户投诉书面或者电子档案，保存时间不少于 3 年。每年 4 月底前，证券公司和证券营业部应当汇总上一年度证券经纪业务投诉及处理情况，分别报证券公司住所地及证券营业部所在地证监局备案。

典型的互联网保险服务提供者多在官网公布内部纠纷解决程序的流程图和投诉处理时间，如众安保险、① 泰康在线。众安保险处理投诉的最后期限是 10 个工作日，情况复杂的最多延长 60 日。

（三）保险业有关内部投诉与处理

《保险消费投诉处理管理办法》要求保险机构、保险中介机构应当公布本单位的保险消费投诉电话号码、传真号码、信函邮寄地址、接待场所地址和电子邮箱等信息，并在官方网站和营业场所展示保险消费投诉处理程序。

保险服务商一般提供服务热线，可以打保险公司的投诉电话进行投诉和协商和解。此外，中国法律也规定了保险监管机构应公开本单位投诉联络方式、投诉处理流程、处理投诉的期限和对投诉记录的保存的规定，还没有要求保险服务提供者公开内部纠纷处理过程以及处理结果的相关规定。

（四）信托业有关内部投诉与处理

《中国银监会关于完善银行业金融机构客户投诉处理机制切实做好金融

---

① 众安保险官方网站［EB/OL］．［2018-3-14］．https：//www.zhongan.com/channel/about/feedbackflow.html.

消费者保护工作的通知》要求信托公司设立或指定投诉处理部门，制订处理工作流程；应当在营业网点的显目位置公布投诉电话、网络、信函等投诉处理渠道；投诉情况应当登记，受理后应当告知客户处理情况，原则上15个工作日内完成投诉处理告知客户处理结果。

（五）互联网金融与民间金融有关内部投诉与处理

有关互联网金融的内部投诉程序没有统一的规定，在支付结算业务中，第三方支付的典型代表——支付宝——的内部纠纷解决程序公布得较为明确，且支付宝承担了调解中心的角色。金融消费者发生纠纷后，可以申请支付宝介入，即默认委托支付宝介入协调和解，然后支付宝会做出一个最终处理结果。而财付通在这方面的处理并不十分积极，财付通只提供必要信息来协助消费者外部解决纠纷。而两者都没有关于投诉处理期限或者记录的规定。

XIII. 纠纷解决机制

中央综治委等16部门联合印发的《关于深入推进矛盾纠纷大调解工作的指导意见》：（1）坚持调解优先，依法调解，充分发挥人民调解、行政调解、司法调解的作用。把人民调解工作做在行政调解、司法调解、仲裁、诉讼等方法前，立足预警、疏导，对矛盾纠纷做到早发现、早调解。……（5）鼓励行业协会及其他社会组织设立调解委员会，调解协会成员之间以及协会成员与其他主体之间的民事纠纷，充分发挥社会组织参与调解的优势。

国务院办公厅在《关于加强金融消费者权益保护工作的指导意见》（国办发〔2015〕81号）中对金融消费者投诉处理机制做出"建立和完善金融消费投诉处理机制，畅通投诉受理和处理渠道"的概括性阐述。

《国务院关于印发推进普惠金融发展规划（2016—2020年）的通知》：加强金融消费者权益保护监督检查，及时查处侵害金融消费者合法权益行为，维护金融市场有序运行。金融机构要担负起受理、处理金融消费纠纷的主要责任，不断完善工作机制，改进服务质量。畅通金融机构、行业协会、监管部门、仲裁、诉讼等金融消费争议解决渠道，试点建立非诉讼第三方纠纷解决机制，逐步建立适合我国国情的多元化金融消费纠纷解决机制。

（一）银行业纠纷解决机制

中国人民银行已经在 2013 年发布的《中国人民银行金融消费权益保护工作管理办法（试行）》（银办发〔2013〕107 号）中对投诉机制有所规定，指出中国人民银行各级分支机构应当受理、处理法定职责范围内的金融消费者投诉，以及涉及跨市场、跨行业类交叉性金融产品和服务的金融消费者投诉。2016 年，中国人民银行又出台了《中国人民银行金融消费者权益保护实施办法》（银发〔2016〕314 号），对投诉机制再次予以规定，并且对金融消费者投诉处理机制的投诉受理范围、受理机构、处理期限及不予受理等细节进行了详细规定。《金融消费者权益保护实施办法》第八条规定"金融机构应当建立健全金融消费者权益保护的各项内控制度，包括但不限于以下内容：……（五）金融消费者投诉受理、处理机制"；第十四条规定"金融机构应当依据金融产品和服务的特性，向金融消费者披露下列重要内容：……（五）因金融产品和服务发生纠纷的处理及投诉途径"。

2013 年中国人民银行在上海、广东、陕西、黑龙江等地进行了省（市）级金融消费纠纷调解组织建设试点，其中包括在行业协会内部设立调解机构。比如 2016 年 5 月 10 日，上海银监局指导上海市银行同业公会发起上海银行业纠纷调解中心。

（二）证券业纠纷解决机制

《国务院办公厅关于进一步加强资本市场中小投资者合法权益保护工作的意见》规定证券监管部门要健全登记备案制度，将投诉处理情况作为衡量相关主体合规管理水平的依据。支持投资者与市场经营主体协商解决争议或者达成和解协议，发挥第三方机构作用。支持自律组织、市场机构独立或者联合依法开展证券期货专业调解，为中小投资者提供免费服务。开展证券期货仲裁服务，培养专业仲裁力量。建立调解与仲裁、诉讼的对接机制；加强协调配合。有关部门配合司法机关完善相关侵权行为民事诉讼制度。优化中小投资者依法维权程序，降低维权成本。健全适应资本市场中小投资者民事侵权赔偿特点的救济维权工作机制，推动完善破产清偿中保护投资者的措施。

依据《最高人民法院、中国证券监督管理委员会关于在全国部分地区开展证券期货纠纷多元化解决机制试点工作的通知》，为依法保护投资者的合法权益，维护公开、公平、公正的资本市场秩序，促进资本市场的和谐健康发展，在全国试点地区建立、健全有机衔接、协调联动、高效便民的证券期货纠纷多元化解决机制。证券期货纠纷多元化解决机制的主要目的是在人民法院诉讼以外的合格机构进行因证券、期货、基金等资本市场风险投资业务产生的合同和侵权责任纠纷的非诉讼调解、先行赔付等，且人民法院接受并承认这些调解的效力和可强制执行力，简化纠纷当事人通过司法诉讼程序所可能耗费的时间和精力。

《证券期货投资者适当性管理办法》第三十四条规定：经营机构应当妥善处理适当性相关的纠纷，与投资者协商解决争议，采取必要措施支持和配合投资者提出的调解。经营机构履行适当性义务存在过错并造成投资者损失的，应当依法承担相应法律责任。经营机构与普通投资者发生纠纷的，经营机构应当提供相关资料，证明其已向投资者履行相应义务。

《中国证券投资基金业协会投诉处理办法（试行）》第三条规定：基金业协会建立投诉处理监督工作制度，指派专人负责投诉处理事务。

中国证监会指导中国证券业协会成立证券纠纷调解中心，公布《证券纠纷调解工作管理办法（试行）》《证券纠纷调解规则（试行）》《调解员管理办法（试行）》等三项证券纠纷调解规则，着力推进证券纠纷调解机制建设。《中国证券业协会证券纠纷调解工作管理办法》第四条规定：调解组织开展证券纠纷调解，应当依据法律、法规、规章、其他规范性文件及自律规则，也可以参考行业惯例。调解组织开展证券纠纷调解工作应当适用本办法和《中国证券业协会证券纠纷调解规则》。

从证券类金融产品纠纷而言，目前解决证券服务提供者和金融消费者纠纷的主要方式是按照以下程序进行：

第一，金融消费者向金融机构进行投诉，由金融机构的服务热线接受金融消费者的投诉并进行内部调查；

第二，金融消费者不满意金融机构内部调查意见，向中国证监会或者其派出机构投诉（通常是投资者保护局）；投保局（处）接到金融消费者投诉后转交被投诉金融机构所对应的监管处室进行调查；

第三，金融消费者不满意证监会（局）调查意见的，可以向证券期货纠纷多元化解机制项下的试点调解组织进行调解申请。试点调解组织进行调解。调解成功，调解结果得到法院保护；调解不成功，可以向法院提起诉讼。

金融消费者按照《合同法》《证券法》《证券投资基金法》《侵权责任法》的规定向人民法院提起诉讼，人民法院依据相关法律的规定进行判决。

（三）信托业纠纷解决机制

中国信托业协会官网下设了自律与监管协调部协调纠纷解决，但目前主要还是通过各个地方银监局所协调的仲裁机构或者调解机构先以 ADR 的方式进行调解解决，调解不成的进入仲裁或者诉讼程序。

（四）保险业纠纷解决机制

保险纠纷解决途径主要有司法诉讼、仲裁、向保险监管机关投诉、行业协会调解等。保监会和保监局设有消保部门，提供 12378 投诉热线、网络投诉和写信投诉多种投诉路径。接到投诉保监局会进行切分，如涉及保险公司违法行为，则进行调查；如涉及合同纠纷，提示保险公司注意纠纷处理，保险服务机构应遵循处理投诉的期限进行并保存投诉记录。

保险行业协会内部设有调解处理机构，以第三方机构身份处理保险纠纷，调解结果虽无法律效力，但在实践中保险公司基本不会反悔。

但绝大部分保险纠纷还是通过司法途径解决。最高院和保监会意见要求人民法院立案部门应引导保险纠纷当事人进行诉前调解，调解不成再进入诉讼程序。

（五）互联网金融与民间金融的纠纷解决机制

《关于促进互联网金融健康发展的指导意见》第十六条要求构建在线争议解决、现场接待受理、监管部门受理投资、第三方调解以及仲裁、诉讼等多元化纠纷解决机制。

《网络借贷信息中介机构业务活动管理暂行办法》第三十四条规定中国互联网金融行业协会（行业自律组织）拥有受理相关投诉和举报、开展自律检查的职责。中国互联网金融行业协会重视多元化纠纷解决机制的构建，是多元化纠纷解决机制的有力推动者。我国的互联网金融行业协会，完善行业消费者投诉保护处理机制，组织调解会员与会员之间，会员与金融消费者之间的纠纷。

附件 2

《金融消费者保护条例》
（课题建议稿）

第一章　总　则

第一条　为保护金融消费者合法权益，规范金融业经营者提供金融产品和服务的行为，维护公平、公正的市场环境，促进金融市场健康稳定运行，制定本条例。

第二条　本条例所称金融消费者是指向金融业经营者购买其销售或代理的金融产品或接受其提供的金融服务的自然人、法人或者其他组织，但不包括法律、行政法规或其他金融监管规范性文件所认定的合格投资者。

本条例中金融产品或金融服务是指依照法律或行政法规的规定需经有权金融监管机关批准或备案的产品或服务。

第三条　在中华人民共和国境内依法设立的银行业机构、证券业机构、保险业机构以及其他从事金融或与金融业务相关的机构（以下统称金融业经营者），在向金融消费者提供金融商品或金融服务时，适用本办法。

第四条　金融业经营者向金融消费者提供金融产品或金融服务，应当遵循自愿、平等、公平、诚实信用的原则，以充分且易懂的信息披露方式向金融消费者推销适当性金融产品或金融服务，采取有效措施保障金融消费者账户、资产、信息的安全，切实维护并自觉保障金融消费者的财产安全权、知情权、自主选择权、公平交易权、依法求偿权、受教育权、受尊重权以及信息权益等基本权利和利益，依法开展经营活动。

第五条　金融业经营者应建立金融消费者权益保护的内部治理机制，设立金融消费者权益保护工作部门，明确该部门的职责，确保金融消费者权益保护工作的独立开展。

金融业经营者应建立和完善内部投诉处理机制，设置专门的投诉处理机构和工作人员，健全投诉处理的具体规则，公平处理与金融消费者之间的金融消费纠纷。

第六条　中国人民银行、中国银行保险监督管理委员会、中国证券监督管理委员会（以下统称金融管理部门）按照职责分工，密切配合，切实做好金融消费者权益保护工作。

金融管理部门应与地方人民政府加强合作，建立中央和地方人民政府金融消费者权益保护协调机制。

金融管理部门负责制定金融消费者保护的政策法规，监测和评估金融消费者保护政策的充分性和有效性；接受金融消费者的投诉和咨询，建立金融消费纠纷的多元化解决机制；建立金融消费者常态化教育机制；组织开展金融消费者权益保护实施情况的监督检查，依法纠正和处罚不当行为。

各金融行业协会及相关社会组织应充分发挥专业优势，积极参与金融消费者权益保护工作，协助金融消费者依法维权，加强金融消费者教育，在金融消费者权益保护中发挥重要作用。

第二章　金融业经营者的信息披露和销售行为

第七条　金融业经营者向金融消费者推介金融产品或金融服务时，应从金融消费者处收集与产品或服务相关的必要信息，了解金融消费者的风险偏好、风险认知能力、风险承受能力或特定需求，并基于该了解向金融消费者推荐适合的产品或服务，不得推荐、误导或诱骗金融消费者购买与其风险承受能力或特定需求不相匹配的金融产品或金融服务。

金融业经营者未尽适当性义务，导致金融消费者在购买金融产品或接受金融服务后参与高风险等级投资活动遭受损失的，金融消费者可以请求金融业经营者承担相应的赔偿责任。金融消费者主张该赔偿时，金融业经营者负有证明其已经履行适当性义务的责任。

第八条　金融产品或金融服务的宣传文本应当根据产品或服务类型的不同，全面、客观地反映金融产品或金融服务的重要特性和相关重要事实。金融产品或金融服务的宣传内容应符合法律、行政法规、金融业监督管理规则或行业公认的同种类型的金融产品或金融服务最低限度的披露标准，同时应方便金融消费者在不同金融产品或金融服务之间进行比较。鼓励金融业经营者在法定或行业标准以外进行自愿性信息披露。

第九条　金融业经营者在销售金融产品或金融服务时，应当以简明易懂的语言，真实、准确、完整地向金融消费者说明所提供金融产品和服务的性质、合同主要条款、收益及风险、消费者应负担的费用及违约金、权利救济渠道等可能影响其决策的关键性信息。金融业经营者不得夸大金融产品或金融服务的收益、掩饰风险、违规承诺收益或者承担损失、作虚假或引人误解的说明。

第十条　金融业经营者应当依法将金融产品或金融服务的相关信息及时登载在其拥有或注册的网络平台等媒介，确保公众能方便查阅相关信息。

第十一条　金融业经营者违反信息披露要求给购买金融产品或接受金融服务的金融消费者带来损失时，应当承担赔偿责任。

第十二条　金融业经营者应当尊重金融消费者意愿，由消费者自主选择、自行决定是否购买金融产品或接受金融服务，不得从事下列行为：

（一）误导性、欺诈性交易；

（二）强制交易；

（三）擅自代理金融消费者办理业务或修改金融消费者的业务指令；

（四）其他违背金融消费者购买金融产品或金融服务的真实意愿的行为。

第十三条　金融业经营者不得通过格式条款设置违反公平原则的交易条件，不得加重金融消费者责任、限制或者排除金融消费者合法权利，不得限制金融消费者寻求法律救济途径，不得事先约定减轻或免除本机构损害金融消费者合法权益应当承担的民事责任。

金融业经营者通过格式条款对可能影响金融消费者权利的事项，应当在协议的醒目位置以足够引起金融消费者注意的文字、符号、字体等特别标识进行明确提示，并在客户签署协议时提醒其注意上述事项。

第十四条　金融业经营者应当依据法律、行政法规或行政规章的规定在金融产品或服务合同中明确金融消费者在合同订立后一定期限内，有权单方解除合同。

第十五条　金融业经营者与金融消费者订立合同后，若利率、手续费和其他费用出现变动，或有关金融产品和服务的关键条款和条件发生变化，金融业经营者应通过纸质文件、短信通知或其他电子形式及时通知金融消费者。

第十六条　金融业经营者应当在金融产品或金融服务合同中明确金融业经营者的联络方式、有权对其进行监管的机构名称，确保金融消费者的权利实现。

第三章　金融消费者账户管理和维护

第十七条　金融业经营者及其工作人员对金融消费者的账户情况负有保密义务，除依据法律、行政法规或司法机关的要求外，未经金融消费者授权或同意，不得向第三方提供金融消费者的账户信息。

第十八条 金融消费者账户实行实名制。金融业经营者为金融消费者开立个人账户时，应核验身份信息，对其提供身份证件的有效性、与金融消费者身份信息的一致性等进行核实。金融业经营者不得为未持有有效身份证件的人开立账户并提供金融产品或服务，不得开立匿名或假名账户。

第十九条 金融业经营者应当根据不同客户、不同产品分别设置独立账户，进行独立核算和分账管理，确保不同金融消费者的财产独立与风险隔离。

第二十条 金融业经营者应当审慎经营，采取严格的内控措施保障客户资金账户与自有资金账户分户管理，不得擅自挪用、占用、借用客户资金。

第二十一条 金融服务提供或金融产品存续期间，金融业经营者应当保障金融消费者账户交易记录的及时更新，并向金融消费者提供免费的，或只收取合理费用的信息查询途径，或者协助金融消费者查询相关信息。

金融业经营者应以纸质或电子确认书的形式，定期告知金融消费者的交易明细和账户日常状况。对于投资类金融产品，金融业经营者还应定期向金融消费者提供有关账户资产价值的报表。

第二十二条 金融业经营者应当做好计算机处理系统维护工作，建立灾难备份和数据恢复机制，确保金融消费者账户数据的安全。

第二十三条 金融业经营者发生财务困境时，金融管理部门应采取合理处理措施保护金融消费者的账户安全。

在金融业经营者清算时，存款人、人寿保险投保人、证券及衍生品账户养老基金持有人等金融消费者应该比其他的无担保债权人享有优先权。

第四章 金融业经营者非法商业行为规制

第二十四条 金融业经营者提供金融产品或金融服务，应当遵守公平竞争的原则，不得从事不正当竞争损害其他金融业经营者及金融消费者利益。

金融业经营者及其工作人员推介和销售金融产品或金融服务时，不得有下列情形：

（一）为自己或他人牟取不正当利益，承诺进行利益输送，通过给予他人财物、利益，或接受他人给予的财物、利益等形式进行商业贿赂；

（二）损害其他金融业经营者信誉或诋毁其他金融业经营者的产品或

服务；

（三）以排挤竞争对手为目的，压低收费水平；

（四）未经公告擅自变更向金融消费者的收费项目或收费标准，或通过先收后返、财务处理等方式变相降低收费标准；

（五）采取抽奖、回扣或者送实物、保险、份额等方式销售金融产品或服务；

（六）冒用、使用与他人相同或者相近的注册商标、字号、宣传册页，可能使金融消费者产生混淆；

（七）其他违反法律、行政法规的规定，扰乱行业竞争秩序的行为。

第二十五条 禁止金融业经营者对金融消费者采用违反法律法规、违背社会公德、损害社会公共利益和第三人合法权益等方式的债务追讨行为。

金融业经营者委托第三方追讨债务的，应当在书面协议中明确禁止受托人使用前款中的追讨方式，并对受托人的催收行为进行监督。

第五章　金融消费者的个人金融信息保护

第二十六条 本条例所称个人金融信息，是指金融业经营者通过开展业务或者其他渠道获取、使用、保存和加工的以下个人信息：

（一）个人基本信息，包括个人姓名、性别、国籍、民族、职业、联系方式、婚姻状况、家庭状况、住所或工作单位地址及照片等；

（二）个人身份信息，包括身份证、军官证、护照、驾驶证、工作证、社保卡、居住证的号码及有效期限等；

（三）个人财产信息，包括个人收入状况、拥有的不动产状况、拥有的车辆状况、纳税额、公积金缴存金额等；

（四）个人账户信息，包括账号、账户开立时间、开户机构、鉴别信息（口令）、账户余额及明细、信贷记录、交易记录和消费记录等；

（五）个人信用信息；

（六）个人金融交易信息，包括金融业经营者与金融消费者在业务开展过程中获取、留存的个人信息，以及金融消费者在通过该金融业经营者与其他第三方机构发生金融业务关系时产生的个人信息等；

（七）衍生信息，包括金融消费者的消费习惯、投资意愿等对原始信息进行处理、分析所形成的反映特定个人情况的个人金融信息；

（八）在与金融消费者建立业务关系过程中获取、保存的其他个人金融信息。

　　第二十七条　金融业经营者收集个人金融信息时，应当遵循合法、正当、必要原则，按照法律法规要求和业务需要进行信息收集，不得收集与业务无关的信息。

　　第二十八条　金融业经营者收集金融消费者的个人金融信息，应通过用户协议、隐私政策等适当方式，以简明易懂的语言明确告知金融消费者以下事项，并获得金融消费者的明示授权或同意：

　　（1）金融业经营者基本信息，以及数据安全保障能力和措施；

　　（2）收集的个人金融信息的类型和范围，收集和使用个人金融信息的目的、收集方式和频率、收集和使用规则、存放地域、存储期限；

　　（3）金融消费者对于个人金融信息享有的查询、变更、删除、收益等各项权利及行使途径；

　　（4）金融业经营者对所收集个人金融信息的共享、转让、公开等。

　　金融业经营者应在协议的醒目位置明确提示金融消费者授权或同意的可能后果，并在客户签署协议时提醒其注意该提示。

　　第二十九条　金融业经营者不得欺诈、诱骗、强迫金融消费者提供其个人金融信息，不得隐瞒金融产品或金融服务所具有的收集个人金融信息的功能，不得从非法渠道获取个人信息以及非法存储个人金融信息。

　　第三十条　金融业经营者使用个人金融信息时，不得超出金融消费者明确授权或同意的使用范围和具体情形。确需超出时，应再次征得金融消费者的明示授权或同意。

　　金融业经营者不得以概括授权的方式，索取与金融产品和金融服务无关的个人金融信息使用授权或者同意。

　　第三十一条　在以下情形中，金融业经营者收集、使用个人金融信息无需征得金融消费者的授权同意：

　　（一）与国家安全、国防安全直接相关的；

　　（二）与公共安全、公共卫生、重大公共利益直接相关的；

　　（三）与犯罪侦查、起诉、审判和判决执行等直接相关的；

　　（四）金融消费者自行主动公开的；

　　（五）法律法规规定的其他情形。

　　第三十二条　金融业经营者使用个人金融信息时，应当符合收集该信息的目的，并不得进行以下行为：

　　（一）出售个人金融信息；

　　（二）向本金融业经营者以外的其他机构和个人提供个人金融信息，但为个人办理相关业务所必需并经个人书面授权或同意的，以及法律法规另有规定的除外；

（三）在个人提出反对的情况下，将个人金融信息用于产生该信息以外的本金融业经营者其他产品或服务的营销活动。

第三十三条　金融业经营者不得将金融消费者授权或同意其将个人金融信息用于营销、对外提供等作为与金融消费者建立业务关系的先决条件，但该业务关系的性质决定需要预先做出相关授权或同意的除外。

第三十四条　个人金融信息原则上不得共享、转让。金融业经营者确需共享、转让时，应充分重视风险。共享、转让个人金融信息，应遵守以下要求：

（一）事先开展个人金融信息安全影响评估，并依评估结果采取有效的保护金融消费者的措施；

（二）向金融消费者告知共享、转让个人金融信息的目的、数据接收方的类型，并事先征得金融消费者的授权或同意。共享、转让经去标识化处理的个人金融信息，且确保数据接收方无法重新识别该金融消费者的除外；

（三）准确记录和保存个人金融信息共享、转让的情况，包括共享、转让的日期、规模、目的，以及数据接收方基本情况等；

（四）承担因共享、转让个人金融信息对金融消费者合法权益造成损害的相应责任；

（五）协助金融消费者了解数据接收方对个人金融信息的保存、使用等情况，以及保证金融消费者访问、更正、删除其个人金融数据的权利。

第三十五条　金融消费者发现金融业经营者所持有的个人金融信息有错误或不完整的，金融业经营者应为金融消费者提供请求更正或补充信息的方法。

第三十六条　符合以下情形之一的，金融消费者要求金融业经营者删除其个人金融信息的，金融业经营者应及时删除。

（一）金融业经营者违反法律、行政法规规定，收集、使用个人金融信息的；

（二）金融业经营者违反与金融消费者的约定，收集、使用个人金融信息的；

（三）金融消费者认为金融业经营者所持有的个人金融信息不再相关或侵害其合法权益，向金融业经营者提出删除请求的。

　　金融业经营者违反法律法规规定或违反与金融消费者的约定向第三方共享、转让个人金融信息，金融消费者要求删除的，金融业经营者应立即停止共享、转让的行为，并通知第三方及时删除。

　　金融业经营者违反法律法规规定或违反与金融消费者的约定，公开披露个人金融信息，金融消费者要求删除的，金融业经营者应立即停止公开披露的行为，并发布通知要求相关接收方删除相应的信息。

　　第三十七条　通过注册账户提供金融服务的金融业经营者，应向金融消费者提供注销账户的方法，且该方法应简便、易操作。金融消费者注销账户后，金融业经营者应删除其个人金融信息或做匿名化处理。

　　第三十八条　金融业经营者从第三方机构间接获取金融消费者的金融个人信息时，应要求该第三方机构说明个人金融信息的来源及其合法授权，并对其个人金融信息来源的合法性进行确认。

　　第三十九条　在中国境内收集的个人金融信息的储存、处理和分析应当在中国境内进行。除法律法规及金融管理部门另有规定外，金融业经营者不得向境外提供境内个人金融信息。

　　境内金融业经营者为处理跨境业务且经当事人授权，向境外机构（含总公司、母公司或者分公司、子公司及其他为完成该业务所必需的关联机构）传输境内收集的相关个人金融信息的，应当符合法律、行政法规和相关监管部门的规定，并应需履行安全评估程序。境外机构获得的境内个人金融信息同样需遵循保密和适当使用义务，不得违反中国所适用的法律及本条例的规定而非法使用。

　　第四十条　金融业经营者保护金融消费者个人金融信息安全的义务不因其与外包服务供应商合作而转移、减免。

　　金融业经营者应当充分审查、评估外包服务供应商保护个人金融信息的能力，在相关协议中明确外包服务供应商保护个人金融信息的职责和保密义务，并采取必要措施保证外包服务供应商履行上述职责和义务。

　　第四十一条　金融业经营者应当向金融消费者提供访问下列信息的方法：

　　（一）金融业经营者所持有的关于金融消费者本人的个人金融信息或信息类型；

　　（二）上述个人金融信息的来源及使用目的；

　　（三）已经获得上述个人金融信息的第三方身份或类型。

　　第四十二条　金融业经营者在收集、保存、使用以及向外提供金融消费者个人信息的过程中，应当采取有效措施，加强对金融消费者个人金融信息的保护，确保信息安全，防止信息遗失、毁损、泄露或者篡改。在发生或者可能发生个人金融信息遗失、毁损、泄露或者篡改等情况时，应当立即采取补救措施，及时告知用户并向金融管理部门报告。

第四十三条　金融业经营者应当建立健全个人金融信息保护的内部控制制度，明确规定各部门、岗位和人员的管理责任，加强个人金融信息使用、管理的权限设置，建立个人金融信息数据库分级授权管理机制，切实防止信息泄露或滥用。

金融业经营者工作人员应对业务过程中知悉的个人金融信息予以保密，不得非法使用、复制、存储、泄露、出售个人金融信息，并就此做出书面保密承诺。

第四十四条　金融业经营者应制定个人金融信息安全预案。发生个人金融信息安全事件后，金融业经营者应记录事件内容，评估事件可能造成的影响，采取必要措施控制事态，并按有关规定及时向金融管理部门上报。

第四十五条　金融管理部门发现金融业经营者违反本条例规定，存在未履行个人金融信息保护义务情形的，可采取以下处理措施：

（一）责令金融业经营者限期整改；

（二）要求金融业经营者对直接负责的高级管理人员和其他直接责任人员依法给予处分；

（三）给金融消费者造成损害的，金融消费者有权要求金融业经营者承担相应赔偿责任；

（四）情况严重的，金融管理部门可以吊销金融业经营者的经营许可证；

（五）涉嫌犯罪的，依法移交司法机关处理。

第六章　金融消费争端解决机制

第四十六条　金融管理部门要建立和完善金融消费投诉处理机制，畅通投诉受理和处理渠道，建立金融消费纠纷第三方调解机制和仲裁机制，形成包括自行和解、外部调解、仲裁和诉讼在内的金融消费纠纷多元化解决机制，及时、有效解决金融消费争议。

第四十七条　金融业经营者应设置金融消费者投诉处理部门或机构，将处理金融消费者投诉的途径和解决程序在营业场所、官方网站等进行公开披露；建立投诉处理情况查询系统，提高金融消费者投诉处理质量和效率。

金融业经营者应当开展投诉数据运行监测、统计分析，定期向金融管理部门报送投诉数据和处理结果情况。

第四十八条 各金融管理部门应按各自职责建立独立的金融消费纠纷调处机构，并设置专业的调解人员处理金融消费纠纷。该机构独立于金融管理部门、消费者组织、行业协会以及任何金融业经营者和金融消费者。

第四十九条 金融消费者与金融业经营者产生金融消费争议时，原则上应当先向金融业经营者进行投诉。金融业经营者对投诉不予受理或在接到投诉后的三十日内未予反馈，或金融消费者对金融业经营者处理结果不满意的，金融消费者可以向金融业经营者住所地、争议发生地或者合同签订地的相应金融消费纠纷调处机构申请调处。

第五十条 金融消费者应当依据金融产品或金融服务的行业领域向相应的金融消费纠纷调处机构申请调处。金融消费者申请调处的事项涉及跨市场、跨行业交叉性金融产品和服务的，由最先接受调处申请的机构进行处理。

第五十一条 金融消费者申请调处有下列情形之一的，金融消费纠纷调处机构不予受理：

（一）不属于调处机构的管辖范围的；

（二）没有明确的申请对象或纠纷事由的；

（三）申请人并非金融消费纠纷当事人，且未经当事人授权的；

（四）申请人与金融业经营者已经达成和解协议并执行，没有新情况、新理由的；

（五）已就申请事项进行过调解并达成了调解协议书的；

（六）人民法院、仲裁机构已经受理或者处理的；

（七）不符合法律、行政法规有关规定的。

对于不予受理的申请，金融消费纠纷调处机构应明确告知金融消费者不予受理的原因，并告知其可以依法申请仲裁或提起诉讼。

第五十二条 经金融消费纠纷调处机构调解，金融消费者与金融业经营者达成协议的，应当制作调解协议书。调解协议书签订后，对双方产生法律效力。

调解协议书一式三份，金融消费者与金融业经营者各执一份，金融消费纠纷调处机构留存一份。

第五十三条 经金融消费纠纷调处机构调解，金融消费者与金融业经营者达不成协议的，若争议金额在 2 万元以内，则由专业调解人员根据金融消费者与金融业经营者所提供的证据、所主张的事实和理由，依法做出处理决定书。对该处理决定，金融消费者可以在一定时间内明确选择接受或者拒绝，金融业经营者没有该选择权。若金融消费者选择接受该决定书的处理结果，则该决定书对双方均发生法律效力；若金融消费者明示拒绝接受或未明确表示接受该决定书的处理结果，则该决定书对金融消费者没有约束力，金融消费者可以依法申请仲裁或提起诉讼。

若金融业经营者能够证明做出前款处理决定书的程序存在重大瑕疵或违反法律规定、处理决定的内容违反法律规定，则有权向金融消费调处机构申请拒绝接受该处理决定。金融业经营者可以依法申请仲裁或提起诉讼。

第七章　金融消费者教育

第五十四条　金融管理部门应当加强金融消费者教育工作，开展金融消费者金融知识调研和金融知识普及宣传活动，为金融消费者提供专业的信息咨询服务，提高金融消费者的风险认知能力和自我保护能力。

第五十五条　金融业经营者应当结合自身业务特点积极主动开展日常性金融知识宣传教育活动，制定年度金融知识普及与金融消费者教育工作计划，提高公众对金融产品与金融服务的种类、内涵和风险的理解，明确金融消费纠纷的投诉和处理程序等与金融消费者权益保护相关的金融知识。

第五十六条　金融管理部门应当引导、督促金融业经营者组织、开展金融消费者教育活动，并将其作为对金融业经营者的监督检查内容。

第五十七条　金融管理部门对有关政府机构、消费者组织、行业协会、媒体等开展金融知识普及宣传工作应予以支持。

第五十八条　金融管理部门会同教育部门制定金融消费者教育规划，将金融消费者教育纳入国民教育体系，切实提高国民金融素养。

第八章　监督和管理

第五十九条　金融管理部门要依法加强监督检查，及时查处金融业经营者侵害金融消费者合法权益的行为；建立、健全金融消费者投诉处理机制，有效督办、处理金融消费者投诉案件；完善风险提示和信息披露机制，加强创新型金融产品风险识别、监测和预警；加大对非法金融活动的惩处力度，维护金融市场有序运行。

第六十条　各金融管理部门均应设立金融消费者权益保护部门，并制定健全的工作机制；应加强金融消费者权益保护协调机制建设，建立跨领域的金融消费者教育、金融消费争议处理和监管执法合作机制，加强信息共享，协调解决金融消费者权益保护领域的重大问题；强化国际监管合作与交流，推动金融消费者权益的跨境监管和保护。

第六十一条 金融管理部门应当要求金融业经营者及时报告其收到的集中、重大、可能引发区域性或系统性风险的金融消费者投诉。

第六十二条 金融业经营者应当对其金融消费者权益保护工作进行自我评估，并按照要求每年向金融管理部门报送自我评估报告，同时在其拥有或注册的网络平台等媒介进行公告。

根据金融业经营者自我评估结果和金融管理部门对金融业经营者的日常监督管理情况，金融管理部门对金融业经营者进行金融消费者权益保护工作的评估和监督检查。评估和监督检查可以通过现场和非现场的形式实施。

第六十三条 根据评估和监督检查的结果，对侵害金融消费者权益的金融业经营者，金融管理部门根据具体情形，可以依法采取下列处理措施：

（一）责令限期整改；

（二）对该金融业经营者损害金融消费者权益的行为进行通报；

（三）依法可以采取的其他措施。

第六十四条 金融管理部门对金融业经营者的金融消费者权益保护工作情况进行评估。评估采取等级制。对于评估等级低或被投诉情况较严重的金融业经营者，金融管理部门应进行公示，并对其相关金融业务活动予以重点关注，将其列入下一评估期重点监督对象，加大对其管理与指导力度。

第六十五条 金融管理部门应当定期向社会通报金融消费者投诉情况、侵害金融消费者权益行为的查处情况、金融消费侵权预警等信息。

第六十六条 各金融管理部门可依据本条例制定其监管领域内金融消费者权益保护的实施细则。

后 记

本书是亚洲开发银行 2017 年度与中国人民银行合作开展的技术援助项目——"建立金融消费者保护的市场行为监管机制"（TA-9377）的最终成果。本项目于 2017 年 12 月 4 日在上海正式启动，其间经过中外专家共同讨论、确定研究框架、研究路线图后，中方专家顾功耘教授及其团队就我国金融消费者保护的监管现状相继对人民银行、上海银监局、上海证监局、上海保监局、中证金融研究院等相关部门单位进行了调研，外方专家甘吉先生（Massimiliano Gangi）则协助完成了对英国和葡萄牙两个国家行为监管实施情况的调研。其间，中方专家在中国人民银行金融消费权益保护局的组织和支持下，分别就课题的既有研究成果参与了上海、天津、青岛和厦门的国际、国内研讨会汇报，充分听取了国际、国内专家和实务部门对于课题研究方向、研究方法和研究成果的意见。在此基础上，中外专家互相密切配合、互相沟通并得以顺利合作完成本书。

在本书中，基于对中国现有金融消费者保护"分业监管""机构监管"特点分析的基础上，中外双方专家一致认为我国目前的金融消费者保护体系存在金融消费者定义不明、金融产品定义不明、各个监管行为的标准不统一、持牌金融机构与非持牌金融机构的监管范围不一致、个人信息保护力度不足等问题。由此，在充分考察英国、澳大利亚等已经充分实施审慎监管和行为监管并行的"双峰监管"国家经验的基础上，本书立足于"行为监管"理论的发展历史、优劣势比较和监管特征的分析，对中国如何引入和借鉴行为监管体系提出清楚、明确的路线图。

我们希望通过本书全面、细致地分析，提高我国立法者、监管者和金融行业对于金融消费者权益保护重要性的认识，帮助我国立法者、监管者了解行为监管的特点及其对于防范系统性风险和保护人民群众切身合法利益中的角色、地位和重要作用，并期盼能够通过本书的研究成果推动行为监管理论在我国金融消费者权益保护体系中的运用，推动建立一个全面、规范、有效的金融消费者权益保护的行为监管体系。

我们要衷心地感谢亚洲开发银行负责本次项目的项目专员贾科莫·贾

内托（Giacomo Giannetto）先生，没有他的帮助，中外专家不可能如此顺利地进行相互沟通、协调项目进度并完成最终研究成果；感谢华东政法大学罗培新教授、胡改蓉教授、郑彧教授、贾希凌副教授、何颖副教授、姜影副教授、伍巧芳教授在实地调研、中外文献资料收集整理以及专题分析过程中所做的艰苦努力和贡献。当然，我们最为特别感谢的是本次对华技术援助项目的中方支持部门：中国人民银行金融消费权益保护局。非常感谢余文建局长、马绍刚副局长、朱红副巡视员、尹优平副局长、孙崇昌处长、李婧副处长和原宇航、钟瑞仪、陈黎等为本项目研究提供了充分的支持和帮助，没有他们细致周到的领导指挥、会议组织、调研安排、方案论证、意见反馈和研究指导，本书不会如此顺利、完美地呈现在各位面前。

最后，再次感谢所有参与项目的成员辛勤、艰苦的努力！希望借助本书的研究成果，在中国人民银行和亚洲开发银行的大力支持下，能够掀开中国金融消费者权益保护理论和行为监管研究的新篇章！

项目中方顾问：顾功耘
二○二○年玖月于上海